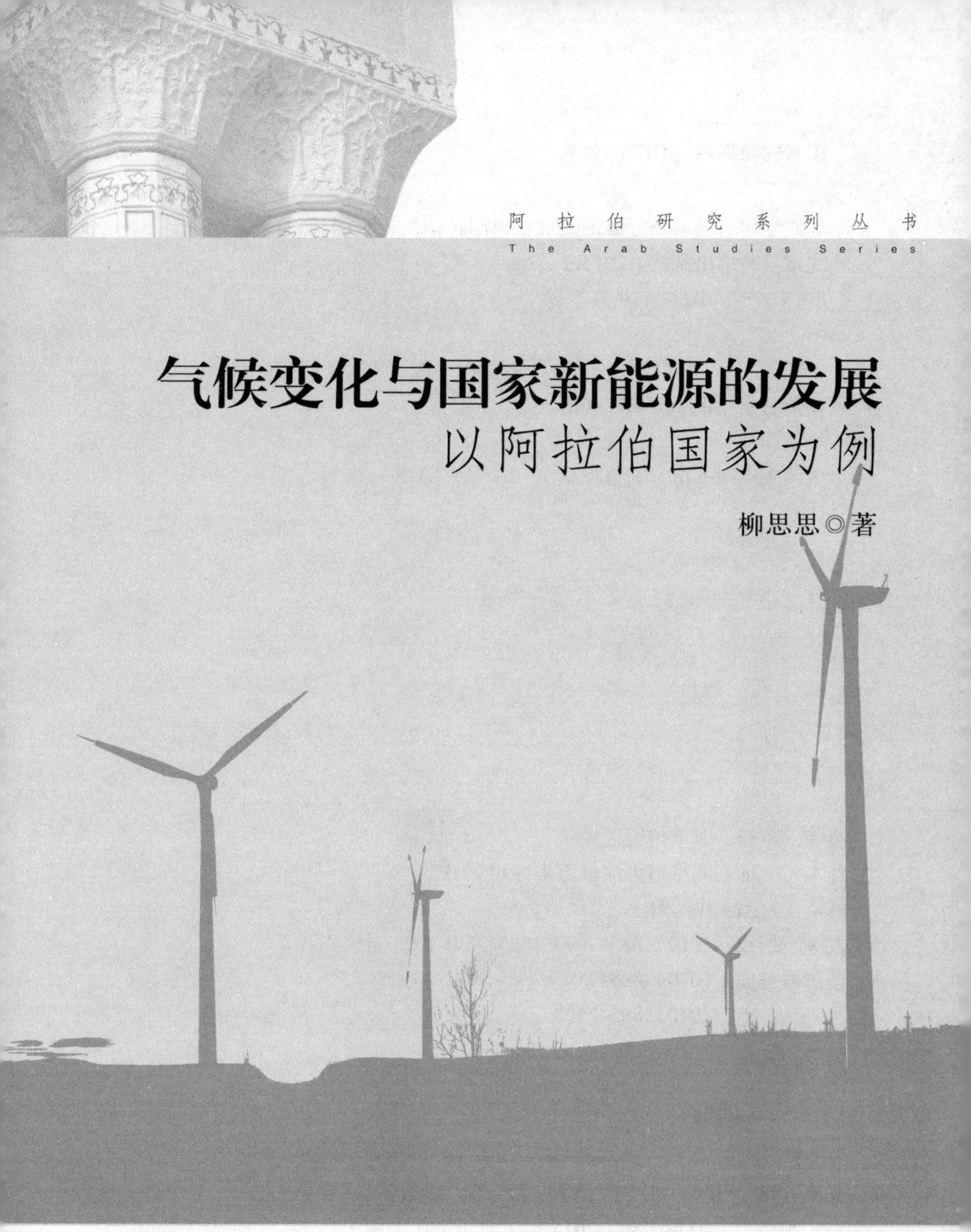

阿 拉 伯 研 究 系 列 丛 书

The Arab Studies Series

气候变化与国家新能源的发展

以阿拉伯国家为例

柳思思◎著

时 事 出 版 社

图书在版编目（CIP）数据

气候变化与国家新能源的发展：以阿拉伯国家为例/柳思思著.
—北京：时事出版社，2015.1
ISBN 978-7-80232-779-5

Ⅰ.①气…　Ⅱ.①柳…　Ⅲ.①新能源—能源发展—研究—阿拉伯国家　Ⅳ.①F437.062

中国版本图书馆 CIP 数据核字（2014）第 293249 号

出 版 发 行：时事出版社
地　　　址：北京市海淀区万寿寺甲 2 号
邮　　　编：100081
发 行 热 线：（010）88547590　88547591
读者服务部：（010）88547595
传　　　真：（010）88547592
电 子 邮 箱：shishichubanshe@sina.com
网　　　址：www.shishishe.com
印　　　刷：北京百善印刷厂

开本：787×1092　1/16　印张：16.75　字数：235 千字
2015 年 1 月第 1 版　2015 年 1 月第 1 次印刷
定价：62.00 元

本书得到教育部区域和国别研究培育基地“北京第二外国语学院阿拉伯研究中心”2014年度资助，在此表示感谢！

目　录

绪　论

石油价格暴涨暴跌，传统能源储量变少、气候问题日渐肆虐……当上述现实问题逐步逼近，“气候变化”、“能源转型”、“低碳环保”等热门词汇进入各国政府的讨论议程。替代性能源仿佛在一夜之间成为全球各大媒体的关注热点。自从阿拉伯国家也投入到开发新能源的事业中以来，该项研究成为国际关系学者关注的重要领域。一方面，各种关于“阿拉伯国家为何投入新能源事业”、“阿拉伯国家是否将减少能源出口”抑或“阿拉伯国家如何进行产业转型”之类的文献开始增加，但这样的文献多是从具体的政策操作层面来研究阿拉伯国家的新能源事业，将“新能源开发”等同于一个政治问题而不是一个学术问题来进行分析；另一方面，真正从理论视角深入解读“气候变化与新能源发展”的文献却不多见，这就成为了本书的研究主题。

一、研究问题与研究途径

在这里先介绍一下问题的矛盾点：传统能源产业模式以及与之有不可分割联系的气候变暖现象。传统能源产业模式主要针对资源条件得天独厚的阿拉伯国家而言。阿拉伯国家利用其丰厚的地下石油资源以全世界为市场进行石油出口，其中有名的代表为：沙特、伊拉克、科威特、卡塔尔等国家。陆地和海洋下都是丰富的石油资源，使得阿拉伯地区的石油出口迅速崛起，买家卖家的互惠互利使得近百年来化石能源几近枯竭，随之而来的便是燃烧产物引起的气候变暖现象。

气候变暖，也称为全球气候变暖，是一种人为现象。从字面上可以理解出的意思是，全球气温的不断上升。科学原因是：工业革命以来，世界上的能源供应几乎都来自化石燃料——煤、石油、天然气。由于其为矿物一次能源，所以主要组成元素为：碳、氢、氧。燃烧产物为以碳氧化物、氮氧化物为主的温室气体。这些温室气体对来自太阳辐射的可见光具有高度透过性，而对地球发射出来的长波辐射具有高度吸收性，能强烈吸收地面辐射中的红外线，导致地球温度上升，即温室效应，而当温室效应不断积累，导致地气系统吸收与发射的能量不平衡，能量不断在地气系统累积，从而导致温度上升，造成全球气候变暖这一现象。

如何从理论视角来分析“气候变暖”与“新能源”？本书认为应该借助于建构主义规范研究的视角。当前学界对于“规范”的定义基本可以分为两类：第一类是指较为初步涉及规范概念的研究者，往往坚持对规范进行狭义界定，即主张将规范与规则等其他行为准则分开探讨，分别加以界定和区分。第二类是对规范概念研究较为深入的建构主义学者的观点，他们坚持对广泛进行广义界定的方式，认为规范本身包含了规则等其他形式的行为准则。① 规范是主体间的行为准则，不必然与“积极”、“正确”相联系。安德鲁·肖特（Andrew Schotter）认为：规范就是行为体之间被共享的信念或准则，它允许行为体估计群体内部其他行为体会采取何种行为的概率，并举例说明任何集团内部都存在“群体规范”。② 从这一概念界定来看，“新能源”相对于“传统能源”来说，也可以视为一种新规范，新能源的提议与推动主体是新规范倡导者，其生成与演化的过程，应该纳入建构主义规范研究

① 高尚涛：《国际关系的权力与规范》，北京：世界知识出版社，2008 年版，第 69 页。

② 【美】安德鲁·肖特著，陆铭、陈钊译：《社会制度的经济理论》，上海：上海财经大学出版社，2003 年版，第 33 页。

的领域。

以阿拉伯国家的“新能源规范”为例，为何高举环保旗帜开发替代性能源的国家愈来愈多？这就从一个侧面证明了规范的研究不能再只关注主导性的“民主、人权”规范，必须花费更多的精力研究其他类型规范的生成机制，其他类型规范与以往“民主、人权”等规范的生成机制有没有区别，有什么区别？如果这一规范是特定领域的规范，比如是“新能源规范”，研究该规范的生成机制就能为国家参与气候环保和能源转型提供及时的应对措施。

二、研究设计

（一）前提假定

在提出本书的研究假设之前，必须先阐述假设的三个前提假定。前提假定一：实践本体论。本体论是研究“存在”的理论。“实践本体论”可以理解为实践构成了人的基本存在与生活方式，用恩格斯的话来说就是，“一切都在存在，不断地生成抑或消失”。[①] 本体论是任何一门社会科学的基石，“实践本体”超越了简单的“物质本体”抑或“精神本体”的范畴，实践是动态化的、第一性的，实践本体如脱离了实践活动，人类社会的存在就没有意义，就不再是人类的存在，人类的存在只能存在于人的实践之中，实践活动是人类理解与把握世界的基本路径。

前提假定二：实践中性论。实践活动不必然与“真理”或“正确”相联系，实践本身只是个中性的概念。[②] 根据布迪厄的理解，实践是模

---

① 【德】恩格斯著，中共中央马克思恩格斯列宁斯大林著作编译局译：《社会主义从空想到科学的发展》，北京：人民出版社，1997 年版，第 50 页。

② Michelde Certeau, *The Practice of Everyday Life Berkeley*, California: University of California Press, 1984, p. 188.

糊的、盲目的与不确定的。[①] 社会生活的紧迫性使得人们无法质疑而是想当然地看待自己和社会世界，根据这一判断，实践活动既能产生积极影响也能产生消极影响。

前提假定三：规范中性论。出于科学研究的需要，规范的定义应该具有客观性和中立性，所谓规范，其实就是某一群体的一种行为准则，规范不必然与“适当”、“积极”相联系。

（二）假设逻辑推导

从前提假定的逻辑起点出发，且基于规范生成的逻辑，进一步得出：

前提假定一推出：既然实践是本体，话语权获得依附于相应的实践活动的支撑，推导出实践活动能够导致行为体获得或者失去话语权，实践变化，行为体的话语权也随之变化。理论逻辑简要为：实践→话语权获得或者缺失。其次，同样由于实践是本体，话语链接得以产生与发展缘于实践的需要，实践为语言链接的存在并发挥作用提供了各种主客观条件，实践确定了话语意义的实践性、社会性与现实性等特征，可得：实践→话语权意义链接。

总体而言，话语权是影响规范生成的关键变量。一方面，规范的生成过程离不开规范的倡导者、规范的类型与规范的生成途径，而这三者都与话语权因素密切相关。首先，在规范生成过程中，行为体是否具有话语权决定了它是该规范的倡导者、参与者抑或反对者；其次，行为体的话语权决定了它对于某种类型规范的偏好与认同程度；第三，行为体的话语权决定了它对于规范生成途径的选择。另一方面，规范生成的过程离不开话语意义，凭借话语意义的可表达性、中介性与建构性等特质，规范才得以生成并发挥作用。

综合上述推导过程，可得命题一：实践──→话语权──→规范生成。

---

① 【法】皮埃尔·布迪厄著，李猛、李康译：《实践与反思——反思社会学导引》，北京：中央编译出版社，1998 年版，第 20 页。

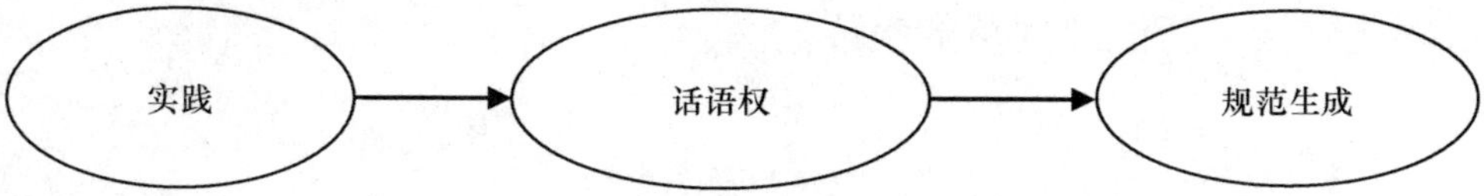

图 1 实践—话语权—规范生成[①]

根据图 1 所示，“实践”导致了“话语权”的变化，“话语权”的变化又导致了“规范生成”。在命题一的基础上，结合前提假定二与前提假定三（实践中性论与规范中性论）推导出命题二，即：不同的历史实践→不同的规范，不同的历史实践既可能生成积极影响的规范，也可以产生出消极影响的规范。不同的历史实践活动生成不同的规范。

在命题二的基础上，本书将具体研究领域进一步细化，定位为“气候环保实践”的领域，“气候环保”的解释是指人类为解决现实或潜在的环境问题，协调人类与环境的关系，保护人类生存环境、保障经济社会的可持续发展而采取的各种行动的总称。另一方面，“新能源”是指传统能源之外的各种能源形式，指刚开始开发利用或正在积极研究、有待推广的能源，如太阳能、地热能、风能、海洋能、生物质能和核聚变能等。

（三）研究假设

在上述前提假定与推导过程的指导下，本书的研究假设是：“气候环保实践”→“新能源规范的生成”。那么，“气候环保实践”如何影响“新能源规范的生成”？本课题组认为：“气候环保实践”→“气候话语权获得或者缺失”与“气候话语意义的低碳化链接”→“新能源规范的生成”，其中，“气候环保实践”是自变量，“气候话语权获得或者缺失”与“气候话语意义的低碳化链接”是干预变量，“新能源规范的生成”是因变量。结合阿拉伯国家“新能源规范”的具体生成过程可得，“气候环保实践”→阿拉伯国家气候话语权缺失与气候话语意义

① 本图由笔者绘制。

低碳化链接→新能源规范的生成。

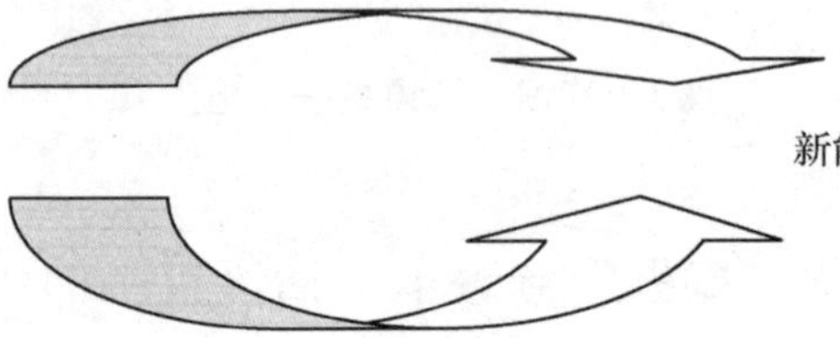

图2　气候环保实践——新能源规范的生成①

为了便于操作化，如图2，研究假设可以进行如下推演：

气候话语权缺失程度越强（身份的实体构成要素与规范构成要素的受损程度越强），气候话语的低碳化联系越紧密，行为体的压力感越强，行为体越倾向于开发替代性能源，新能源规范越容易生成。

将研究假设用于案例分析中，本书试图说明：传统能源抑或新能源不是阿拉伯民族的唯一选择，阿拉伯国家正在走向能源多元化的道路。关于变量关系的说明如下：本研究假设必须是自变量与两个干预变量共同起作用，才能导致因变量，而如果只有自变量或只有干预变量单独发挥作用，则难以实现因变量。而为何阿拉伯各国新能源规范的接受程度有所区别？在于自变量造成的干预变量（气候话语权缺失与气候话语意义的低碳化）程度不同而有所不同，因此本研究假设是一个动态化的解释模型。

(四) 变量设置

1. 研究变量的"属人性"

当前对于新能源的研究，多将研究变量设置为"物化"的因素，而缺少从"人的视角"来考察新能源规范的生成，"人的行为"必须从"人的视角"去解读。任何新能源倡导者都是"人"，只要是"人"，

① 本图由笔者绘制。

就会参与“社会实践”，就会“使用语言”，因此，本书选取的研究变量“实践”、“话语权”、“规范”都与“人的实践本质”有关。

“人的实践本质”，就是指从本质上来说，人是在一种通过实践生成并演化着的过程中存在的。正因为“人”称其为“人”，才能脱离低等动物界，利用自然与改造自然，“人”作为整个社会的存在主体而产生与演化，并拥有丰富的生产资料与生活资料，在“人的世界”里，“属人性”是最根本的特性。总而言之，要研究人的行为，就必须从人的视角去寻找最终的答案。

2. 研究变量的动态化

本书试图对新能源规范的生成提供一个动态化的解释路径。根据概念界定，气候话语权缺失程度：被迫剥离原有话语权身份的程度。据此，“话语权缺失程度”这一变量可以分解为：“话语权受损”、“话语权进一步受损”、“话语权严重受损”。话语权缺失程度的衡量指标从身份构成的实体要素（权力范围与经济实力大小）与规范要素（被尊重度与被承认度）的受损指标进行考察。结合案例分析，阿拉伯民族的气候话语权受损程度增加，气候环保领域的“被尊重感”与“被承认度”破坏殆尽。

受到建构主义规范研究的启发，本书试图将规范生成的演化过程分解为“规范的起源”、“规范的发展”与“规范的生成”三个阶段。同时，结合案例分析，将“新能源规范”也分为如下三个阶段，即：“新能源规范的起源”、“新能源规范的发展”与“新能源规范的生成”。

此外，本书试图分析规范的生成指数，结合案例部分，在阿拉伯国家“新能源规范”的演变过程中，新能源的投入指数不断上升，后期投入指数就高于前期，具体衡量的指标为：投入的人员、投入的资金、达成的项目等数量累计。综上所述，气候话语权缺失程度越强，气候话语意义的低碳化程度越强，新能源规范生成的指数越高。

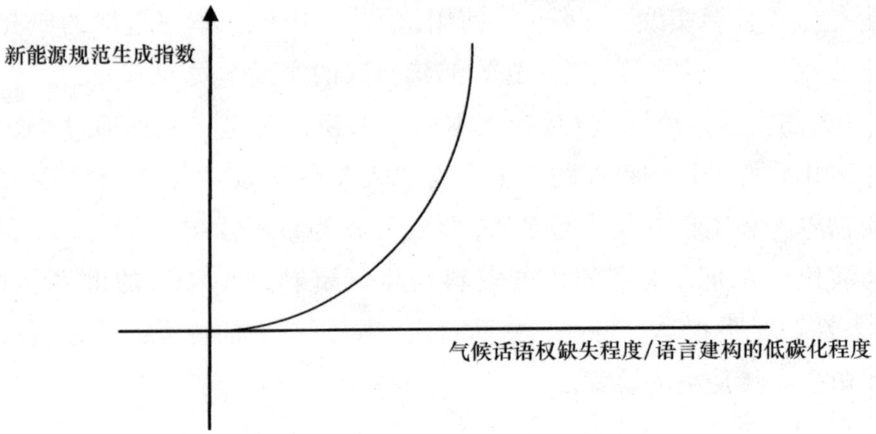

图3　气候话语权缺失程度、语言意义的低碳化程度与新能源规范生成指数关系①

三、研究目标及研究方法

（一）研究目标

本书的研究目标包括以下四个方面：

1. 阐释“气候变化”、“话语权”、“开发新能源”三者之间的关联及运作机理，剖析其中的影响因素与动力机制。

2. 分析“气候”、“话语”、“权力”与“行为”的相互影响、相互制约的关系。

3. 从话语权博弈视角分析国际气候谈判争端。气候话语是具体语言的运用，包括气候话语文本本身，气候话语文本的产生与影响，以及对气候话语文本的理解。

4. 如图3所示，在深入分析“气候变化”、“话语权”、“开发新能源”建构过程的基础上，对阿拉伯国家的路径选择建言献策。

在上述四个目标的指引下，本课题的研究有助于推动话语权理论与新能源理论研究的发展，同时探讨如何增强行为体影响力的分析框架与注意事项，为阿拉伯国家提出具有较高可操作性的政策建议。

① 本图由笔者绘制。

（二）研究方法

1. 关系主义方法论

在理论分析中，本书遵循“关系主义方法论”。方法论问题始终是社会学理论史上的一个核心课题。西方传统社会学对此的认识大致可分为两类：一类是发端于涂尔干的“整体主义方法论”，另一类是开创于韦伯的“个体主义方法论”。“关系主义方法论”是当前热议的研究方法，“关系主义方法论”与整体主义相联系。[①] 在这一方面，中国学者秦亚青提出的“关系本位与过程建构”、赵汀阳提出的“方法论的关系主义”[②]、何友晖的“方法论的关系论”[③] 分别是国际关系、哲学、心理学领域秉持“关系主义方法论”的研究力作。

国外学者也有对于“关系主义方法论”的研究，布迪厄的研究就具有浓厚的关系性色彩，他认为社会科学真正对象不是研究单纯的个体，也不是社会实体，而是研究无数个体所构筑的一种“场域”（关系网络）。[④] 布迪厄认为社会关系都是现实的，“我可以对黑格尔的那个著名的公式稍加改动，即：现实的就是关系的”。[⑤] 布迪厄一生的学术研究都在致力于将社会学发展成为一门总体性的社会科学，试图超越社会学领域中长期存在的诸如“个体与社会”、“行动与结构”、“主观与客观”、“理论与方法”、“经验研究与理论研究”、“结构主义与建构主

① 秦亚青：“关系本位与过程建构——将中国理念植入国际关系理论”，《中国社会科学》2009 年第 3 期，第 83 页。

② 赵汀阳：“深化启蒙：从方法论的个人主义到方法论的关系主义”，《哲学研究》2011 年第 1 期，http：//www. cnki. net/kcms/detail/Detail. aspx？ dbname = CJFDTEMP&filename = ZXYJ201101012。

③ 何友晖、彭泗清：“方法论的关系论及其在中西文化中的应用”，《社会学研究》1998 年第 5 期，第 34 页。

④ 祈文涛、蒲阳：“简论布尔迪厄对传统社会学方法论的继承和超越”，《青海师范大学学报》，2009 年第 3 期，第 40 页。

⑤ 【法】皮埃尔·布迪厄著，李猛、李康译：《实践与反思——反思社会学导引》，北京：中央编译出版社，1998 年版，第 133 页。

义”等二元对立。[①] 其实，早在布迪厄之前，马克思、恩格斯、列宁就提出过“关系研究”的重要性，列宁指出，“马克思研究社会，从分析事实开始，而不从最终结论开始，从研究历史上的社会关系开始，而不从一般理论开始。”[②] 但和布尔迪厄不同的是，在马克思和列宁的研究里，关系的存在及其重要性并没有定位到方法论层面。[③]

不同领域及不同学者对“关系性”及“关系主义方法论”的解读并不一致，甚至差别很大。本书所秉持的“关系主义方法论”是即不把事物视为相互隔绝的单个实体，从万事万物普遍联系的角度，把事物放到具体设置的情境抑或具体演化的社会系统中，放到与其他事物普遍联系的关系网络中，特别是放到人与世界、人与人、人与社会的三位一体的有机联系中来分析，以“关系”作为基本研究方式去解释事物。

本书在具体的研究中，首先，试图用“关系主义方法论”来解读本书的核心概念。第一，“实践”的概念：“实践”是关系的复合体，在实践活动中，既包含“主体”、又包含“客体”，还包括“主体间”的特性，是“主体”、“客体”与“主体间关系”的统一。第二，“话语权”的概念：“话语权”既包括“所指客体与语言符号之间的关系所包含的意义”，又包括“主体实践活动与语言符号之间的关系所赋予的意义”，还包括“传递语言符号的主体（言说者、作者）与接受语言符号的主体（听者、读者）之间的关系所赋予的意义”。第三，“规范”的概念：“规范”本质上是一种“规范关系”，主体间的互动对于规范的产生至关重要。

其次，本书试图用“关系主义方法论”来分析“实践”与“规

① 肖倩：“超越整体主义和个体主义：试论布迪厄的关系主义方法论”，《晋阳学刊——哲学与思维科学研究》，2005 年第 5 期，第 59 页。

② 【俄】列宁：《列宁选集》第 1 卷，北京：中共中央马克思恩格斯列宁斯大林著作编译局，1992 年版，第 13 页。

③ 肖倩：“超越整体主义和个体主义：试论布迪厄的关系主义方法论”，《晋阳学刊——哲学与思维科学研究》，2005 年第 5 期，第 59 页。

范生成”之间的逻辑关系。“实践”→“规范生成”之间的逻辑关系是通过“实践”→“话语权”→“规范生成”具体联系链接起来的。

2. 历史分析法

在案例分析过程中，笔者遵循两点：第一，历史研究讲究“实物”研究。既然本书研究的是阿拉伯人，相应地，就必须对跨境阿拉伯人与阿拉伯语进行考察。一方面，笔者力图真实地了解阿拉伯国家的历史与现状。因此，笔者利用各种机遇，多次访谈阿拉伯人，试图近距离了解他们对于“新能源”的真实看法，非常幸运的是，北京第二外国语学院就有前来留学的阿拉伯人，这客观上为笔者深入了解阿拉伯人提供了便利条件与资源。另一方面，笔者在研究过程中，结识了北京各大外国语学院阿拉伯语专业的许多学生并去旁听部分课程，为深入研究阿拉伯的历史与现状奠定了语言基础。

第二，历史研究不但要求掌握丰富的研究材料，而且要求研究素材的真实与可靠，不然，就会变成空中楼阁，尽管富丽堂皇，仍然是岌岌可危。因此本书在运用历史材料的分析过程中，力图通过多种途径寻找历史材料，进行材料的去伪存真，以避免材料的片面性。一方面，笔者积极搜索知名智库：如“兰德公司”、“对外关系委员会”、“卡内基国际和平基金会”、“美国基金会”等。(Rand Corporation, The Council of Foreign Relations, The Carnegie Endowment for International Peace, New American Foundation)。另一方面，笔者积极通过各种途径从阿拉伯各国方面获得一手资料。笔者进行材料的比较分析，以免得出片面的结论。

3. 话语分析法

按照话语分析的三个维度，有三种方法：一是内容分析法，对话语的文本内容进行客观、系统和量化的分析，包括对气候概念选词进行定量和定性的分析；对文本的结构和典型的修辞手法进行分析。二是观念形态分析法，对阿拉伯国家气候话语背后反映的社会文化观念进行解读，对阿拉伯国家谋求国际气候话语权的意图进行揭示，对其中关于“身份”与“威胁”的建构进行剖析。三是诠释学的方法，分析阿拉伯国家气候话语权的作用机制，如怎样影响本国公众，又是如何影响他国政府和公众。

4. 统计分析法

基于语料库的统计分析方法。话语分析应使用大量的统计数据和语料分析来提供检验，因此本课题使用 Concordance 等软件创建了相关语料库。收集阿拉伯国家气候政策文本，统计它们的“标题”、“关键词”、“内容类型”、“发布时间”、“转发数与评论数”等。

5. 调查研究法

通过问卷、访谈等方法了解调查对象，本书作者研究气候与新能源问题多年，积累了大量资源，已经利用多种途径与相关环境机构建立了联系，利用访学的机会对相关机构与人员进行访谈，也通过多种途径与科技部、环境保护部等参与气候变化应对工作的相关人士取得联系，发放并已经收集了部分调查问卷。

四、研究成果的预计去向

本项研究成果预计有三个去向：

（一）科研机构与高校

本项研究紧密跟踪国际气候话语权博弈的最新动态，论证气候话语建构过程，剖析全球气候变化对相关产业的影响以及谋求气候话语权对经济社会可持续发展的带动作用。本项研究对致力于气候变化、环境保护、国家安全研究的科研机构，以及语言类、经贸类、国际关系类院校提供新的学术素材与视野，推动跨学科的学术交流与成果共享。

（二）政府部门

本项研究对于政府相关部门了解国际气候争端、掌握现阶段主流气候话语概念信息、维护合理话语诉求等，具有较高的政策参考价值。

为主管环保、绿色经济、外贸、外交等相关工作的政府部门加深对国际气候谈判的战略认识、有的放矢地推进创新气候话语体系建设进言献策，同时为国家实现产业转型与可持续发展，提供理论思路与拓展路径等相关参考信息。

（三）环境保护、新能源相关的企业

本项研究突出能源领域的科技含量与话语设计，以前瞻性的视角分析气候变化带来的机遇与挑战。通过对气候话语权建构过程进行分析，对气候话语相关的语用策略与概念标准，以及气候主张、国际气候话语权争夺态势等进行了综合论述，并对上述实践经验进行系统总结，填补相关企业的信息盲点，在加强环保企业后续推广项目规划方面，提供可操作性较强的对策建议。

第一章

气候环保与国家新能源发展的理论依据

第一节 气候环保与国际气候话语权

气候环保与国际气候话语权的关系体现在如下五个方面：第一，气候环保问题滋生了国际气候话语权问题；第二，气候环保实践发生变化，国际气候话语权也随之变化；第三，环境变化决定了国际气候话语权的构成要素；第四，气候环保活动的本体是实践，国际气候话语权的本体也是实践；第五，气候环保活动塑造了国际气候话语权的关系。因此，气候环保→国际气候话语权。

一、气候环保滋生了国际气候话语权

行为体的国际气候话语权获得或者失去是行为体创造性的产物，行为体的国际气候话语权既是气候变化的产物，也是行为体创造性的结果。气候问题离不开人的活动，既然是人自身的活动造就了气候环保问题的凸显，那也是人自身的活动来塑造自身的国际气候话语权，因此，国际气候话语权不是外在客观世界给定与授予的产物，行为体塑造与不断再造国际气候话语权的过程，都来源于自身的活动。

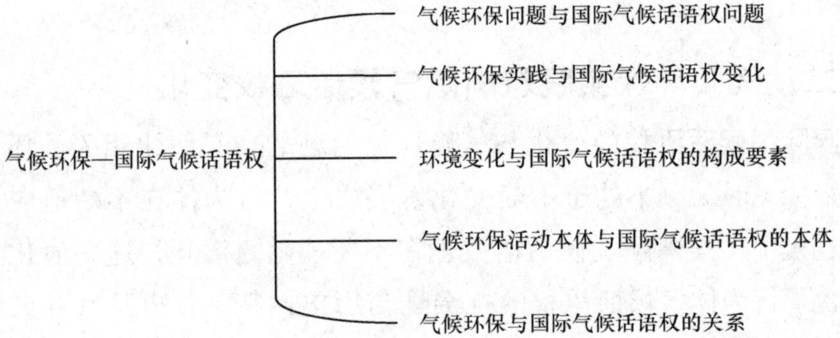

图4　气候环保与国际气候话语权的理论逻辑①

如图4所示，气候环保指标与国际气候话语权的本质规定与判断标准密切相关。这是因为：首先，从事实上看，国际气候话语权的确定及变化实际上与其环保标准、碳排放等指标因素有关，行为体只有融于气候变化之中，并融入与其他行为体的关系之中才能确定自身国际气候话语权的意义，明确自身国际气候话语权的内涵，即行为体必须融入气候变化活动，才能认识或确认自身的国际气候话语权。其次，从性质上看，行为体对于自我抑或他者的国际气候话语权判断有合理与否、正确与否之分，关键的检验标准在于行为体在气候环保领域的软实力。并非所有的国际气候话语权判断都是符合行为体的实际情况的，只有那些与行为体的软实力联系密切的国际气候话语权才是符合社会现实的。因而，气候问题最终引导着国际气候话语权的发展方向。

此外，从实现形式上看，行为体的国际气候话语权总要应用于气候问题解决中，行为体的国际气候话语权在气候谈判互动中体现出来，即便是合理的、现实的国际气候话语权观，若没有恰当的实现形式，即具体的操作与运行模式，也就是谈判手段与技巧，其话语权也不能实现，可见，气候问题是国际气候话语权领域讨论的首要问题，它在本质上规定着国际气候话语权的特征。

① 本图由作者绘制。

二、气候环保实践与国际气候话语权变化

国际气候话语权的变化与气候环保问题的动态演化相关。环保问题与指标无时无刻不处于不断变化发展之中，行为体在不断适应上述变化过程中，其国际气候话语权也在不断地随之演化，这一演化过程既包含了行为体气候话语权的社会性与历史性特点，也具有开放性和偶然性的可能。气候环保问题的变化性是各种气候话语权现象、气候话语权属性的内在统一，行为体的气候话语权不是既定的，而是在气候变化中产生的，同样，气候话语权不是固化的，是随气候变化而变化的。气候环保问题的变化不仅影响气候话语权，也现实地再造气候话语权，气候变化创造了气候话语权的主体与气候话语权产生的各种主客观条件，行为体通过创造性的、历史性的活动，不断地再造出自身的国际气候话语权。

气候环保问题的变化性本质决定了国际气候话语权的演化发展。气候变化在社会历史过程中不断演化，因此，国际气候话语权也具有动态性与可变性。就气候话语权的内在结构来看，气候环保问题变化活动的长期动态性特征决定了国际气候话语权的内部结构充满了不稳定性。从人类社会演进的整体趋向而言，整体的人类气候环保活动趋向于人类的发展与完善，但是这一过程却并不是线性提升的，而是曲折反复的，它既可以走向发展，也可能出现下降，既表现为成熟与改善的进程，也表现为落后与异化的过程，伴随着气候环保问题的变化，国际气候话语权也不断变化。

气候环保问题对行为体在国际领域气候话语权的演化既有确认与发展，也有否定和异化。一方面，行为体在气候环保治理过程中进行有悖于其国际气候话语权的社会过程，实际上就会带来行为体话语权的消极影响，也可以称之为气候话语权的“异化”，如某位气候话语权领域的“领导者”重新考虑发展高污染工业，不再继续治理环境，天长日久之后，它就成为气候话语权领域的“边缘者”抑或“局外人”，

因此，国际领域行为体气候话语权的“异化”过程实质上是行为体气候话语权的变异与演化；另一方面，行为体在国际领域气候话语权的发展是行为体气候环保领域发言权的增长过程，如某些高度依赖石油出口的国家试图有所改变，比如阿拉伯国家，如能够真正开始从事节能减排，不断累积开发新能源的经验，并将其环保成就向世界进行推广，这就有利于其国际气候话语权的长期发展与延续。

通过自身的气候环保治理活动，人不断塑造环境，也不断塑造出自身的国际气候话语权。气候环保活动既可以完善行为体话语权的获得，也可能否定行为体话语权的本质，因此，国家的气候环保活动，既能完成其气候话语权的发展，也能产生出气候话语权的异化。可见，我们从气候环保问题变化的视角把握行为体的国际气候话语权至关重要。

三、环境变化与国际气候话语权的构成要素

“环境变化”从“主客体关系”与“主体间关系”维度，可以分为“对象化环境变化”与“交往环境变化或互动环境变化”，前者的代表是“物质生产活动导致的环境变化”，后者的代表是“交往行为活动导致的环境变化”，从这两类环境变化活动出发，分别形成了“国际气候话语权的实体构成要素”与“规范构成要素或主体间要素”。

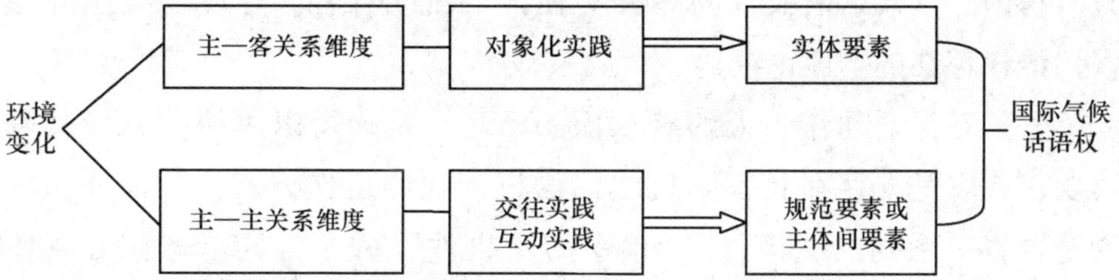

图 5　环境变化与国际气候话语权的构成要素[①]

① 本图由作者绘制。

如图5所示，一方面，行为体的国际气候话语权并非仅仅依赖于行为体主观的价值判断或人为偏好而存在，话语权的存在需要客观依据与事实基础的支撑，并非只是行为体主观愿望的描述，而是基于某种客观事实的表征。比如，一国称自己的国际环境话语权是“领导者”，为了符合这一国际环境话语权，该国必须具备相应的实力基础，这一实力基础从何而来？就是来源于主体作用于客体的活动。

另一方面，国际气候话语权的基本特征在于它的“主体间性”，我们常说，他人是你的上帝，他人证明着自我的存在与意义，自我是否具有某种国际气候话语权需要依靠他者的认可与承认，比如在国际气候话语权领域“领导者”这一身份，需要其他民族国家的认可与承认，否则不能称其具有“领导者”国际气候话语权，而这一主体间国际气候话语权来源于主体间的交往变化或互动变化。

四、国际气候话语权的本体

在关于行为体气候话语权的相关研究中，诸多学者大都致力于揭示气候话语权的内涵，但他们未能从实践视角去揭示国际气候话语权的本质。因此，本书基于“实践本体”来探究行为体气候话语权的本原与存在，国际气候话语权的本质特征是实践性，国际气候话语权是具有实践的存在，实践是国际气候话语权存在并发挥作用的前提条件，只有将国际气候话语权视为一种实践性的现实存在，才能明确国际气候话语权存在的本体论结构。

气候环保活动作为人的有意识的活动，是人得以可持续发展的基本要求，它是人存在且国际气候话语权存在的运作方式。气候环保活动蕴含着一系列的“事件”，单个的“事件”并不等同于“国际气候话语权”，但单个“事件的集合”却蕴含着特定的“国际气候话语权意义”，如给“学生”上一天课，不意味着自己就有“教师话语权”，某些政治家也可以去校园举办讲座，但如果天天去给“学生”上课，就意味着自己有“教师话语权”，单个的事件只是“事实”，持续且相对稳定的事件才是实践的依据，从单个事实发展为具体话语权，这一过程离不开人的气候环保活动，因此，可以这样理解，国际气候话语权是一种“实践性事实”。国际气候话语权并非只存在于行为体的固有属性中，并非只存在于行为体的主观心灵中，而是存在于一系列气候环保活动中，如某行为体是国际气候话语权的占有者，必须要有长期的气候环保治理活动作为支撑。

国际气候话语权的实践本体是统一性与多样性的结合。单一行为体也可以具有多重国际气候话语权，比如不同领域不同阶段的气候话语权，综合意义上的实践本体超越了传统意义上各种单方面的国际气候话语权本体，可以认为，实践本体是行为体气候话语权的真正本体。比如，为什么说该行为体是国际气候话语权的主导者？来源于它长期领导气候治理活动，为什么说该行为体是国际气候话语权的边缘者？来源于它长期不从事气候环保治理活动，我们说国际气候话语权的实践本体具有综合统一性，并不是说它具有同一性，统一性只是寻求一切国际气候话语权现象的“背后一致”，即尽管不同行为体在国际气候话语权领域具有很多差异，但它们都源自于其实践活动。

国际气候话语权的实践本体是整体性与具体性的统一。一方面，从整体上来看，实践作为国际气候话语权的存在基础与运作方式，实践的关系性与动态性等特征就决定了国际气候话语权的实践本体是一个综合多重性质的本体；另一方面，在具体的领域，比如“碳排放”、“碳储存”、“节能减排”、“气候谈判”、“气候立法”、“气候制度设计”等领域行为体的气候适应活动多种多样、纷繁复杂，进而决定了各自具体气候领域的话语权，具体领域的气候话语权具有自身的独特内涵与意义。

强调国际气候话语权的实践本体不是为了去谋求不同领域气候话语权的单一终极本体，而只是试图从实践的视角与理解与把握国际气候话语权的概念与内涵。因而，国际气候话语权的实践本体，说到底是一种基本理解方式，是以实践为本体的视角去理解抑或思考国际气候话语权，而不是理性主义、本质主义所指的那种形而上的本体。

五、气候环保与国际气候话语权的关系

气候环保活动是国际气候话语权关系得以形成的基础与联系纽带，把气候环保活动仅仅理解为国际气候话语权的存在基础与运作方式，这还尚未能全面地了解其对于国际气候话语权的完整意义。事实上，气候环保活动不仅是国际气候话语权的基础与规定，也是联系国际气候话语权关系的中介方式与纽带形式，是国际气候话语权关系存在与发展的前提条件。

国际气候话语权关系的本质与核心不是纯粹意义上的“物质存在”抑或“理念存在”，而是社会交往存在与互动现实存在。既然要实现社会交往与互动，就必须寻找中介的联系纽带，而这一纽带就是气候环保活动。气候环保活动就是这样一个能统摄多方，实现主体间建立关系的纽带，所以气候治理是一切国际气候话语权关系的形成与确立的基础和起点。

一切国际气候话语权关系的联系纽带都是气候环保活动，如果脱离了现实性的气候适用与治理活动，国际气候话语权关系就是无源之水、无本之木，也就是说，如果脱离了气候环保实践这个联系纽带，就不存在国际气候话语权之间的关系。例如，“领导者”与“从属者”的国际气候话语权关系，离不开气候环保治理活动，其活动是领导者与从属者这一国际气候话语权关系的中介与纽带。

此外，不仅在气候环保活动中生成国际气候话语权关系，而且再生产和新生产出其他多种相互关系，例如，同样是来源于气候环保活动的“领导者”与“从属者”的气候话语权关系，在后续的相互配合研究与相互交往的气候变化过程中，就可能从“主从的国际气候话语权关系”演化为“气候伙伴关系”的国际气候话语权关系，甚至成为同一“气候谈判阵营”（如欧盟、“伞形”集团、七十七国集团＋中

国、小岛屿国家联盟、石油输出国)①，当然，这种关系也可能演变为气候谈判的敌对关系。因为国际气候话语权产生与变化的基础与动力都来自于实践活动，国际气候话语权关系的建立与演化也脱离不了实践。

第二节　国际气候话语权与国家新能源的发展

上文分析了气候环保与国际气候话语权的关系，从国际气候话语权的构成要素、实践本体、气候话语权的变化、气候话语权的关系几个视角论证了气候环保→气候话语权。接下来的一节将分析气候话语权与国家新能源发展之间的关系，并试图提出其作用机制的理论模型。

话语权之所以具有种种功能，关键在于话语具有意义，语词、语句、篇章等语言符号是话语具有意义的载体，语言哲学中的话语研究就是研究语言符号为何具有意义的理论。它的研究领域主要包括：判断话语意义标准的定义、分析话语意义基本单位的定义、话语是否具有确定性等问题。

在确定了以“气候话语权”作为“发展新能源”的动力与基础之后，接下来的问题是如何理解气候话语权与发展新能源的关系问题。行为体发展新能源的动力与诱因是为了谋求气候话语权，发展新能源

---

① 欧盟各国经济发达，环境状况良好，政治上环保势力较强，力图主导气候变化国际谈判的走向；且因其清洁能源在本国能源构成中比例较大，并拥有先进的环保技术和较充足的资金，极力要求立即采取较激进的减、限排温室气体措施。“伞形集团”以美国和澳大利亚为代表的发达国家，多为能源消耗大国或温室气体减排压力较大的国家。由于担心减排行动对本国经济造成过大负担，他们反对立即采取减排、限排措施。“七十七国集团＋中国”是发展中国家，其立场是：发达国家应对全球气候变化承担历史和现实责任，应当率先采取减排行动；同时反对在目前情况下由发展中国家承担减排、限排温室气体义务，担心因此阻碍其自身的经济发展。“小岛屿国家联盟”是全球气候谈判中的重要参与者，由于其成员国所具有的独特地理状况和经济发展结构，该联盟在气候谈判中一直坚持其自身特殊的利益诉求。石油输出国关心本国将来的经济发展，而发达国家害怕失业率增加。

与增强气候话语权的目标息息相关、相辅相成。

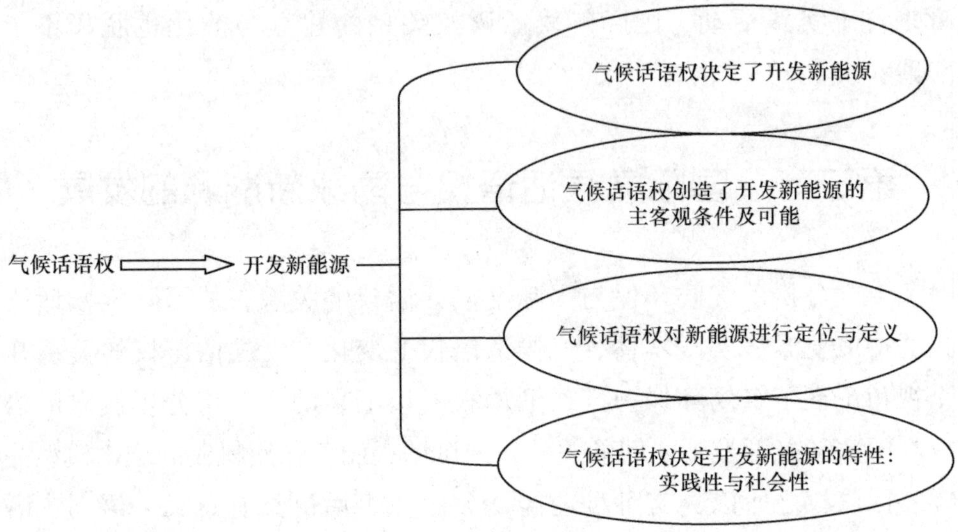

图6 气候话语权与发展新能源的理论逻辑[①]

首先，如图6所示，发展新能源的现象之所以涌现是由于行为体气候话语权的运作。由于行为体气候话语权的规范性行为产生了开发新能源的动力，同样，由于气候话语权的激励性行为使得开发新能源的方案得以实施。也就是说，脱离了人类社会的气候话语权，人类也就不存在对开发新能源的需求，发展新能源的动力与压力也就无从产生。人类社会气候环保活动，以行为体的气候话语权争夺与探讨来实现，单个个体为了达成集体的环保行动，需要彼此之间交流信息与沟通思想，这也就是与他人进行交往的现实需要，气候环保活动的协调一致需要就在场与不在场的行为体进行交换意见与沟通想法，而这些不在场的行为体要表达与描述就必须借助话语符号的表意特征，这种表意特征恰恰定位了何为新能源，新能源的标志与开发形式。

其次，新能源热潮得以维持并推进的其他各种主客观基础与条件

① 本图由作者绘制。

也与气候话语权相关。气候环保压力、节能减排心理认知、低碳知识储备与其他种种社会基础是发展新能源的前提条件，而这些条件都是通过气候话语权所规范与阐释的。“气候极端现象”、“环境污染严重”、“环保形势严峻”，这些现象的新闻报道与描述都离不开某些行为体的气候话语权，气候话语权主体借助上述宣传方式，使受众面临环保压力并转而开发新能源。“节能生活是健康生活”、“倡导绿色生活方式”、“减少污染，从我做起”等宣传口号是气候话语权主体为大众树立“节能生活”标签并开发替代性能源的现实背景。“低碳排放”、“碳实力”、“碳外交”是气候话语权主体推广其“低碳方式”并最终促使行为体选择无污染、低能耗、高科技新能源的重要基础。

再次，气候话语权规范了发展新能源的特性。首先，气候话语权明确了发展新能源的实践性，无论是发展新能源的短期目标还是长期规划都是人类实践活动的产物，脱离人的实践活动与气候话语权的实践特性，发展新能源就是无源之水、无本之木。其次，气候话语权界定了发展新能源的社会性特征，为了适应社会交往活动的需要，实践随之产生并发展。所以，发展新能源不是单个主体的自我意识，而是集体行为、国家行为甚至跨国合作行为，在开发新能源的实践过程中，行为体意识到“自我”与“他者”的关系，人对于意识的理解与把握拓展，形成了“自我”和“他者”的意识。① 第三，气候话语权规定了发展新能源的现实性特征，发展新能源的现实性在于新能源能满足人的现实需要，发展新能源既具有现实性又具有动态演化发展的特征。以上三种特性既有区别，又有机地相互联系。

最后，一方面，发展新能源与气候话语权主体的运作密切相关，而且也正是由于气候话语权主体的长期推动，开发新能源的进程才得以持续，并随着气候话语权而动态地演化发展；另一方面，发展新能源转而又为气候话语权服务，在气候话语权主体能否实施影响过程中

---

① 宋振华：《马克思恩格斯和语言学》，吉林：吉林人民出版社，2002 年版，第 210 页。

发挥着不可或缺的作用。由此而言，探讨国家新能源的发展问题就可以围绕国际气候话语权为视角，以气候话语权为出发点构建研究开发新能源的理论框架。

第三节 气候环保、话语权与发展新能源的关联

一、气候环保、话语权与发展新能源的联系

在梳理前人文献及分析“气候环保”、“气候话语权”与“发展新能源”三者关系的基础上，笔者认为对于三者关系的研究主要需要注意如下几点：

1. 客观性与主观性。

2. 动态性与跳跃性。

3. 关系性（“客—客”、“主—主”、“主—客”关系）。

4. 语境 + 主客观环境的综合考虑。

5. 既注重话语实践，又注重行为实践，即既关注“气候话语权”研究，又注重行为实施（“环保活动”与“开发新能源”）。

（一）客观性与主观性

气候环保活动是丰富多彩的，气候话语权是纷繁复杂的，发展新能源同样是多种多样的。从一定程度上来说，上述三者的对象性与社会性二重特征决定了它们的客观性与主观性。“气候环保活动”既是对象性的（对象是自然界），又是社会性的（人与人参与环保活动），“气候话语权”的本质属性是客观性与主观性的统一（气候话语权主体所具有的环保硬实力与软实力），“发展新能源”也是既具有客观性又具有主观性（开发的物质条件与主观意愿），因此，上述三者既是抽象的又是具体的，既是明确的，又是动态演化的。

首先，“气候环保”、“气候话语权”、“开发新能源”三者的客观性主要体现在两个方面：第一，需要物质资料的支撑。无论是“气候环保”、还是“气候话语权”，或是“开发新能源”都离不开物质材料。

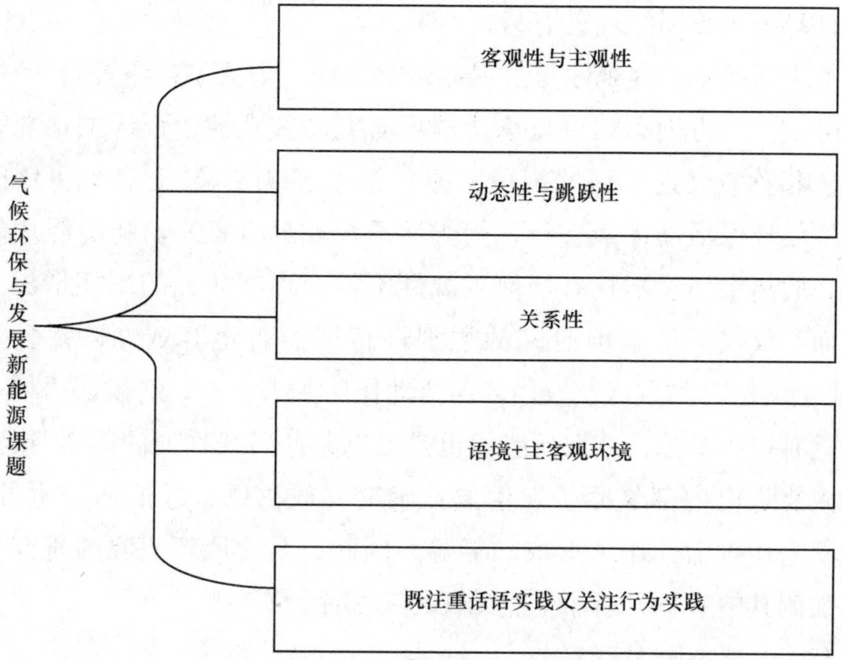

图7 “气候环保与发展新能源”课题的研究指南①

第二，需要他者的参与或承认。在气候环保活动过程抑或气候话语权运作过程中，并不由单个个体的主观偏好而随意赋予，必须具有种种大众认可的客观假定条件，开发新能源过程也需要大众参与，就是说这三者都依赖于整体社会的团体来决定，团体具有表征外部客观世界意义的“编码规则”。② 整个社会的团体成员在传递信息时必须遵守该规则，以保证能够顺利地交流信息或者统一行动。

其次，“气候环保”、“气候话语权”、“开发新能源”三者又具有主观性。环保主体的主观意图、主体对于环保标准的使用与理解能力、主体所具有的新能源知识背景与储备、主体的个人偏好与话语使用习惯等主体因素发挥着至关重要的作用。这些主体因素的揭示极大地丰富了我们对于本项研究的理解，使我们认识到不同的主体、不同的主

① 本图由笔者绘制。

② 王晓升：《语言与认识》，北京：中国人民大学出版社，1994年版，第98页。

观条件导致了不同的现实情况。

如上图所示，客观性与主观性是辩证统一的关系，两者相互联系、不可分割。一方面，如果只承认本项研究的客观性，否认主观性就会陷入“指称意义论”似的困境，即“抽象客观主义”。有了主体的参与，气候环保活动才能进行，气候话语权才具有意义，新能源才能被开发，脱离主体、不具有任何主观性不符合本项研究的现实情况。另一方面，仅仅承认本项研究的主观性特征而否定客观性，就会陷入“主观主义论”的误区，气候环保活动作用于大自然，气候话语权主体背后具有权力支撑，开发新能源也是借助某些替代性能源的本身特质，如太阳能是由内部氢原子发生氢氦聚变释放出巨大核能而产生的能，水的落差在重力作用下形成动能等。因此，对发展新能源的研究不可过于强调其中某一方面而全然无视另一方面。

（二）动态性与跳跃性

气候环保、气候话语权是不断发展演化的，与之息息相关的发展新能源要想动态地反映这种演化趋势，就绝不能是一成不变的。在人类社会的开发新能源活动中，为了适应新的社会生活的需要，主体需要发挥其创造性才能，推动新能源的不断发展，可以说是由于气候环保、气候话语权的动态性演化趋势决定了发展新能源的动态性与跳跃性特征。随着气候环保活动的开展，特别是随着现代社会的高速发展，气候话语权的运作，人类创造发展新能源与更新能源越来越成为必然的发展趋势，特别是信息化时代的到来，使得每天有越来越多的人开始从事开发新能源。

因此，本项研究必须着眼于气候环保、气候话语权、开发新能源演进变化、动态发展的特性，研究它们的动态性与跳跃性，克服传统发展能源理论中孤立与静止的倾向，将建构发展新型能源的理论框架视为一种发展与创新的努力。

（三）关系性

随着气候议题与话语研究的发展，学界对于具体内涵与外延仍然争执不休，但是我们可以发现日趋明显的一个趋势就是愈来愈多的理论家不再将这项研究简单视为研究某种纯粹的物质或精神实体，而是倾向于将其研究主题看作是某种意指关系。“气候变化与发展新能源的关系说”无疑是对“单一实体说”的根本性超越，如哈贝马斯从“主体间关系维度”考察研究课题。然而，仅仅从“主体间关系”的视角考察课题仍然难以摆脱局限性。因此，与其将“气候变化与发展新能源”看作一种关系，毋宁从人类社会整体活动的视角，将上述活动的本质特性理解为诸种关系组成的复合体，即将其理解为“主—客—主”活动基础上的复合关系体。① 这样才能彻底克服以往理论的片面性与局限性。

在此基础上，笔者试图初步分析这一复合关系体。一般意义上来说，社会中具有以下几种关系维度：“客—客关系”、“主—主关系”②、“主—客关系”三个层次，具体分析详见下图。

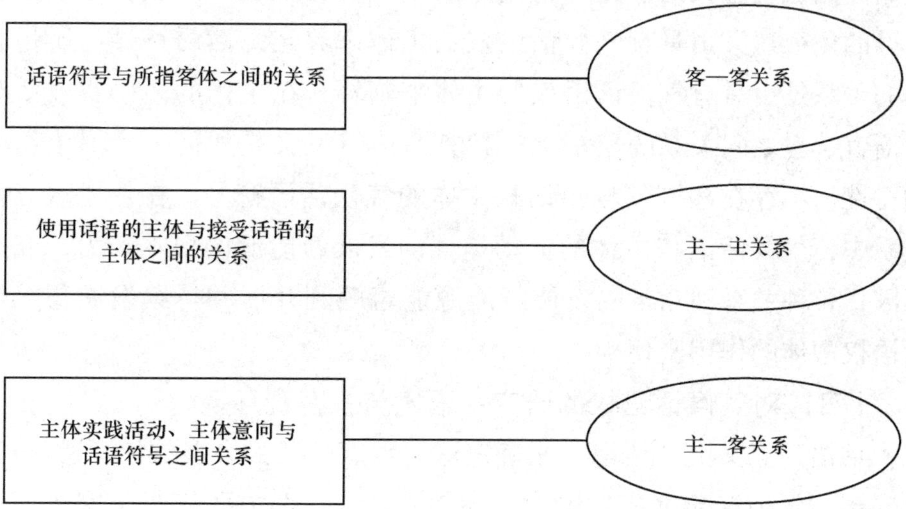

图8 气候话语权的关系维度③

① 任平：《交往实践的哲学》，昆明：云南人民出版社，2003年版，第254页。
② 客客关系启发自“指称论”，主主关系启发自“普遍语用学”。
③ 本图由笔者绘制。

第一，话语符号与所指客体之间的关系。以往话语哲学的研究者多以“指称”来表达语言符号与所指客体之间的关系，这也是体现气候话语权具有客观性的基础，即气候话语权与客观气候环境之间的关系。第二，使用话语的主体（“言说者”／“作者”）与接受符号的主体（“倾听者”／“读者”）之间的关系。“倾听者”与“言说者”之间，“作者”与“读者”之间，后者并不是对前者所传达的发展新能源进行机械的全盘接受。“倾听者”与“读者”往往根据自己已经拥有的知识背景与语言储备，对“言说者”与“作者”的语言表达式及其意指内容进行主观能动的链接，并进行积极的创造，即气候话语权主体使用各种话语手段来进行形象塑造或意义表征。

第三，气候话语权主体与话语符号之间的关系。不论是话语符号与所指客体关系上的意义，还是使用话语的主体（“言说者”／“作者”）与接受符号的主体（“倾听者”／“读者”）之间关系上的意义，这两个层次上意义的研究都与主体的气候话语权密切相关。气候话语符号的象征意义由具有气候话语权的主体来界定，话语符号与所指客体的关系是由具有气候话语权的主体来阐释，在主体的话语实践活动与语言符号之间关系的层次上，具有话语权意义是任何一个话语符号的特性，不存在离开气候话语权主体的气候话语符号。在上述这三类关系中，气候话语权主体的活动是推动发展新能源的根本动力，究其原因，各种关系视角下的发展新能源能否顺利开展并持续发展与气候话语权主体的作用密切相关。

（四）对气候话语权的研究：语境与主客观环境

话语的意义由“语境”来确定这一观点已经为大多数学者所认可，但对于“语境”定义的具体理解却颇受争议。西方语言哲学家的“语境”概念大多指在言语交际活动中，某一话语符号在表达一定意义时所发生的“上下文”、“段落”抑或“篇章”[①]，但是“上下文”、“段

① 【日】西槙光正主编，北京语言出版社编译：《语境研究论文集》，北京：北京语言出版社，1992 年版，第 2 页。

落”抑或“篇章”仍然属于话语符号的范围，这就意味着研究的确定是基于语言符号范围内来进行，即陷入了“就语言论语言”的困境中，只在语言符号范围内解读，这样的研究只能是一种字面抑或表面的语言符号研究，而不是气候话语权的真实意义抑或现实意义，其缺陷显而易见，因为它没有考虑到在言语交际活动中影响话语符号使用的各种客观与主观环境因素。

从气候话语权来看，其判断标准并不应该仅仅指某一话语符号承载一定意义时所依靠的上下文的“段落”抑或“篇章”，还应该包括影响和制约该话语符号的各种客观与主观环境因素，即从实践观出发，判断一个话语符号的真实意义抑或现实意义必须要从影响这一话语符号的各种客观与主观环境出发，过于强调从某一话语符号的“上下文”抑或“篇章”的视角分析气候话语权，具有很大的局限性。

（五）既注重研究话语实践，又注重分析行为实践

马克思的“物质生产实践论”就是本质上的行为实践活动，行为能够对语言起到巩固发展作用，抑或改变发展其作用。另一方面，我们也要注意到“话语实践”，在哈贝马斯的《交往理论》中，话语起着至关重要的作用，社会交往离不开话语，可以说，言说过程本质上就是一种交往实践，这一观点在后期维特根斯坦的“语言游戏说”与“言语行为理论”中也有所体现。

“话语实践”与“行为实践”都是“气候环保”、“气候话语权”与“开发新能源”的形式，相互联系、辨证统一，离开“气候环保”只强调“气候话语权”，抑或离开“气候话语权”只强调“开发新能源”都是片面的研究观点，人类的实践活动是“行为实践”与“话语实践”的有机统一。

二、气候环保、话语权与发展新能源的逻辑

首先，前文梳理了现有研究成果，如前所述，笔者试图避免上述学者过于注重“主客关系”中的“客体因素”或“主体因素”的缺

陷，尝试进行两者之间的有机融合。

其次，通过前文分析了气候环保、气候话语权与开发新能源的具体关联，在“实践本体论”的指导下，笔者认为上述活动都是实践性活动，实践是第一性的，也是最根本的，本书坚持从人的实践出发，在主体的实践过程中动态地分析气候话语权。

再次，根据前文所述，气候环保、气候话语权与开发新能源既包括对象性活动，又包括交往性活动，是对象性与交往性的统一，因此，我们必须基于上述内在结构，既包含“主体—客体”维度，又包含“主体—主体”的维度。

最后，本书试图改进话语权的分析单位，从单纯的“词”、“句子”、“篇章”，发展到“脚本”。“脚本”一词来源于计算机的语言，原意指可执行的文件，后被社会学家引入社会学分析中。脚本分析与词、句子、篇章分析相比，更强调语境、场景及语言背后的主客观环境因素，脚本一旦形成，将作用于人的认知模式。从脚本的概念理解语言，将推进语言研究的深化，研究脚本不但需要研究其字面意义，还必须研究脚本含有的主体、对象、方式等综合因素。

以“低碳”脚本为例，随着世界工业经济的发展、人口的剧增、人类欲望的无限上升和生产生活方式的无节制，低碳，意指较低（更低）的温室气体（二氧化碳为主）排放已经成为新的脚本与话语标签。

图9 “气候变化”—“气候话语权”—“开发新能源”的理论模型①

① 本图由笔者绘制。

如图9所示，开发新能源的动力是气候环境恶化与气候话语权的作用，其中既有实践过程，又有关系维度。气候话语权如何作用于其中的具体步骤如下：第一阶段，气候话语权主体提取“低碳”脚本，这一阶段体现了实践过程中注重“主客关系”中对“客体”因素的重视，语言是所指客体的载体，任何语言意义都不是完全任意的，都是受制于客观依据与客观所指。第二阶段是气候话语权主体界定和阐释“低碳”脚本，在这一阶段的过程中，体现了行为主体的“主客关系”中对“主体”因素的重视，行为主体的主观能动性与主观意图在赋予语言意义的过程中起到了关键性的作用。

如何界定和阐释脚本？根据脚本理论，主要有两种途径，即通过“语意超前定位”与“语意激活扩散”，心理学家进行实验，让测试者回答下述问题：“请在下列选项中选择你认为正确的‘早晚’一词的定义?”，“早晚”一词在现代汉语中最常用的意思有两个，均可作为状语，分别为：(1)“早晨与晚上”；(2)“迟早”。结果发现多数判断者第一反应都是“早晨和晚上”，心理学家分析认为：这一结果可能与目前铺天盖地的广告，如“早晚用大宝”，“早晚用脑白金”等有关，这就是利用了“语意的超前定位”，“语意超前定位”与“语意激活扩散”密切相关，通常假定一个概念被超前定位的次数越多，其被激活的程度也就越强，其被扩散的范围也就越广。① 根据心理学，概念在大脑中表征为一种语意网络或框架网络，处理一个词语会将该词语的意义激活，这种激活不仅限于正在被处理的概念，而且从它所在的节点扩散到其相邻的节点，使得这些节点都被激活，进而使得整个概念网络变得容易被触访。② 比如从“医生”→“医院”→“看病”→“吃药”，再如气候话语权主体的语意扩散链接，从“环境安全”→“低碳

① 任万芳：“词义消歧与框架—脚本理论”，《河北北方学院学报》，2005年第3期，第20页。

② 陈安玲：“脚本认知模式与与语篇的解读”，《外语与外语教学》，2007年第5期，第26页。

指标”→“低碳生活”→“开发新能源”。

第三阶段是气候话语权主体对脚本进行推广和实施，这一阶段体现的是对“主体间”关系维度的关注，任何一种脚本被界定之后要发挥影响，即它的意义要完全固定下来，必须获得其他主体的认可与支持，这一过程需要借助“同类教化”① 与“社会标签”②，使得其他主体最终认可新脚本的意义。因此，气候话语权运作过程是气候环保所指，主体话语权的实践过程，其他主体的互动过程，三者共同决定的结果。

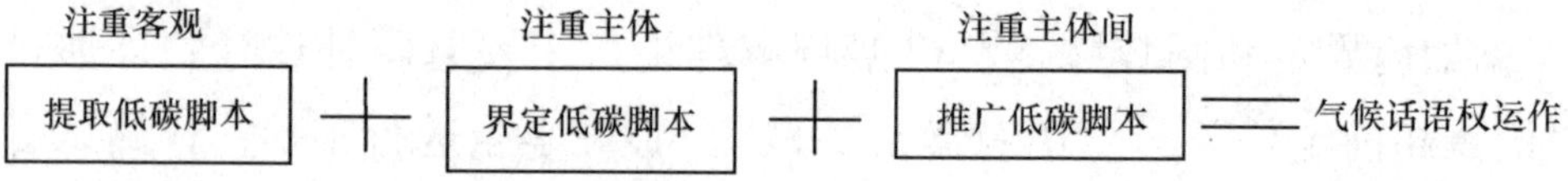

图 10　气候话语权运作过程③

如图 10 所示，以“低碳”脚本为例，第一阶段，气候话语权主体提取原有的脚本信息，主要来源是相关科学报道与统计。第二阶段，气候话语权主体以自身偏好定义与描述“低碳”脚本。第三阶段，“低碳”脚本得到巩固，这一过程的形成依赖于其他主体（“主体间”）的认可。

---

① “同类教化过程”的理论依据是《类别交往理论》，关于一个人是如何变成罪犯一种最有影响的理论出自埃德温·萨德兰的“类别交往理论”，个人若是与从事犯罪或不良行为的人交往，就会学会从事这类活动的方法和技巧。并会对这些行为形成自己合理的解释，将其价值置于其他的传统行为之上。不过，单纯的接触并不会产生罪犯或少年犯。这类交往的程度、强度和连续性，以及个人与那些罪犯或少年犯的感情联系，决定了一个人是否会变成罪犯。

② 它主要探讨社会把行为体标签为“越轨者”的过程。大部分人都会偶尔犯错，但是一般都比较秘密，很少会面临负面的社会后果。但是，那些抓住甚至被错误指控的个人，则会从最初的越轨行为（偶尔、秘密的犯错）发展到进一步的越轨行为（针对他人对其最初越轨的反应而持续采取的行动）。

③ 本图由笔者绘制。

“低碳”脚本需要得到其他主体的支持，必须经历“主体间”互动的过程，这主要通过下面两个层面：一方面，“同类教化过程”，比如利用网络媒体、开办环境保护协会、进行环保知识培训等形式，这是主体有意识将受众塑造为自己的同类；另一方面，“社会标签化”，它主要探讨的是社会把某些行为体标签为“越轨者”的过程。当进行了社会标签以后，行为体就能形成隐形认知。

气候话语权主体对“低碳”的行为与态度就是“社会标签化”的一种形式，他们将“低碳”定位为“健康”，在不同场合强调这一认知，并针对“低碳生活”著书立说，这一行为客观上加强了“低碳”脚本的传播。通过上述三个阶段，“低碳”脚本的意义被不少行为体所接受内化。

上述三个阶段既体现了对“客体”的关注，又体现了对“主体”的重视，更体现了“主体间”的维度，可以说，脚本的最终形成是在客体原本所指基础上，再通过后来的主观解读与主体间互动共同形成的后果。通过上述三个阶段，脚本意义被固定化，作用于人的认知结构，一旦外界刺激，就立即被激活，作用于人的行为。

第二章

气候环保与国际气候话语权争夺

20世纪90年代“政府间气候变化谈判委员会”成立及《联合国气候变化框架公约》制定标志着“气候政治”成为国际关系热点议题。气候政治是选择性政治，而选择话题的权力，取决于谁掌握了国际话语权。在国际气候话语权领域，“2℃警戒线”、“温室气体排放交易机制（ETS）”、“碳关税”、“低碳经济”等影响全球气候治理的核心概念都是由发达国家倡导并推广的。发达国家是全球气候政策的倡议者，其气候话语权的核心是将气候问题与能源政策、环境标准等联系在一起，旨在提升其国际影响力，输出规范性力量。

气候话语权研究除了体现话语权研究的一般特性外，它的气候特色使其跳出传统话语权研究领域，开拓了话语权研究的新领域，丰富了话语权研究的类型和视角，为我们理解国际话语权的争夺态势并以此展开话语权研究提供了新思路。也为众多国家提供了一种新的思路，即设计气候话语权研究的理论框架。从发展过程、影响因素、语用策略、宣传机制等方面，剖析现行国际机制下气候话语权的本质与演化趋势，为今后深入研究国际气候话语权的作用机制提供理论依据。此外，在生态文明的背景下丰富国际气候谈判与减排政策话语的理论内涵，为理论的发展融入生态哲学元素，有助于构建气候领域的生态话语分析模式。

在国际气候谈判中，国际气候话语权的博弈格局是发达国家占据主导地位，发展中国家发语权有限。国际气候谈判的热点话题为“减缓”与“适应”，减缓是减少温室气体排放，而适应的目标则涉及经济、生态、社会各领域。在应对全球气候变暖问题上，发达国家气候话语权的运作路径是借保护环境之名构建自身权力，以便在绿色经济转型过程中最大程度地获取利益，设置各种绿色话语壁垒，如环境认证标志、碳关税等。

作为国际气候治理中的重要参与者与世界能源的重要供给国家，与其他国际行为体，尤其是欧美传统发达国家相比，阿拉伯国家的气候话语影响力相对较弱，存在着专业理论支撑不足，外宣话语过于老旧，宣传方式相对单一等问题。气候外交话语权的弱势地位降低了国际社会对阿拉伯国家外交话语的认同感。

第一节　话语权的研究

一、话语权的国际研究现状

维特根斯坦在《哲学研究》（Philosophical Papers）中以探究语言意义问题为出发点，着力批判了他前期在《逻辑哲学论》中所提倡的“图像论”，并从一种全新的视角提出了“语言游戏说”（Language Games）。他认为说话就是用语言做游戏，“我把这一切，包括语言和使用语言的行为，称为‘语言游戏’”。[①] 他从“语言游戏说”出发，提出了著名的“语言意义在于使用”，“‘意义’这个词可以这样定义，一个词的意义就是它在语言中的使用。”[②] 例如，“这是红的”或者“这是黄的”，仅仅从这句话本身很难确定它的意义，只有将其放到使用的语言游戏的背景中，才能明确其意义。这句话用于不同的“语言

① 【奥】维特根斯坦著，李步楼译：《哲学研究》，北京：商务印书馆，1996 年版，第 34 页。

② 同上书，第 31 页。

游戏”，就有不同的意义，它可以是表示一种颜色、一种情感倾向、一句台词、一句译文，甚至是某种特殊的“黑话”或口号……在每一种用法中都有不同的意义。

维特根斯坦的“语言意义在于使用”在奥斯丁（John Langshaw Austin）的“言语行为理论”（speech act）中得到了更为深入的发展。继维特根斯坦之后，奥斯丁的“言语行为理论”在语言哲学中具有里程碑性的重要地位，对语言哲学的发展有着多方面的重大意义。奥斯丁最突出的贡献是他带动了日常交际活动中实际使用的“言语”研究的发展。奥斯丁要考察的是人们什么时候会说什么话、什么情况下会用什么词以及通过说这些话、用这些词又做了什么事。[①] 言语行为分为三大类：“以言指事”、“以言行事”、“以言取效”，这样的言语行为奥斯丁称为行事话语（performative utterance）[②]。

“以言指事”（Lucutionary act），即使用语言来表达某种思想或传递某种信息，例如：“窗户是开的”。“以言行事”（illocutionary act）的论述被认为是奥斯丁言语行为理论的核心内容，即使用语言就是行为，听者可以从这些字面意义追溯到到语言背后的“语力”（illocutionary forces）。例如，说话者在说出“我保证一定按时完成作业”这句话中就完成了“保证”的行为；在说出“我警告你别再迟到”这句话时也就完成了“警告”的行为。此外，奥斯丁除了着重研究话语的“以言行事”，即施事行为之外，还对“以言取效”（perlocutionary act）进行了哲学探讨，即通过说出一个句子有意或者无意地对自己抑或对别人产生了某种效果。例如，演讲者通过论证可以达到说服听者的效果，言说者可以通过建议使听者采取或不采取某种行为。

奥斯丁在维特根斯坦“语言意义在于用法”[③] 的基础上，提出了自

---

① J. L. Austin, *Philosophical Papers*, Oxford: Oxford University Press, 1979, p. 182.

② Ibid., p. 233.

③ 【奥】维特根斯坦著，李步楼译：《哲学研究》，北京：商务印书馆，1996 年版，第 31 页。

己的语言意义理论。他认为“语言意义在于用法”这个口号过于含糊，必须强调用“言语行为”的视角来揭示语言的意义。① 奥斯丁的语言意义理论可以概括为：“当且仅当一个语句用来作为言语行为发生作用（take effect）② 时，它才有意义，知道一个语句的意思是什么就是知道它的语力（illocutionary forces）是什么；而词的意义则取决于它在执行一定的语旨行为的语句中的使用功能。”③ 即：任何一个言语行为，既是由语旨力决定的，又受到外在环境的制约。所以，奥斯丁在强调语旨行为意义的同时，又强调对于现实语境的依赖。“我们还必须注重语境（special circumstances）的现实，我们能说什么，不能说什么，以及究竟为什么。”④

当代实践理论的集大成者首推哈贝马斯，哈贝马斯的主要贡献在于他提出了系统的《交往实践理论》，并在此基础上，针对实践与语言的问题，建立了独具一格的《普遍语用学》。他的核心逻辑可以归纳为：“交往实践”中产生了“语用行为”，在“语用行为”中，“四个有效性声言”与“理想的言语情境”决定了人们对于语言意义的一致理解，即“交往实践”→“语言意义”。哈贝马斯可以视为用实践理论来解释语言意义的先驱。哈贝马斯坚信新型的社会科学与人文科学理论，只有充分汲取与利用语言学理论的成果，才有希望从传统自然科学和人文科学的束缚中解放出来，为此，哈贝马斯积极投入同皮亚杰（Piaget）、尤其是乔姆斯基（Noam Chomsky）、奥斯丁（Austin，J）以及其他语言学家的争论之中，并在此基础上创建了自己独特的语言哲

---

① J. L. Austin, *How to do things with words*, Oxford: Oxford University Press, 1962, p. 114.

② Ibid., p. 116.

③ Ibid., p. 114.

④ J. L. Austin, *Philosophical Papers*, Oxford: Oxford University Press, 1979, pp. 181 - 182.

学，即《普遍语用学》。《语用学》是针对言说的解释所作的研究，[①]是研究怎样使用“言语”（utterance）的学科。哈贝马斯在语用学之前加上“普遍”一词，意在提供一个比以往语用学的研究更为普遍的衡量标准，达到语用中对意义理解的普遍一致。

《普遍语用学》的核心任务是“确定并建构达到对言语理解一致的普遍条件”。这一普遍条件，就是哈贝马斯认为的“四个有效性声言”：（1）真实性，是对事实作出的真实陈述；（2）正确性，即有利于良好人际关系的建构；（3）真诚性，即行为体说出的话语是否发自心底、是否真诚；（4）可理解性，即双方都使用对方可以理解的话语，而不使用暗语或设计迷惑对方的各种话语。[②] 也就是说，哈贝马斯认为，只有同时满足“四个有效性声言”，才能在主体间人际交往中达到对语言的理解和意见一致。

为了丰富与完善交往的条件，哈贝马斯在提出了“四个有效性声言”之后，又提出了“理想的言语情境”。要实现这一“理想的言语情境”，要求以下四个交往条件同时获得满足：第一，一种话语所有的潜在参与者都享有同等的话语参与权，每个人可以随时发表支持或者反对的任何意见；第二，每一个话语参与者都可以随时做出解释、主张或者建议，并可以随时对话语的有效性规范进行质疑或反驳质疑，任何形式的评论与批判都不应遭到压制，这是所有话语参与者与潜在参与者的权利。第三，每一个话语参与者都可以随时表达他们的态度、感受与主观愿望，即所有话语参与者与潜在参与者都应该享有平等的话语表达权，这样才能保证行动者与话语的参与者袒露自己的内心，确保态度真诚。第四，每一个话语参与者都可以发出指令与拒绝指令，做出允许或者禁止允许，做出承诺，为自我申辩或者要求别人做出申

---

① 【美】约翰·费斯克著，李彬译：《关键概念：传播与文化研究辞典》，北京：新华出版社，2004 年版，第 217 页。

② 【美】丹尼斯·K. 姆贝著，陈德民等译：《组织中的传播和权力：话语、意识形态和统治》，北京：中国社会科学文献出版社，2000 年版，第 36 页。

辩，这是每个话语参与者的实施调节性话语行为的同等权利。① 因为，只有相互期待对方的行为才能避免某种单方面要求的行为义务，超越现行强制手段，以谋求话语的平等权与保障这种平等话语权利，发展到一个超越现有条件与局限的理想的语言交往系统。

但是，我们要避免哈贝马斯的“理想化情结”，他极力寻求让所有人对于语言意义的理解达到完全一致，但是在现实的社会生活中，不同国别、不同文化的人具有不同的认知结构与知识储备，还要受制于种种主客观条件，“理想的言语情境”难以实现。其次，哈贝马斯将所有的行为都视为语用行为。他的逻辑推导如下：“实践”都是“交往实践”，而“交往实践”中主要使用语言，因此，“交往实践”等同于研究“语言交往实践”，而“普遍语用学”就是研究“语言交往实践”，所以他在“交往实践”基础上致力于“普遍语用学”的研究，其实这是一种片面性的逻辑推理。因为如前所述，“实践”既有“对象化实践”，也有“交往实践”，“交往实践”中既有“物质交往实践”也有“精神交往实践”以及“语言交往实践”，即“实践”不只包括“交往实践”，“交往实践”也不能只等同于“语言交往实践”；第三，还要防止像哈贝马斯那样，将实践仅仅理解为“主体间实践”，而应当充分认识到实践结构的“主客体关系”与“主体间关系”的统一，即要建构起一种“主—客—主”框架的实践观与实践语言意义观。②

二、话语权的国内研究现状

话语权的国内研究刚刚起步，出现了不少新成果。阮建平认为话语权是通过一定的话语方式进行自我认同和利益表达，是现代政治参与和国际秩序建构的必要环节。由于一些发达国家凭借其政治、经济、科技和语言文化方面的优势向全球灌输其意识形态，以及历史上殖民

① 【德】霍尔斯特著，章国锋译：《哈贝马斯传》，上海：东方出版中心，2000 年版，第 80 页。

② 任平：《交往实践的哲学》，昆明：云南人民出版社，2003 年版，第 253—254 页。

统治所造成的文化方面的断层和落后，许多发展中国家在全球话语交锋中经常处于无言或失语的困境，使得国际秩序在价值取向和制度安排上更多体现发达国家的意志，成为他们支配发展中国家的工具。① 刘永涛关注语言在国际关系中的作用。他认为语言作用问题也是社会建构主义内部不同分支之间的主要区别所在，正确理解这些区别既有助于研习社会建构主义关于语言作用问题的理论，也有益于人们进一步认识和利用这个研究视角，这不仅涉及到什么是社会建构主义的含义问题，而且直接关系到社会建构主义未来发展的可能方向。② 郑华分析了福柯的"话语观"对后现代国际关系理论的影响，他以福柯的"话语观"对后现代国际关系理论的影响为切入点，探讨了话语分析与国际关系研究的重要关系；同时提出将批判性话语分析为核心的"多维话语分析方法"引入国际关系研究领域，作为具体的话语分析方法使用。③

孙吉胜从语言意义的视角解读国际战争，她认为就如同物质力量决定国际体系结构一样，语言同样造就一种叙述结构，约束行为体的自我认同，影响行为体的行为，在这个过程中，行为体主要是使用语言力（尤其是语言的表象力）来维护原有的叙述结构，把原有的集体身份强加给对方，使自我认同不被破坏。④ 甘均先从压制和对话两个层面对国际政治中的霸权话语进行分析，霸权话语体现了霸权对非霸权的权力关系，霸权话语的目标是压制非霸权话语，使其边缘化，使其沉默无声，但是，霸权话语几乎处处遇到抵抗，当今世界是一个对话

---

① 阮建平："话语权与国际秩序的建构"，《现代国际关系》，2003 年第 5 期，第 31 页。

② 刘永涛："语言、社会建构和国际关系"，《现代国际关系》，2004 年第 11 期，第 56 页。

③ 郑华："话语分析与国际关系研究——福柯的"话语观"对后现代国际关系理论的影响"，《现代国际关系》，2005 年第 4 期，第 56 页。

④ 孙吉胜："语言、身份与国际秩序：后建构主义理论研究"，《世界经济与政治》，2008 年第 5 期，第 26 页。

多于对抗的世界，霸权话语与非霸权话语需要走出压制与抵抗的恶性循环，在沟通与对话中承认差异，达成共识。① 郭继文从话语权视角解读和谐世界，认为当今时代信息技术的快速发展为话语的传播创造了有利条件，随着世界格局深刻变化，西方发达国家从自己国家利益出发，话语推陈出新，试图主导话语权的发展，和谐世界既坚持了马克思主义，又吸取了中华文化的精髓，反映了人类求和平、求发展的普遍愿望。②

何兰认为，自第二次世界大战结束以来，以美国为核心的西方大国不仅主宰着全球经济和金融事务，而且掌控着世界政治与安全问题的话语权。③ 苏长和认为，中国需要扭转话语生产上的不平等地位，中国的话语在国际上如何做到有影响力、感召力和吸引力是一个热门话题。这个话题的背景，多少与目前我们在话语生产和话语权上存在一些不尽如人意的地方有关。④ 张志洲强调话语质量是话语权的关键，近些年来，话语权成了政治权力的一种越来越突出的表现方式，国际政治甚至在一定程度上成了“话语权政治”。⑤

张国祚指出，第二次世界大战以后，东西方争夺话语权的斗争，集中表现为争夺意识形态主导权的斗争，对此，西方政要历来重视有加，并凭着强势地位的话语权，打压或颠覆社会主义国家和发展中国家的政权，西方“和平演变”战略的策划者们就深谙此道，他们为了颠覆社会主义国家，建立了许多超大功率的发射台，利用多种语言对社会主义国家进行不间断的广播，宣传西方的价值观念、政治主张、

---

① 甘均先：“压制还是对话——国际政治中的霸权话语分析”，《国际政治研究》，2008 年第 1 期，第 117 页。

② 郭继文；“从话语权视角谈和谐世界”，《前沿》，2009 年 10 期，第 1 页。

③ 何兰：“国际局势变化与中国话语权的提升”，《现代国际关系》，2009 年 11 期，第 32 页。

④ 苏长和：“中国应该如何生产自己的话语权?”《领导文萃》，2011 年第 5 期，第 12 页。

⑤ 张志洲：“话语质量：提升国际话语权的关键”，《红旗文稿》，2010 年 14 期，第 22 页。

生活方式，形成了强大的话语攻势。① 梁凯音强调发展中国家需要拓展话语权。随着综合国力的提升，发展中国家作为责任大国走上了国际舞台，争取更多的国际话语权是发展中国家应对当前由西方国家主导的国际体系的一种诉求，也是与发展中国家的国家利益及其在国际事务中所承担的责任相适应的。如何正确定义国际话语权，提出拓展发展中国家国际话语权的新思路，调整和谋求发展中国家的国际话语，使得发展中国家的国际话语和其国际地位相一致，是发展中国家目前迫切需要解决的重要问题，也是发展中国家的国家利益之所在。②

一方面，我们要认识到上述国内外研究成果的积极意义，话语意义的社会性在上述学者的研究中凸显出来，他们把话语意义纳入了广泛的社会生活背景与人际关系中考虑，从“语言”到“言语”的过渡，凸显了对“话语权”的重视，是在实践理论基础上研究话语意义来源的先驱，更值得一提的是，上述学者不但指出了话语的意义来自于“交往实践”，而且还致力于研究怎样在主体间获得对话语意义的一致理解并构建了相关的理论模式。另一方面，从实践观出发，究竟如何对话语权问题做出全面且合理的解释？我们虽然从上述理论梳理中，可以获得种种有价值的启发，但显然我们无法直接从中借用现成的关于气候话语权的具体阐述。不过，上述研究却为我们开启了一种新的视角与阐释途径，以此为基点，我们就能建立在人类社会实践的基础上对话语权问题进行深入地探究，从而有效地克服上述解释的片面性或不足之处且进一步推动话语权理论研究。

第二节　气候话语权争夺战中的发达国家

国内外学者普遍认为，在当前气候话语权领域，发达国家阵营占

① 张国祚：“关于“话语权”的几点思考”，《求是》，2009 年第 9 期，第 19 页。

② 梁凯音：“论国际话语权与中国拓展国际话语权的新思路”，《当代世界与社会主义》，2009 年第 3 期，第 11 页。

据相对优势和主导权，尤其是欧盟。傅聪（2007）指出，欧盟环境领域的政策与措施值得其他国家学习，从欧盟应对气候变化治理实践、气候治理转型及其对外部世界的影响三方面入手，依循实证主义的研究思路，通过将个案研究与对策研究相结合，较为系统地归纳和分析欧盟气候治理的内容、性质和发展趋势，通过对欧盟政策内外效果评估，阐释欧盟在全球气候变化合作机制中所承担的角色和发挥的影响力。[①] 王伟男也认为，气候变化是人类当前与未来面临的最严峻挑战之一，与同为发达国家的美、日、加、澳等国相比，欧盟作为一个整体在应对这个挑战方面取得了很大成绩，为其他国家和地区提供了宝贵经验。[②] 李慧明强调，欧盟是国际气候谈判的最初发起者，是事实上的京都进程国际气候谈判的领导者，也是京都模式的坚定支持者，而应对全球气候变化的温室气体减排行动最终会深刻影响未来国家（集团）在国际体系中的实力地位并最终决定国际体系的权力分配，对未来影响的考量以及争取成为未来世界重要一极的战略意图是欧盟采取积极主动的减排立场并担当“国际气候谈判领导者角色”[③] 的根本动因。

薄燕认为，欧盟、美国在国际气候谈判领域占有重要地位，虽然其谈判策略与政策有所区别，但其重要地位不可或缺。[④] 张莉指出，美国气候变化政策发展大致经历了四个阶段，主要表现出如下特点，从地位上看，美国气候变化政策经历了从一般性程度上升到战略性高度的过程，从内容上看，美国气候变化政策是变化性与延续性相结合的产物，从政府首脑来看，其党派属性对气候变化政策影响重大，奥巴

---

① 傅聪：《欧盟气候变化治理模式研究：实践、转型与影响》，北京：中国人民大学出版社，2014 年版，第 11 页。

② 王伟男：《中国环境科学出版社》，北京：中国环境科学出版社，2011 年版，第 25 页。

③ 李慧明：“欧盟在国际气候谈判中的政策立场分析”，《世界经济与政治》，2010 年第 2 期，第 50 页。

④ 薄燕：《全球气候变化治理中的中美欧三边关系》，上海：上海人民出版社，2012 年版，第 250 页。

马政府任期内，“积极应对”会成为美国气候政策的主旋律。[①] 高翔、牛晨强调，美国在世界气候政治版图中占据重要地位，美国国内气候变化立法的一举一动，对于发展中国家的应对气候变化政策及立法也将产生深刻影响。[②]

卓伊塔·古普塔（Joyeeta Gupta）和迈克尔·格拉布（Michael Grubb）合编的《气候变化与欧洲的领导地位：欧洲的可持续性角色?》(Climate Change and European Leadership：A Sustainable Role for Europe?)，分析了欧盟气候政策的发展历程以及欧盟在国际气候谈判中发挥领导作用的经验，同时为欧盟领导下一阶段的全球气候谈判提供建议。[③] 欧盟在气候议题上的领导作用分为三类：即结构型领导力(structural leadership)、工具型领导力（instrumental leadership）和方向型领导力（directional leadership）。[④] 麦金·皮特斯（Marjan Peeters）主要考察了欧盟为实现京都目标以及准备更大程度的减排温室气体而实施的政策措施，较高评价了欧盟气候领域的概念标准及其成效。[⑤]

保罗·哈里斯（Paul G. Harris）从不同的分析层面运用了不同的分析变量阐述了欧洲部分国家和欧盟的气候变化政策，通过这些研究揭示了观念、利益和权力在不同的欧洲国家和欧盟层面上发挥了不同程度的影响，试图对欧洲或欧盟气候变化政策的研究应该把不同的层次

---

① 张莉：“美国气候变化政策演变特征和奥巴马政府气候变化政策走向”，《国际展望》，2011 年第 1 期，第 76 页。

② 高翔、牛晨：“美国气候变化立法进展及启示”，《美国研究》，2010 年第 3 期，第 39 页。

③ Joyeeta Gupta and Lasse Ringuis, “The EU's Climate Leadership：Reconciling Ambition and Reality, International Environmental Agreements：Politics”, *Law and Economics*, Vo. l 1, No. 2, 2001, p. 1.

④ Ibid. , p. 2.

⑤ Marjan Peeters and Kurt Deketelaere eds. , EU Climate Change Policy：the Challeng e of New Regulatory Initiatives, *Cornwall Edard Elgar Publishing Limited*, 2006, pp. 51 –52.

和变量结合起来，进行多层次综合分析。[1] 塞巴斯蒂·奥波斯赫（Sebastian Oberthür）把欧盟界定为“规范力量（normative power）”[2] 中的“绿色规范力量（green normative power）”，作为一种话语建构，欧盟在气候变化问题上发挥领导作用是欧盟展示其规范力量的重要表现，而这种领导作用的显示，一方面，可以进一步加强其外部认同和合法性的建构；另一方面，由于积极的气候立场受到广大公众的接受和广泛支持，这种领导作用的显示也加强了欧盟内部认同和合法性的建构，有力地推动欧盟一体化进程，加强欧盟的共同体化。[3] 乔恩·郝伟（Jon Hovi）认为欧盟主导气候政治的领导雄心（leadership ambition）促使欧盟即便在美国退出《议定书》之后依然采取积极的政治立场。[4]

第三节　气候话语权争夺战中的发展中国家

对于发展中国家在气候治理中的作用，中外学者有着不同的评价。发展中国家学者给予正面评价的较多。例如，陈迎认为发展中国家是负责任的，为减缓全球气候变暖做出了重要贡献。作为公约缔约方，

---

① Paul G. Harris, “Explaining European Responses to Global Climate Change: Power, Interests and Ideas in Dom estics and International Politics , in Pau l H arris ed. , Europe and Globa l Clim ate Change: Poli tics, Foreign Policy and Reg ional Cooperation, Cheltenham: Edward Elgar Publ ish ing Lim ited, 2007, pp. 393 – 401.

② Sebastian Oberthür, “The European Union in International Climate Policy: The Prospect for Leadership,” *Intereconomics*, March/Apri, 1, 2007, p. 81.

③ 李慧明：“当代西方学术界对欧盟国际气候谈判立场的研究综述”，《欧洲研究》，2010 年第 6 期，第 76—79 页

④ Jon Hovi & Tora Skodvin & Steinar Andresen, “The Persistence of the Kyoto Protocol: Why Other Annex I Countries Move on Without the United States,” *Global Environmental Politics*, MIT Press, 2003, Vol. 3, pp. 1 – 2.

不少发展中大国较好地履行了公约和议定书为“非附件I国家”[①] 规定的义务，还通过节能、调整产业结构、开发优质能源、新能源、可再生能源、植树造林、人口计划生育等多项政策措施为减缓全球气候变化做出重要贡献，担负起了国际和国内双重责任。[②] 张海滨指出，发展中国家在坚持不承担量化减排温室气体的义务的同时，以比过去灵活、更合作的态度参与国际气候变化谈判，尤其是在对待三个灵活机制方面。[③] 薄燕、陈志敏强调发展中国家是国际气候合作领域中“积极且谨慎的参与者”，在后京都进程中，中欧在全球气候变化问题上既有共同立场，也有政策分歧，但总体上进行着更为频繁而积极的互动。[④]

于宏源强调发展中大国起着中流砥柱的作用，在发展中国家阵营起领导者和协调员的角色，发展中国家参与气候变化关键问题上，坚持原则立场，在与欧、美等发达国家的抗衡中，努力争取和保护发展中国家的合理权益。[⑤] 严双伍、肖兰兰指出，发展中国家参与气候议题探讨日益积极，在国际气候变化谈判历程中是不断向前推进的，从“被动却积极参与”、“谨慎保守参与”到“活跃开放参与”。[⑥] 康晓认为，发展中大国在气候变化问题上强调积极参与应对气候变化的国际合作，原因在于在国际气候合作中获得了实实在在的经济收益，国际

---

① 《联合国气候变化框架公约》附件一（1988 年修订）所包括的国家集团，其中含经济合作与发展组织中的所有国家与经济转型国家，附件一国家承诺在 2000 年之前单独或联合将温室气体排放控制在 1990 年的水平。由于未列入其中，其他国家统称为非附件I国家。

② 陈迎：“中国在气候公约演化进程中的作用与战略选择”，《世界经济与政治》，2002 年第 5 期，第 17 页。

③ 张海滨：“中国与国际气候变化谈判”，《国际政治研究》，2007 年第 1 期，第 35 页。

④ 薄燕、陈志敏：“全球气候变化治理中的中国与欧盟”，《现代国际关系》，2009 年第 2 期，第 46 页。

⑤ 于宏源：“中国和气候变化国际制度：认知和塑造”，《国际观察》，2009 年第 4 期，第 18 页。

⑥ 严双伍、肖兰兰：“中国参与国际气候谈判的立场演变”，《当代亚太》，2010 年第 1 期。

气候合作规范在中国已经内化。[①]

然而，不少国外学者和媒体对发展中国家的气候政策解读与评价却是负面的，使用了以下术语来描述发展中国家："防守的（defensive）"、"保守的（conservative）"、"不合作的（uncooperative）"等。全亨权与尹诚锡（Hyung-Kwon Jeon and Seong-Suk Yoon）认为发展中国家在气候谈判中呈现出自相矛盾的态度。在气候变化谈判进程的早期，发展中国家显示出强烈的参与国际机制和遵守国际标准的意愿，并呼吁世界各国支持全球环境合作，曾经在气候变化谈判中发挥了重要作用，但是在 1997 年《京都议定书》之后，由于国际和国内因素的影响，发展中国家在气候变化谈判中呈现出矛盾的态度，与之相应，发展中国家的国家形象也发生了变化，成为这一问题的背离者。[②] 瑞志·安德蒙（Richard Louis Edmonds）认为发展中国家的碳减排政策难见成效。在未来的十几年中，环境问题将在发展中国家经济发展、国内政治、法治建设、国际关系以及地区发展中起到更加重要的作用，发展中国家环境问题的解决有一定的乐观的空间，但是许多环境问题依然非常顽固，其中有些还在继续恶化。[③]

爱德华·弗美尔（Eduard B. Vermeer）认为发展中国家几乎没有意识到环境污染的威胁。他撰文指出，随着工业生产、国内外贸易及投资的迅速增长，发展中国家已成为巨大的污染制造者，尽管政府官员和企业管理者都注重减少污染，并鼓励清洁生产，环境保护也被视为是一项政策，但经济增长仍然在整个发展规划中占据优先地位，环境法的实施软弱无力，地方保护主义也使企业缺乏减少污染和提高效率

---

① 康晓："利益认知与国际规范的内化——以中国对国际气候合作规范的内化为例，"《世界经济与政治》，2010 年第 1 期，第 66 页。

② Hyung-Kwon Jeon and Seong-Suk Yoon, "From International Linkages to Internal Divisions in China: The Political Response to Climate", *Asian Survey*, Vo. l 46, No. 6, 2006, p. 847.

③ Richard Louis Edmonds, "Studies on China. s Environment", *The China Quarterly*, No. 156 (Special Issue: China. s Environment), December 1998, pp. 725 – 732.

的真诚意愿。[①] 巴瑞·布赞（Barry Buzan）也指出西方国家对发展中国家在哥本哈根气候谈判的总体印象是负面的，发展中国家的气候治理行动也被误读，因此发展中国家有必要向世界解释自己的气候治理行动计划。[②]

唐更克（KristianTangen）与何秀珍（GrildHeggelund）等人是较早一批对发展中国家国际气候谈判立场的变化进行研究的西方学者。他们认为，在全球气候变化领域，发展中国家面临的主要长期挑战是：在面对国际社会日益增大的反对之声的同时，发展中国家要保持不做出减排承诺的现有立场。他们断言，发展中国家将会面对越来越大的压力，要求其做出承诺。这种压力不仅来自发达国家，也来自更多的发展中国家内部。这种压力可能是内部和外部综合力量的反映[③]：第一，如果发展中国家经济增长得以持续，其作为贫困的国家的地位将有可能改变。作为 WTO 的成员国以及在全球经济中地位的日益提高，也意味着人们又将期望发展中国家承担对国际社会的义务。第二，随着发展中国家排放量有可能继续增长，将在某种程度上对大气层中的温室气体浓度负有责任。这也就阐明了这样一个事实：只有在发展中国家也承担义务的情况下，全球减排才可能实现。第三，据政府间气候变化专门委员会（IPCC）估算，如果当今的气候变化趋势继续下去，人类将会为这种人为的全球变暖付出代价，特别是对气候变化最为脆弱的发展中国家（包括沿海低洼地区）。虽然难以确定发展中国家何时承诺量化减排，但在他们看来，合理的假设是，其未来的立场将随着

---

① Eduard B. Vermeer, "Industrial Pollution in China and Remedial Policies", *The China Quarterly*, No. 156, pp. 952 –953.

② 转引自许琳、陈迎："全球气候治理与中国的战略选择"，《世界经济与政治》，2013 年第 1 期，第 55 页。

③ 张海滨："中国与国际气候变化谈判"，《国际政治研究》，2007 年第 1 期，第 36 页。

实施气候制度构架的经验所提供的新的信息和认识而改变。①

国外学者的观点以及发展中国家在国际气候领域的形象也引发了中国学者的探讨。他们认为西方学者的上述观点是偏见的，是意图制造气候领域发展中国家的威胁论。陈岳强调，在西方国家有一种较为普遍的观点，认为发展中国家加速现代化的过程将会严重破坏人类的生存环境，威胁人类的安全，他们的逻辑是高速发展的经济必然会使对世界资源和能源的消费量迅速增加，这种大量的资源和能源消耗必然带来严重的环境问题，而这种环境问题将超越国界，对全球环境产生不利影响，周边国家将首当其冲，遭受池鱼之殃。② 马建英也指出，随着全球气候变化问题的凸显和国际气候博弈在全球治理中日渐活跃，西方的发展中大国威胁论已经从传统安全领域延伸到了非传统安全领域，西方国家正以部分发展中国家不参与温室气体减排承诺为由在国际上制造和传播发展中国家气候威胁论。③ 张海滨认为，随着气候变化的影响与发达国家的媒体渲染，发展中国家负责任的形象以及通过国际合作实现可持续发展的战略就会受到很大影响。④

由上可见，现有成果认识到气候治理是现代国际关系研究的新内容，其中不少富于新意和启发性，但较少从话语权层面探讨国际气候争端，在国家气候话语权与开发新能源领域仍留有学术机遇。气候问题背后体现的是权力角逐，国际气候谈判的实质是话语权的争夺，为了获取国际气候话语权，国家只能选择发展新能源，降低碳排放。此外，现有研究成果侧重单方面论证发展中国家气候政策的利好前景，却较少关注他国政府、学者对发展中国家环保政策的负面评判，对

---

① 【美】唐更克、何秀珍、本约朗："中国参与全球气候变化国际协议的立场与挑战"，《世界经济与政治》，2002 年第 8 期，第 40 页。

② 陈岳："中国威胁论与中国和平崛起"，《外交评论》，2005 年第 3 期，第 93 页。

③ 马建英："中国气候威胁论的深层悖论——以"内涵能源"概念的导入为例"，《世界经济与政治论坛》，2009 年第 3 期，第 5 页。

④ 张海滨：《环境与国际关系》，上海：上海人民出版社，2008 年版，第 94 页。

“气候变化”—“话语权”—“发展新能源”三者之间的关系缺乏深入解析，本书运用大量一手文献，对上述问题进行了系统分析，同时讨论了其作用机制对阿拉伯国家的参考价值。

第三章

国际气候话语的碳因素[①]

随着环境形势日益严峻，和“低碳”有关的表达也逐渐走进了我们的生活，如现在倡导发展低碳技术，流行低碳生活方式，通过减少碳排放，降低碳浓度，逐步建设低碳社会等话语在各大媒体频频出现。

“碳时代”的世界秩序表现为责任政治与实力政治之间的相对均衡。[②]“碳时代”的责任政治主要体现在《京都议定书》所确定的“共同但有区别的责任”的原则。发达国家关注“共同”，而发展中国家则关注“有区别”，双方的交集在于“责任”。例如，奥巴马访华的重要成果之一就是将中美关系定义为“共同应对挑战的合作伙伴关系”，这就是责任政治的具体表现。发展中大国政府一直都坚持做一个负责任大国，所以在世界舞台上，必须承担与自己的地位相适宜的责任。但为什么发展中国家会有责任？这个问题的前提是预先设定了发展中国家与世界存在着紧密的关联性，确立了发展中国家在世界秩序中的地位与作用。发展中国家的责任来自于认同，即对世界秩序的理解与接

---

① 本章是教育部区域和国别研究培育基地“北京第二外国语学院阿拉伯研究中心”2015年项目《“一带一路”战略背景下的中阿城市合作研究：以“丝绸之路市长论坛”为例》（ASC2015YB04）的阶段性成果。

② Anthony Giddens, *The Politics of Climate Change*, Polity Press, 2009, p. 162.

受，同时也表示出世界秩序对发展中国家的认可。只有在做出这个定性的评判之后，才能进一步讨论合作方式及层次等议题。

责任政治的核心是责任分配。分配问题存在着两个争论不休的命题：到底是给不平等的人以不平等的待遇，还是给平等的人以平等的待遇？因此，分配总是与正义相联。反思哥本哈根会议难以取得实质性进展的原因，我们不难发现，历史原则与即时原则之争、总量原则与人均原则之争的背后，都是对何谓正义的探究。① 当然，在这些争论的背后隐藏着对国家实力及利益的诉求，但最终还是凸显了责任政治的内在力量。责任而不是分配方式才是各国合作的目标，也是求同存异、和而不同，防止分歧滑向战争的安全阀。

“碳时代”的实力政治则表现在不同国家对碳问题的不同态度，并由此产生对原有国际秩序容忍度的差异。② 尽管将国际社会划分为发达国家与发展中国家有助于简化分析国际问题的模式，但在二者内部，仍然存在着由于国家利益差异而带来的对处理碳问题的意见分歧。例如，俄罗斯、美国等能耗大国反对立即采取减排措施，这与提倡采取较为激进的减排措施的欧盟区别开来。在发展中国家内部，小岛国受气候变化影响最大，与欧盟观点相似，而产油国则担心严格的减排措施会影响自身的能源出口。此外，美国力图让中国、印度、巴西等国从发展中国家的群体中分割出来，承担较高的减排义务，却避而不谈补偿问题。因此，“碳时代”的实力政治使传统的“南北问题”变得更为复杂多变，以经济发展水平为标准定义国家身份，已显现出与时代主题不相符的弊端。③

于是，构建“碳时代”的国际秩序的核心在于如何做到维持责任

① Steve Vanderheiden, Atmospheric Justice: *A Political Theory of Climate Change*, Oxford University Press, 2008, p. 124.

② Hugh Compston and Ian Bailey (ed.), *Turning Down the Heat*: *The Politics of Climate Policy in Affluent Democracies*, Palgrave Macmillan, 2008, p. 133.

③ J. Timmons Roberts and Bradley C. Parks, *A Climate of Injustice*: *Global Inequality*, *North-South Politics*, *and Climate Policy*, MIT Press, 2007, p. 187.

政治与实力政治的相对均衡。在当今国际社会，从技术层面来说，有关环保的知识将责任落实到人类的活动，而在国际合作层面，则将责任落实到广义的国际行为体，即国家和国际组织身上。从对文本的二次解读不难发现，“共同”与“有区别”之间的争执，不仅体现了各个行为体对责任的不同解读，更体现出责任与实力之间存在着如何均衡化的内在需求。“碳时代”的责任政治的最大特点就是可协商性。“碳责任”的定义及分配原则体现出较强的可协商性，其本质是和平，基础是共同利益，形式是措施，原则是实事求是与相互尊重，重点则是国际合作覆盖面的全球化。论述至此，我们可以逐渐发现，正是隐藏在规定责任内容与明确责任主体背后的碳实力，使得对“碳责任”的协商变为可能。

第一节　国际气候话语的碳实力

“碳实力”① 是“碳责任”的基础。欧洲最早发现了“碳实力”的内涵，其最初指得是碳的排放量，即：“碳实力” = “碳排放量（工业制造能力）”，这也是表明欧洲曾试图获得全球意义上的领导地位。但随着全球气候的变暖，环境保护要求国家增强其碳减排能力，以缓解日趋严重的生态危机。于是，“碳实力”的内涵增加了一项环保性的指标——“碳减排能力”。“碳实力” = “碳排放量” + “碳减排能力”。然而，当化石燃料仍然作为各国工业化的主要动力来源的今天，经济发展决定了碳排放量的持续增加，而“碳减排能力”则依赖于低碳产业的技术创新与传统工业化规模的缩减及环保化，但我们发现，“碳减排能力”也是一种基于科技、资金、市场、管理之上的硬能力，这对国力迥异的国家来说，仍是一种物质层面的操作。从《哥本哈根会议》的过程中可以知道，即使是那些拥有资金、技术等优势的后工业化国

① 本节部分内容由课题组成员肖洋博士收集资料。

家之中，对待减排能力的立场，也不尽相同。防止全球气候进一步变暖已经在相当程度上成为了一种共识，减排意愿成为超越经济发展水平、科技开发能力的一种决定性因素，也是各国在气候问题上能达成共识的关键性节点。① 因此，当“碳责任”日益成为国际争论的焦点时，综合意义上的“碳实力”则显现出其支配性的力量，并决定着各国“碳责任”分配的可协商性的大小。本书由此认为，“碳实力”应该具有一种综合性的内涵，其中包括“碳排放量”、“减排能力”与“减排意愿”。即：“碳实力” = “碳排放量” + “减排能力” + “减排意愿”。

“碳排放量”应高于“减排能力”。“碳排放量”体现了一国的国家实力和经济规模，是一国发展的物质容量。“减排能力”则是一种道德性原则指导下的承诺，意味着降低经济发展速度或是进行节能性的产业升级。“碳排放量”是负向的实力，而“碳减排能力”则是正向的实力。此外，“减排意愿”也是非常重要的一种变量，它直接决定着“碳责任”的分配。可以说，正是由于存在着“减排意愿”的差异，才导致了各国“碳实力”的评估不再仅仅依靠工业规模、科技创新力等硬性指标，而是进一步丰富了“碳实力”的内涵，使之与“碳时代”赋予国家的“碳责任”联系起来，使能力与意愿有机地结合起来。真正做到无论国家大小强弱，都可以为环境保护担负起一份力所能及的责任。因此，“碳实力”不仅包括产业规模、科技创新、经济发展等物质性因素，更包含着深邃的国际伦理与道德的内涵。对于大国来说，进行优质的“碳实力”较量则是在“碳时代”的国际政治格局中新的博弈规则。

从这个公式可以清楚地看到不同的游戏参与者的身份。欧洲具有减排能力，其碳排放量在呈现出下降趋势，拥有较为强烈的减排意愿。这使得欧洲占据了碳议题的道德高地。美国具有强大的碳排放量和产业升级的科技创新能力，但由于国内利益集团的掣肘，使之减排意愿

---

① Bert Bolin, *A History of the Science and Politics of Climate Change: The Role of the Intergovernmental Panel on Climate Change*, Cambridge University Press, 2008, p. 175.

较欧洲为低。对于发展中国家来说，增强自身碳实力的关键在于找到保持碳排放量和减排能力相对均衡的机制，这就必须坚持《京都议定书》规定的“共同但有区别的责任”的原则。此外，还应表现出保护环境的积极意愿。为减排而担负的成本则应通过合理的碳交易的方式主要由发达国家分担，而不能为了增加减排责任而降低发展中国家的经济发展速度。① 否则，即使是面临气候变化负面影响最严重的国家，也会因力不能及而付出沉重的代价。在响应加强国际环保合作的前提下，坚持经济发展优先于碳减排承诺，是发展中国家与发达国家进行谈判的根本原则。

虽然目前国际社会对“碳实力”的认识远未成熟，但已超越了欧洲对“碳实力”的自我解读。在此笔者提出一些直觉性的感悟。尽管“碳实力”的内涵，必将涵盖越来越多的道德因素，但与核武器时代的实力政治一样，“碳实力”也具有“威慑性”的特点，只是“碳实力”的威慑性，更具隐蔽性，但从某些国际政治的现实来看，这种潜在力量已初现端倪。例如，美国能够参加但不签署《京都议定书》的做法就表明了这种“碳实力”的威慑性，这不仅反映出国际社会缺乏有力的惩戒权威的现实，还反映出对“碳实力”的展示方式仍存在着核时代的遗风，即仍是一种彰显大国身份及其强权地位的工具。“碳时代”期望各个国际行为体能够“自愿”做出并履行承诺，这种自愿则是在协商的基础上实现的。自愿承诺的减排量表现的是诚意，“减排能力”的落实则是对承诺的兑现。这是“碳时代”的国际规则中人性化的体现，即国际伦理在国际博弈中所发挥的作用在不断增强。但回到原点我们可以发现，“碳实力”的基础是物质性的因素，这样决定了“碳实力”是可试探、可评估的。“减排能力”与“碳排放量”仍然是对“碳实力“试探的两种主导方向，也是增强“碳实力”的“威慑性”的着眼点。例如，欧洲显示出对减排能力的优越感，美国则同时表现

① 崔大鹏：《国际气候合作的政治经济学分析》，北京：商务印书馆，2003 年版，第 220—244 页。

出对碳排放量与减排能力的双重信心。在哥本哈根会议之后，基于“碳实力“基础之上的妥协与碳责任的明确化之间的平衡，将会交错出现。在核时代的今天，基于责任的诚意仍然有待加强，而对碳实力的试探则会成为国家博弈新的角斗场。

为什么说开发替代能源是一场“革命”，且具有长期重大战略意义呢？这是因为，以页岩气技术的突破为代表的第四次工业革命——“绿色工业革命”，其实质是能源与环保并重，与之并行的是世界能源供给格局的剧变。进入21世纪以来，作为世界最主要能源的石油，其全球总产量一直在36亿吨徘徊，“产量峰值”已经提前到来，未来产量难有大幅增加，无法满足全球能源需求。一度被寄予厚望的核电，在2011年3月日本福岛核事故后，德、日等国先后出台“弃核”日程表，无法再挑起未来能源供给的重担。而一直作为传统能源的煤炭工业，也面临环保压力与储量下滑的双重困境，日益成为夕阳产业。因此，开发洁净、储量大的替代能源势必成为推动全球经济发展的首选。特别是页岩气作为最具开发价值的替代能源，其全球总产量的增长不仅会改变全球能源格局，还将重塑世界工业版图，这直接关系到未来国际经济主导权的转移。

当前国际经济秩序运转的前提是美国作为世界最大能源进口国。1974年美国与沙特等波斯湾国家达成“石油单一使用美元结算”的协议之后，美元与石油形成“绑定”关系。全球石油交易皆以美元结算，而海湾产油国则把石油美元存入欧洲的银行体系，欧洲的银行再以金融投资等方式使美元流回美国，这样美元凭借石油市场逐渐控制了全球经济体系的各种规制安排。例如全球海上贸易路线的主干网就与海上石油运输通道有关，在海上石油运输路线的主要终到港周围，不仅遍布炼化工厂，往往也是国际金融中心和大型城市群。随着油轮而运行的国际贸易合约，也多以美元交易。因此，只有全球还有石油交易，美国就能凭借美元与石油的绑定关系，继续主导世界经济政治秩序。

与日益枯竭的石油资源不同，天然气的储量却屡创新高，各国纷纷将其作为替代能源的首选。这除了归功于“页岩气革命”带来的产量突破，也与天然气适合城市人口消费的特点有关。页岩气是一种非常规天然气，以吸附或游离状态聚集于暗色泥页岩或高碳泥页岩中。页岩气既是常规能源天然气的潜在替代能源，也是清洁环保能源。在中国、印度等人口大国快速城市化的大背景下，天然气比煤炭、石油更加高效且清洁，因此极具开发潜力。

为了挽救美元对国际能源市场的控制力度，美国将目光投向非常规天然气领域，谋划将美元与石油与天然气的双重绑定，实现美元霸权的双保险战略。而这一次，资源与货币的主角都是美国自己。自2004年突破页岩气开采技术难关伊始，美国页岩气产量大幅增加，占到美国能源消费的1/4，极大改善了美国能源安全结构，被称为“页岩气革命”。2011年3月30日，美国白宫发布了《未来能源安全蓝图》，指出由于页岩气和页岩油技术快速发展，美国能源对外依存度已大为降低，① 并制定了加大美国本土非常规油气资源开发力度的替代能源战略。如今，美国已经成为全球天然气生产国之一，预计到2035年，美国天然气总产量的47%将来自页岩气。

美国页岩气产量快速增长，正使美国从世界最大能源进口国转变为出口国。国际能源署预测，美国和加拿大非常规天然气增长，将使全球天然气产能增长近一倍，对全球天然气市场和亚太液化天然气市场而言，都起到了非常重要的支撑作用。但问题在于，当美国从能源进口国变为能源出口国，能源地缘政治博弈的态势必将发生改变，这将对国际经济秩序产生何种影响？能源匮乏国家的崛起之路，又该如何延伸？

回答这些问题，可以从国际经济秩序的流程层面进行思考。伴随着替代性能源重要性的上升，国际经济秩序的各个环节都将面临激烈的主导权争夺。不妨从国际经济的上游、中游、下游来分别看待。

① “Blueprint for Secure Energy Future”, March 30, 2011, p. 42. http://www.whitehouse.gov/sites/default/files/blueprint_ secure_ energy_ future.pdf.

首先，国际经济的上游面临“海陆之变”。在国际经济的上游，是原材料的生产，其基础是勘探业。天然气与石油一样，是重要的化工原材料。页岩气革命使美国成为重要的能源生产国，这使得传统对美能源输出国的地位不断下降，而有潜力成为天然气重要出口国的国家地位将上升。如今，北美以外的地区和国家对页岩气产生了浓厚兴趣并开始采取行动。综合考虑常规天然气资源和非常规天然气资源，最具潜力的国家和地区将是俄罗斯、卡塔尔、伊朗、阿根廷和中亚诸国。由于俄罗斯、伊朗和中亚地区都属于欧亚大陆腹心地区的陆权国家，天然气出口将主要通过修建跨国输气管道等陆上运输方式，这与石油贸易更多走海路的情形是不同的。随着页岩气开发技术的全球扩散，各国非常规天然气的开采成本必将大为降低，直接影响各国的天然气使用政策，改变全球天然气市场的竞争态势以及世界经济和能源地缘政治格局。

其次，国际经济的中游面临“东西之争”。在国际经济的中游，是原材料加工和工业制造，其基础是为其他行业提供原材料的炼化工业。全球炼化能力的分布，实际上反映出世界产业重心所在。20 世纪 70 年代之前，全球炼油—化工能力基本上都集中在发达国家，欧美石油寡头们从产油国（中东等地）开采原油，用油轮运送到美国、西欧、日本，在那里把原油加工为成品油及化工制品，再卖给其他国家，形成西方主导的全球经济循环。冷战结束以后，世界炼油业出现了一个转折点，即从发达国家转移到发展中国家。以中东为起始，随后亚太和非洲的炼油能力高速发展，其中增长最快的是中国和韩国，当前世界上的大炼油厂最多地集中在中国、印度、韩国、印尼，都是东方国家。迄今为止，全球炼油能力约 3/4 在发展中国家，只有 1/4 在发达国家。由此可以看出，炼化工业布局从西方发达国家转移到东方发展中国家的过程，在时间上与全球制造业大转移基本一致。当炼化工厂不再集中于发达国家，那它们的实体经济优势必将被削弱，这也是此次全球经济危机的根源之一。然而，页岩气革命却给美国提供了改变全球炼化能力分布的机遇。当美国成为能源输出国，它就有能力通过调节能源贸易流向等手段，再次影响世界炼化工业的国际分布格局，从而达到扭转全球工业体系重心东移的目的。

再次，国际经济的下游面临“货币之战”。在国际经济的下游，是产品的分销、结算和消费。目前中国正在成长为全球最大的工业产品消费国，这实际上是对全球财富地图的重新整合。从根本上来说，消费量是最终目的，但决定性的砝码却是结算货币。由于天然气的定价权尚在争夺中，欧洲、中国、俄罗斯都在致力于天然气交易货币多样化，打破阿拉伯国家石油一统天下的局面，削弱美元与国际能源能源交易的绑定关系。尽管将来哪种货币将成为天然气贸易主要结算货币尚属未定，但各大国围绕天然气结算问题必将出现长期博弈的态势。

综上所述，各国纷纷制定替代能源战略，更将大国能源安全谋划引入到新的博弈边疆，注定成为全球化时代国际政治博弈的核心筹码。因此，对替代能源的开发，不仅是国内经济问题，更是国际政治问题。这将可能降低海权的重要性，改变炼化工业的世界产业格局，并有可能打破货币霸权。从长远来看，每一次工业革命都必将带来国际政治经济版图的解构与重构。未来国际经济秩序的图景很可能被重绘，这种重绘必将颠覆既有国际经济上下游关系网，伴随着的将是长期的、全局性的、甚至有时会是高烈度的多方大博弈，这就是“替代能源战略博弈”的真正内涵。

第二节　国际气候话语的碳外交①

上文分析了发达国家与发展中国家的碳博弈态势，下文具体分析阿拉伯国家，“碳外交”是指为了实现国际协同减排温室气体，在既有《联合国气候变化框架公约》和《京都议定书》的国际法框架内进行的

① 本节部分内容由课题组成员肖洋博士收集资料。

双边与多边外交谈判过程。“碳外交”的核心目标在于增强自身的碳实力，即在一个公平的原则下参与新能源开发行动的同时，增强自身经济竞争力。实事求是地说，作为传统能源出口国，阿拉伯国家新能源开发是以降低 GDP 增长速度和提高隐性失业率为代价的。因为，其经济发展依赖的是高碳产业，并且，这种产业结构仍然存在着众多高排放、低效能的弊病，而进行低碳产业转型与利用清洁能源，则仍处于方兴未艾的萌芽阶段。“碳实力”不仅是一笔政治账，也是一笔经济账。阿拉伯国家依靠高碳产业推动经济增长的发展模式在短期内难以改变，因此，阿拉伯国家碳外交的关键就是要从增强新能源开发能力方面入手。要找到合理的途径，深化清洁发展措施的实际运作，力求保持“可承诺的减排量”与“可承担的碳成本”之间的均衡。

阿拉伯国家碳外交仍面临着多种挑战，这主要表现在以下几个方面：

首先，发达国家在气候变化谈判过程中力图保持其优势地位，增大对阿拉伯国家等发展中国家的减排压力。发达国家认为他们只不过是在时间上较早运用了大气权利，并不存在对发展中国家的历史责任，而且现在的排放权也应该根据传统和习惯基于原来排放权发放，并认为资源的使用和二氧化碳的排放量无需人为干预，只要通过市场就可达到最优状态。① 此种论调的本质就是要让发达国家继续拥有最大的排放权与发展空间，继而主导国际秩序的控制权。基于这种逻辑，发达国家宣称阿拉伯国家应该为气候变化承担主要责任，因为阿拉伯国家人口正在或已经进入资源密集型工业化社会，落后的工业生产方式、人口爆炸式的增长、工业化进程的全面展开以及城市规模的迅速扩大都会造成大量温室气体。此外，一些发达国家也想利用“环境威胁论”作为借口以限制和压制阿拉伯国家的发展，以免西方国家的传统主导地位遭受挑战。

① Peyton H. Young and Wolf Amanda：global warming negotiations：Does fairness matter. *The brookings review* (*spring*). pp. 46 – 51.

其次，美欧有可能在限制阿拉伯国家能源发展空间方面达成一致，这将增大阿拉伯国家在国际气候变化谈判中面临的压力。主要表现为：（1）欧盟等国不仅要求自愿减排，还力图为发展中国家设限。2009 年 3 月欧盟委员会制订了新的方案，要求 2012 年之后大幅削减先进发展中国家的清洁发展机制（CDM）规模。欧盟认为对于先进的发展中国家和那些竞争激烈的行业而言，基于项目的 CDM 机制应当让位于行业性的碳市场计入机制，这一方案明确表明了欧盟要求所谓“发展中国家”参与实际减排的态度。但由于发展中国家对土地、资源、市场、和平环境等需求非常强烈，特别渴望有广阔的发展空间，同时以“发展中国家身份”参与国际事务在阿拉伯国家外交政策中一直占据着核心地位，这一矛盾促使国际谈判迟迟不能取得成果。（2）发达国家利用经济手段迫使阿拉伯国家接受减排约束。发达国家以防止气候变化加剧、保护自身产业的竞争力等理由，宣扬对影响碳排放的产品征收碳税或者贸易税。此外，欧盟还准备将 CDM 交易和发展中国家是否减排相挂钩。（3）发达国家媒体和领导人还不断强调阿拉伯国家应该尽快承担减排义务。在 2008 年波兹南会议上，“共同但有区别的责任”原则受到了挑战。以往同意这项原则的欧洲国家、日本等均提出阿拉伯国家在内的发展中国家应做出减排承诺，而美国和欧洲还力图切割发展中国家的团结，把阿拉伯国家定义为特殊的发展中国家，利用其经济与技术优势试图实现气候与经济危机上的双赢。①

再次，发达国家忽视阿拉伯国家经济发展的特殊需要，不愿意在资金和技术上提供实质援助。《京都议定书》中规定了三个灵活机制，分别是“联合履约机制（JI）”、”清洁发展机制（CDM）”和”排放贸易机制（ET）”。其中，CDM 是发达国家与发展中国家以项目为基础的排放贸易，发达国家从中获得温室气体减排量，发展中国家获得资金和技术。但是，美国与澳大利亚等非议定书缔约国和阿拉伯国家在内

---

① Peter Haldis Chu：*Climater Change Will be a Priority for Obama Administration Global Refining and Fuels Report*, Volume 13, Number 1 2009, pp. 24 – 26.

的发展中国家在如何参与全球减排的核心问题上，存在着立场上的迥异差异。[①] 目前，欧盟通过碳税或气候变化税、美国借由经济体会议、日本寄托按行业减排等形式建立的“软法”性质的气候变化机制，都带有限制阿拉伯国家能源发展空间的色彩。

通过以上分析可以看出，迄今为止，国际气候谈判举步维艰的根本原因在于：气候变暖威胁的全球性与全球气候治理无序性之间的矛盾。目前发达国家已提出各种减排方案，基本掌握了气候谈判的主动权；如果阿拉伯国家选择对抗性措施，则只会导致外交困境。在阿拉伯国家对全球环境影响日益增大的国际大背景下，拓展广大发展中国家的发展空间和内部团结，促使南北合作，积极展示阿拉伯国家在气候变化方面的巨大绩效，是阿拉伯国家碳外交的基本目标。因此，阿拉伯国家碳外交的核心在于：在参与全球协同新能源开发同时促进国民经济和社会的可持续发展。这需要阿拉伯国家的外交谋划既要考虑到国际谈判的宏观基调，又要注重微观策略的可行性。

面对后哥本哈根时代的国际形势，采取何种策略及其相关行动参与国际气候谈判，是阿拉伯国家“碳外交”面临的重大课题。从综合性“碳实力”的概念中，我们可以发现，阿拉伯国家具有巨大的碳排放量，这本身就说明了在工业发展水平上，阿拉伯国家具有强大的经济实力。其次，阿拉伯国家一贯主张各国应在全球问题上承担与其地位相当的责任，而且，现在不少阿拉伯国家也越来越注重国家形象，已经得到愈来愈多的其他地区国家的认可和信赖，这有利于提升阿拉伯国家的国际地位。阿拉伯国家开发新能源，表明阿拉伯国家作为国际社会的一份子，在维护全球生态安全的议题上所显示出来的积极的意愿，于是新能源能力就成为阿拉伯国家增强碳实力的重中之重。因此，阿拉伯国家的碳外交的重点就应该围绕在如何增强开发新能源的能力上。由于气候变化关系到阿拉伯国家的社会经济发展全局，关系到阿拉伯国家

① 杨洁勉：《世界气候外交和中国的应对》，北京：时事出版社，2009 年版，第254—260 页。

的发展模式与竞争力、国际地位与国家形象，因此阿拉伯国家必须统筹考虑国内外大局，积极研究制定有差别但有针对性的碳外交策略。

第一，改变以往国际形象，牢固坚持在“共同但有区别的责任”原则下开展国际气候合作。在气候变化条约的体系中，《联合国气候变化框架公约》和《京都议定书》共同构成了气候变化国际法的基石，并确定了国家信息通报制度、境外减排机制、资金机制和遵约机制四种法律机制。对于阿拉伯国家而言，无论是从短期还是中期来看，“共同但有区别的责任”原则是阿拉伯国家参与全球气候变化谈判的基本原则。因此阿拉伯国家要积极争取自己的发展和排放空间，坚持国际社会应在“共同但有区别的责任原则”的基础上尽早履行对包括阿拉伯国家在内的发展中国家的援助责任，兑现技术转让与资金承诺，并充分考虑阿拉伯国家的基本发展权问题。

第二，在清洁发展机制框架内与欧盟等发达国家进行可再生能源技术谈判，要求其在清洁发展机制项目上规定具体的技术支持比例。清洁发展机制（CDM）是发达国家与发展中国家之间的一项贸易——投资机制，《京都议定书》第 12 条确立：允许一附件国家为实现部分温室气体减排义务与非附件一国家进行项目级合作的机制。CDM 的核心是发达国家向发展中国家提供资金和技术支持，实施减少温室气体排放的项目，获得由项目产生的“核证减排量”（CERs），从而履行发达国家自身的减排义务。因此，CDM 被普遍认为是一种双赢机制：发达国家将以远远低于其国内所需的成本实现其在《京都议定书》下的减排承诺，并且可以通过这种方式将技术、产品及观念输入发展中国家。对于阿拉伯国家而言，在与发达国家的项目合作中，可以获得实现减排承诺所需的更好的技术、资金与投资，由此发展本国经济，提高资源使用效率，减少污染，从而促进经济与社会的发展，实现可持续发展的目标。[①]

---

① 杨兴：《气候变化框架公约研究——国际法与比较法的视角》，北京：中国法制出版社，2007 年版，第 234 页。

第三，加强同伞形国家集团的双边与多边合作与沟通，强调阿拉伯国家应对气候变化实施的政策措施及效果，寻求双方的共同利益目标与合作。欧盟是减排谈判的积极推动者，而阿拉伯国家在内的发展中国家在控制未来全球变暖的进程中也起着至关重要的作用，阿拉伯国家和欧盟通过 CDM 机制为建立气候变化互信奠定了基础。在能源技术与环境领域中的基础研究、特别是在替代能源和可再生能源技术领域的合作更为紧密。① 20 世纪 90 年代中期以后，日本提供的环境贷款占日元贷款的比例大幅上升，其中在供热、火力发电厂排烟脱硫设施、造林等项目与节能减排直接相关。2008 年日方承诺将在“凉爽星球伙伴关系”下提供资金，与阿拉伯国家开展应对气候变化国际合作。日本愿意充当国际环境领袖，更重视借环境合作扩大其国际环保产业市场。

第四，强化同发展中国家的关系，加强应对气候变化的能力建设，维护发展阿拉伯国家的集体权益。阿拉伯国家一向重视、推动与发展中国家的合作，尤其是与新兴大国的合作，以推动非商业化技术转移为切入点，旨在促进发达国家与发展中国家共同实现全球低碳发展目标，协同解决气候问题。② 阿拉伯国家应联合其他发展中国家推进世界各国在能源技术和结构转型以及资金支持等方面的共同进步。后哥本哈根时代国际谈判的重点除了各国实质减排的指标以外，就是发达国家如何实质上促进针对发展中国家的技术和资金支持问题。阿拉伯国家在上述问题的解决中也应发挥作用，在自身可持续发展过程中，积极推进技术和资金在发展中国家之间的流动和发展。

第五，在国际气候合作谈判中明确提出所需的技术与资金条件。

---

① Ueno，et al. *Science and technology activities in China and Japan-China co-authoring relationship*，National Institute of Science and Technology Policy，Ministry of Education，Culture，Sports，Science and Technology，reaserach material，No. 123，March 2006.

② 胡鞍钢、管清友：《中国应对全球气候变化》，北京：清华大学出版社，2009 年版，第 74—90 页。

阿拉伯国家通过国际谈判，获取国际资金和先进技术，提高阿拉伯国家的资源利用率，在减少温室气体排放的同时，改善阿拉伯国家环境质量，达到以最少的控制温室气体排放成本获得最大的经济和环境效益的目的，这既为阿拉伯国家在减缓气候变暖中应承担的义务，又可促进阿拉伯国家的可持续发展。

第六，建立阿拉伯国家碳外交的宣传制度。阿拉伯国家可以设置每年定期发布的阿拉伯国家新能源开发措施及其效果制度，同时建立专业的气候变化宣传机构，向国内外宣传阿拉伯国家的气候环保政策措施，开发新能源进展情况，发达国家的转移排放等，让世界正确认识阿拉伯国家的具体实践状况，同时也可以促进社会各界开展“第二轨道”外交，发挥民间团体和非政府组织的作用。

综上所述，后哥本哈根时代为国际秩序的变动提供了动力源，“碳”的外部性正在逐步瓦解由某一国家全面控制全球事务的可能性，而促使各种国际行为体在公共平台上建立“碳责任”与“碳实力”之间的平衡。反观西方的文化与国际战略思维，我们可以发现，“碳外交”也许是西方人争夺世界领导权的一次重大战略布局。阿拉伯国家在这一布局中将如何应对，首先取决于是否有足够强烈的危机意识与机遇意识，可以透过科学话语以及法律框架的表象，看到建立在欧洲与美国的不同政治文化的基础上的国际新格局。其次在充分研判战略形势的前提下，最大程度地与世界各国明确共同价值，探索建立不同性质的复合型合作机制，以低碳外交为契机，合理地参与国际事务，重新规划世界秩序的内容与方向。

第四章

阿拉伯国家气候变化与开发新能源的实践[①]

社会学认为，任何社会现象与社会事实都基于具体的社会环境，只有考虑到它们特定的社会复杂性与历史规定性，把它们置于社会与历史的总体进程中加以考察，才有可能明确其地位与作用，探究其生成、演变与发展的原因。第一章对于“气候变化”→“开发新能源”的理论依据已经做了详尽的阐述，那么，本章的目的就是在这一理论依据的基础上，结合特定的社会背景与历史情境，分析阿拉伯国家开发新能源规范产生的原因，即具体阐述“气候环境恶化”→“气候话语权缺失”→“开发新能源规范”的理论逻辑。

第一节　阿拉伯国家气候变化、气候话语权缺失、开发新能源

如前文所述，20 世纪 80 年代以来，随着经济的发展，具有全球性

① 本章是教育部区域和国别研究培育基地“北京第二外国语学院阿拉伯研究中心”2015 年项目《“一带一路”战略背景下的中阿城市合作研究：以“丝绸之路市长论坛”为例》（ASC2015YB04）的阶段性成果。

影响的环境问题日益突出。不仅发生了区域性的环境污染和大规模的生态破坏，而且出现了温室效应、臭氧层破坏、全球气候变化、酸雨、物种灭绝、土地沙漠化、森林锐减、越境污染、海洋污染、野生物种减少、热带雨林减少、土壤侵蚀等大范围的和全球性环境危机，严重威胁着全人类的生存和发展。对于阿拉伯国家而言，一方面是自身气候环境恶化，沙漠化更加严重，气温居高不下，淡水资源更加缺乏；另一方面是媒体将全球气候环境恶化的祸首指向碳排放的载体石油，使阿拉伯国家面临舆论压力。

一方面，“气候环境恶化”与“行为体气候话语权缺失”有着紧密的联系，如前文所述，话语权是一个主体间概念，行为体的话语权需要他者的认可与承认，如果他者一味地攻击，将导致行为体的话语权受损或缺失，“气候话语权受损缺失”的衡量指标是行为体话语权构成的实体要素与规范要素受损与缺失。

另一方面，“行为体气候话语权缺失”与“开发新能源”也密切相关，行为体的“气候话语权缺失”会成为行动压力与动力，将转而开发新能源，即“气候变化”→“行为体气候话语权缺失”→“开发新能源”。

如图 11 所示，由于气候话语权与环境质量、碳排放量因素有关，因此，“气候环境恶化”尤其是“温室效应”影响，导致阿拉伯国家在气候话语权领域处于尴尬地位。如前文所示。接下来，本书将分析阿拉伯国家三种气候环境恶化的形式，即土地沙漠化、污染、水资源奇缺，这三者都对阿拉伯国家的气候话语权造成了不同程度的影响，是阿拉伯国家转而开始探索开发新能源的影响因素。

一、阿拉伯国家气候变化与气候话语权

（一）土地沙漠化与国际气候话语权

阿拉伯国家的主要地理位置为阿拉伯半岛，在干燥的中低纬度范围，大多数处于热带沙漠气候区，本身就干旱少雨，沙漠广布，但近众

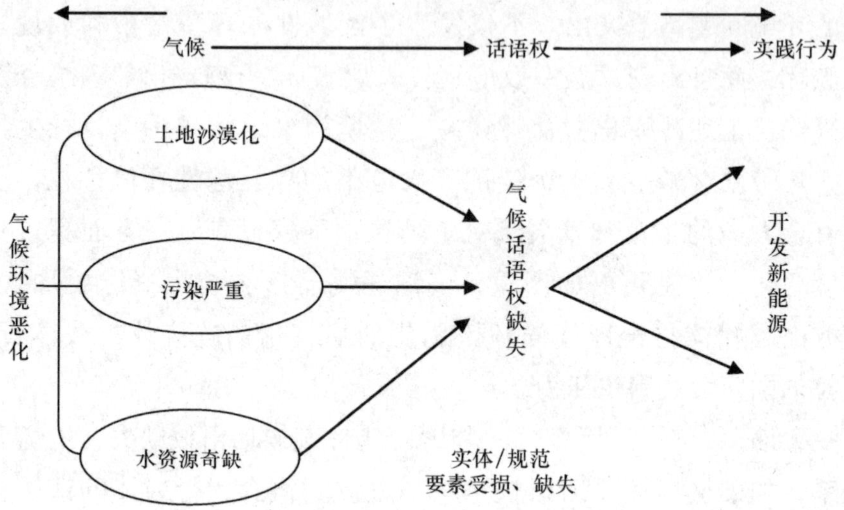

图 11 气候环境恶化——行为体气候话语权缺失——开发新能源①

年来由于过渡开发油气资源，其荒漠化形势更趋严峻，气温升高，农副产品进口量需求激增，导致主要粮食产品价格上升，人民生活受到严重影响。

所周知，人类环境需要土地，土地沙漠化是最基本的气候环境恶化的形式。这不但对阿拉伯国家农业生产造成了伤害，其威胁力对于阿拉伯国家来说具有毁灭性与破坏性，沙漠化严重的情况下将直接导致经济的崩溃。对于在土地沙漠化状态下生活的个体来说，在这样的生存环境中度过的时间越长，感受越深刻、越直接，接受的信息直接转化为行动的可能也就越大，就越有可能对此表示不满。土地沙漠化充溢在生活之中，天天接触到、感受到，而相较而言，土地沙漠化较少发生的地区，人们仅仅通过媒体与网络等宣传工具间接了解感受，土地沙漠化只是偶然发生的、远离自身的，而不是正常的生活行为模式，所以心理上很难产生对开发新能源活动的急切盼望。土地沙漠化会导致农作物的产量下降，农产品的进口量增多，形成越来越严重的

① 本图由笔者绘制。

收支不平衡，人们的生活水平下降，国内生产难以满足人们的需求，出现物价飞升，通货膨胀等一系列严重的经济问题。传统农业的出口量减少也会导致以采掘业为主的工业受到冲击，从事挖掘产业的公司也可能倒闭停产，国内生产总值也会随之减少，经济实力削弱，国际地位与影响力下降。

土地沙漠化不但使得阿拉伯国家国民的生活遭受到损害，也是对于其发展模式与气候话语权的持续伤害，而正是因为这样的环境困境，作为石油输出国的大多数阿拉伯国家在气候论战中成为了道德的被批评者，面对众多西方媒体与小岛国的口诛笔伐，当这种持续气候话语将阿拉伯国家定性为“污染的供给国”，“碳排放的源头国”之后，阿拉伯国家试图改变自身国家形象的迫切性也愈发强烈。上述演化过程可以得出如下的发展步骤：“气候环境恶化”——→“气候话语权缺失”（实体与规范要素）——→“谋求开发替代性能源等新变化”。

（二）污染严重与气候话语权

土地荒漠化体现着对土地的损害，摧毁着阿拉伯国家的农业经济，这是阿拉伯国家众多环境问题第一种形式，那什么问题进一步使得阿拉伯国家在国际上的气候话语权缺失？即对阿拉伯国家气候话语权的实体构成要素与规范要素造成伤害？那就是我们关注的第二种形式：环境污染。

世界知名媒体对阿拉伯国家的环境污染及食品安全不断给予超乎寻常的关注，尤其是最近，阿拉伯国家有的城市竟被称为“世界污染最严重的城市”，这些报道并非捕风捉影，它们的素材几乎都来自阿拉伯国家媒体自身的报道，但又断章取义，掺进一些不该掺的东西。这些报道对阿拉伯国家形象的损害相当严重，但又是阿拉伯人最难反驳的。由于西方国家媒体在世界上的霸权地位，他们对阿拉伯国家环境污染的报道甚至影响了其他国家，普通人对“白纸黑字”的报纸还是非常相信的，大量题材、内容上倾向性明显的新闻必然会产生“放大效应”，导致他们不能客观地看待环境污染问题，甚至不能客观地看待阿拉伯国家。认为阿拉伯国家国内到处都是污染、毒米、毒面等，吃穿住行都不方便。

此外，数次中东战争以及2011年以来所谓的“阿拉伯之春”造成了石油设施和油轮泄漏，形成海洋大面积污染而几乎无人治理[①]。原油，也就是石油中所含苯和甲苯等有毒化合物泄漏入海洋后，这些有毒化合物也迅速进入了食物链，从低等的藻类、到高等哺乳动物，无一能幸免，受毒物的影响也将遗传至数种生物的后代，这种影响是深远的，因为人类也同样在食用海产品，还有更多的靠海为生的渔民，将会在一时间丧失所有。

(三) 水资源奇缺与气候话语权

阿拉伯国家幅员辽阔，面积约14亿公顷，但大多为沙漠，水资源只有世界总量的0.4%，随着一味开发油气能源导致的气温升高，每人的年均拥有量低于1000立方米，是世界上最缺水的地区。[②] 阿拉伯国家是世界上最为干旱的地区，水资源不但决定了中东人民的生活方式，而且决定了阿拉伯国家文明的兴衰。阿拉伯国家水危机到了一触即发的地步，深刻影响着这一地区的政治、外交和国际关系，使这一地区的局势更加动荡不安。

阿以水资源之争由来已久，以色列水资源十分匮乏，政府历来把“水安全”置于与国防安全同等重要的地位，以色列全国可利用的淡水资源总量仅为23亿立方米，人均年占有量不到400立方米。[③] 以色列在20世纪50年代初提出了约旦河改道计划，其目的是掠夺约旦河的大部分水资源，因而引起了约旦河流域其他国家的反对，阿拉伯国家也针锋相对地提出了约旦河改道计划，以此来抵消以色列的改道计划造

① 目前治理原油泄漏比较有效的方法可以采用微生物方法。其是通过一种嗜油菌“吃掉”环境中的烷烃、芳香烃等物质，将其转化为细菌的细胞、水、二氧化碳，这种细菌在含有油污的环境中会迅速繁殖并不断吃掉周围的油污，直到油污完全消失。

② 孔令涛：“世纪忧患——阿拉伯国家的水资源问题”，《阿拉伯世界》，1999年第2期，第18—21页。

③ 朱和海：《中东，为水而战》，北京：世界知识出版社，2007年版，第67页。

成的损失，第三次中东战争后，以色列占领了大片阿拉伯领土，并宣布那里的水资源为“战略资源”。据统计，目前加沙和约旦河西岸80%以上的水资源被以色列霸占。[①] 尽管加沙和约旦河西岸大部分地区已实行巴勒斯坦自治，但巴勒斯坦土地上的“水龙头”仍在以色列的控制之下，巴勒斯坦人拥有的水资源只相当于以色列人的1/5。

叙以问题的症结在戈兰高地，而解决戈兰高地问题就涉及水资源问题。戈兰高地水资源丰富，数条河流注入太巴列湖，因而戈兰高地被称为以色列的水库。约旦同以色列常在约旦河水的分配问题上发生纠纷。约旦是中东水资源最紧缺的国家之一，每年2/3的水源依靠降雨。与正常需求相比，年缺水30%，再过10年，将缺水70%。[②] 多年来，约旦全国性的停水现象屡见不鲜，连首都安曼也不例外。

阿拉伯国家的环境问题，不仅一直深受国际舆论所诟病，而且还引发了越来越多的国际摩擦。在不少国外媒体舆论的印象中，全球污染的源头是石油煤炭，那么，生产并大量出口石油的阿拉伯国家自然是全球变暖等众多环境问题的罪魁祸首。污染问题超越了单纯的环境问题，它的背后是一条条生命，是国际社会的一大切肤之痛。在当前社会矛盾突发，群体性事件不断的背景下，环境问题已经切实成了影响社会稳定的重要因素。环境问题已经不再简单，而是成为引发阿拉伯国家动荡与冲突的导火索之一。

二、阿拉伯国家气候话语权与开发新能源

（一）气候话语权与开发新能源的压力

气候话语权缺失与行为体转而开发新能源是密切相关的。气候话语权如何激发起主体进入新能源的探索之中？主要是在于行为体的心理引导过程，这种引导功能是由消极情感反应如被羞辱、被激怒、被

① 【美】菲利浦·希提著，马坚译：《阿拉伯通史》，北京：新世界出版社，2008年版，第121页。

② 朱和海：《中东，为水而战》，北京：世界知识出版社，2007年版，第124页。

伤害而导致的“觉醒”来完成的。[①]“觉醒”是一个中间环节，正是由于感到“觉醒”使得行为体从“气候话语权缺失”走向了“新的能源认同”，即：“气候话语权缺失”→“觉醒”→“认同新能源”。

在政治经济领域的环境问题引来大规模的声讨与大声疾呼，这通常能引起人们足够的重视，因此，来自特定群体的“觉醒”实属必然。在环境领域媒体对于阿拉伯国家的针对性敌意渲染活动，与其说是给全球民众带来了恐怖效应，不如说是阿拉伯人在受到一系列反思后的“醒悟反应”，这一“醒悟反应”的直接后果，就是使得部分热心可持续发展的人士走向了开发替代性能源的道路。

所以，正如同如果出现种种社会问题，我们必须找到管辖的政府去承担责任与遭受责难，媒体也在渲染阿拉伯国家作为能源输出国应该承担的责任，这种声音充满了指责与批评，甚至要求阿拉伯国家道歉，但正是在这种话语形势下，这种情绪对阿拉伯国家民众施加了种种压力。当阿拉伯人在不解，“为什么他们会对我们这么愤怒？对我们这么怨恨？我们到底做错了什么？”的时候，他们意识到内心深处责任感的长期存在并试图寻找责任的承担者，并且这些倾向在面对政府再次讨论能源开发方案的时候，一览无遗。

（二）气候话语权与开发新能源的动力

如上所述，气候话语权主体的极力渲染与气候话语权能力的缺失对阿拉伯国家造成了压力，而一个民族之所以感受压力是出于对民族的强烈热爱。在心理学上表现为，压力与动力之间的紧密相关，其中的联系纽带就是民族自信与民族自豪感。民族自信表现为对民族的热爱与期盼，通常与过去所创造的辉煌历史记忆有关，如阿拉伯人经常提及他们曾经创造了辉煌的帝国，建立了不朽的文明。当压力因素受到牵动之后，在民族自信与自豪感情绪的作用下，行为体将会出现新的发展动力。在国际关系中，行为体动力主要表现为，自我的自尊感

---

① 【德】阿克塞尔·霍耐特著，胡继华译：《为承认而斗争》，上海：上海世纪出版集团，2005年版，第144页。

受越强，自我越试图利用一切可能的手段试图吸引他者接受自我的认同，使他者重视自我，而演化为一种新的动力源泉。即民族认同感越强，压力越强（当然不能超过一定的临界点），发展动力从而产生（“气候话语权”→“开发新能源的压力”→“压力转化为动力”）。

上述从压力到动力的转化机制可以用建构主义的规范生成理论来解释。规范研究是当前国际关系理论研究的前沿问题之一，关于规范的生成与内化，甚至是退化，建构主义学者已经进行了深入的研究，总体而言，当前建构主义学者对于规范的研究可以从以下三大层面进行分析：第一，体系层次，代表人物是玛莎·芬尼莫尔、杰弗里·切克尔与杰弗里·勒格罗；第二，地区层次，代表人物是阿米塔·阿查亚。第三，单位层次。单位层次多认为规范的产生归根结蒂是由于内部因素作用的结果。

1. 体系层次

体系层次的代表人物主要是玛莎·芬尼莫尔、杰弗里·切克尔与杰弗里·勒格罗。其中，芬尼莫尔重点阐述了以“传授”为主的“教学过程”，指出国际组织的“教化”是规范得以产生的重要原因。[①] 这一过程有主动的教师（国际组织），他们为学生提供了明确的学习计划，在环境案例中，国际环境保护组织与它们雇佣的专家“教”给阿拉伯国家与国民环境保护的知识，教给国家承担为国民提供福利与保护的责任，教给国家一个新的形象与实现这一地位的新战略。这就是国际组织的“教”，通过国际组织的“教”，目标国家“学”会了这些规范，从而在目标国内部生成了这些规范。

那么国际环境组织对阿拉伯国家具体如何“教”？阿拉伯国家如接受将“新能源规范”视为不同于“传统能源规范”的新形式。芬尼莫尔提出了“规范的生命周期理论”，这是一个极具代表意义的模

---

① 【美】玛莎·芬尼莫尔著，袁正清译：《国际社会中的国家利益》，杭州：浙江人民出版社，2001 年版，第 16 页。

型。“可以用如下三个阶段来概括规范的生成。”① 第一阶段是规范的提出，第二阶段是规范的扩散，第三阶段是规范的内化，通过上述三个阶段，规范从“教师”（国际组织）手中“传授”给了“学生”（国家内部），在该国内部就产生了该规范。在芬尼莫尔的基础上，切克尔对“教化”机制进行了深入的细化，提出“教化”机制主要包括以下三类：(1)“战略权衡机制”；(2)“角色扮演机制”；(3)“规范劝服机制”。②

首先，“战略权衡”机制体现了理性主义的逻辑，行为体是理性的，他们会认真地比较成本与收益的差距并谋求最大化的利益，这一机制主要是借助于物质利益的利诱功能，仅仅在行为体认为他遵守规范的获益会大于付出的成本或代价时，才会学习该规范，这是“教学”导致规范产生的第一种机制。其次，“角色扮演”。切克尔认为任何特定的“角色”蕴含特定的“规范”，在某种特定的角色环境下，行为体模仿“该角色”，也就学会了“该角色”所具有的规范，它是行为体效仿其他行为体以适应不确定环境的一种有效机制，这是利用角色模仿，导致行为体国内产生该规范的第二种机制，“角色扮演”时，行为体的行为动机开始由“工具性逻辑”向“适当性逻辑”转变。

最后一种机制是“规范劝服”，这一机制是试图使目标行为体从内心深处坚信这是正确且有重要意义的规范，尽管该行为体过去并不认同此规范，但经历了“规范劝服”之后，最终使行为体国内不但产生该规范，而且长期发挥作用。③ 芬尼莫尔关于“规范生命周期”的理论及切克尔的“教化机制”的研究解释了众多阿拉伯国家与国民开始探索开发新能源的动力机制与心理演化过程，其理论模型具有指导意义。

芬尼莫尔与切克尔的核心观点是国际组织教国家，在这一过程中

---

① 【美】彼得·卡赞斯坦、罗伯特·基欧汉、斯蒂芬·克拉斯纳著，秦亚青等译：《世界政治理论的探索与争鸣》，上海：上海人民出版社，2006 年版，第 303 页。

② Jeffrey T. Checkel，“International Institutions and Socialization in Europe：Introduction and Framework”，*International Organization*，Vol. 59，No. 4，2005，pp. 801 – 822.

③ Jeffrey T. Checkel，“Norms，Institutions and National identity in Contemporary Europe”，http：//www. arena. uio. no/publications/wp98_ 16. htm.

产生了规范（如新能源规范），这是有明确教学主体的教化活动，即“教师”是国际环境组织，“学生”是阿拉伯国家。除了有明确“教化主体”（环境国际组织）的传授之外，在体系层次领域，无明确“教化主体”的教化过程也可以使目标行为体产生新规范。例如，杰弗里·勒格罗（Jeffrey Legro）认为，体系层次如何影响规范的生成主要在于如下两个方面。[①] 一方面，行为体面临着快速变化的国际环境，具有模糊性的规范更容易在行为体之间产生并发生效力。1939 年，谢里夫（Muzafer Sherif）做了一系列试验证明：在模糊的背景下，达成集体的规范性协议要比局势明了时更为容易。[②] 上述理论可以解释为何阿拉伯国家已经达成了多项开发新能源与合作开发新能源的原则性协议，但具体执行方案（执行的时间、地点、人物等具体内容）尚在探索之中。阿拉伯国家是中国重要的能源合作伙伴，石油合作也是中阿经贸往来最重要的领域。不过，在 2013 年首届中阿博览会中阿能源合作论坛上，关注的焦点并非传统的化石能源，而是风能、太阳能等新能源领域，中阿企业广泛交流，寻找合作新商机，但如何提高各国能源管理及能源运用的方案尚不明晰。[③]

另一方面，环境的剧烈冲击，尤其是影响国际环境的重大事件的发生，往往为旧规范退出历史舞台与新规范的产生提供了便利的条件。国际社会要求各国减少二氧化碳人均排放量的压力越来越大，出于摆脱对石油的过度依赖、加强环保等考虑，抢占国际新能源技术和产业的制高点，这些盛产石油的海湾国家纷纷投入巨资，开发利用新能源和替代能源，势在必行。据阿拉伯金融网站报道，为了满足日益增长的能源需求，石油能源富足的阿拉伯各国也开始积极开发核能、太阳

---

① 【美】彼得·卡赞斯坦著，宋伟、刘铁娃译：《国家安全的文化：世界政治中的规范与认同》，北京：北京大学出版社，2009 年版，第 445 页。

② 谢里夫在黑暗的墙壁上打了一个光点，游动效应使得光点看来在移动，他考察同伴多大程度上能被影响到对这种程度的判断。

③ 能源管理体系网，“新能源将成中国与阿拉伯国家能源合作新热点”，2013 年 11 月 1 日，http：//www. iso50001. com. cn/html/2013/policy_ 1101/431. html。

能、风能和水力等新能源和可再生能源。目前海湾地区的国家正在或即将建设的替代能源发电工程有114项，总投资达1600亿美元。[①]

2. 地区层次

在芬尼莫尔的基础上，阿米塔·阿查亚在思考这样一个问题：为什么同样的教学主体，同样的教学机制，有的地区能产生该规范，而有的地区不能产生该规范？在这一思考的启示下，他将切克尔“文化匹配”的概念运用到地区层次，从地区层次对规范生成理论进行了创新，通过一系列深入的研究，他得出结论：“地区文化结构”与“该规范”是否“契合”是决定该规范在该地区能否得以产生的关键原因。[②]他认为：当某种规范与某个地区文化结构越契合时，就越容易在该地区生成该规范以及类似规范，反之，则越不容易在该地区内生成此规范抑或此类规范。

首先，文化建构，开发新能源与伊斯兰文化中的“和平”、“中道”、“积极奋斗”等理念有关。文化建构新规范，文化是构成国家内在身份的重要因素，文化是新规范的内在基础与灵魂。[③] 阿拉伯国家多是伊斯兰教国家，“新能源规范”与伊斯兰教提倡的和平思想有关。只要跨越弥漫于伊斯兰教之上的种种成见与层层迷雾，深入研究，冷静分析，我们不难发现，伊斯兰教本质上是一个崇尚和平、厌恶暴力的宗教。和平是伊斯兰教的基本宗旨，是“圣训”对穆斯林提出的基本要求。翻阅《古兰经》与“圣训”，我们不难发现其中有鲜明的思想特点：其一，伊斯兰教崇尚和平，厌恶战争；其二，伊斯兰教教育穆斯林应该讲究“中道”，避免过分与极端；其三，伊斯兰教告诫穆斯林应

---

① 中国石油网，“海湾富油国开发新能源”，2007年12月11日，http：//news. cnpc. com. cn/system/2007/12/11/001144892. shtml。

② Amitav Acharya，“How Ideas Spread：Whose Norms Matter？Norm Localization and Institutional Change in Asia Regionalism”，*International Organization*，Vol. 58，No. 2，2004，pp. 239－275.

③ John Parisella，“Why American Democracy is Alive and Well?”，*Americas Quarterly*，Vol. 1，No. 1，2010，p. 6.

该积极奋斗，修身养性。

追求和平是伊斯兰教的基本宗旨之一。“伊斯兰教”（الإسلام）阿拉伯语意即“顺从”、“和平”的意义，这与“战争”、“仇恨”、“恐怖”相对，旨在强调伊斯兰教存在的意义在于反对战争，消除仇恨，“穆斯林”即“和平者”、“顺从者”，就是跟随、顺从真主的旨意，执着追求和平的人。真主美名之一就是“和平”，以表彰和平；大堂名之一就有“和平”，以寄托和平；穆斯林彼此见面首先互道“和平辞”，以互祝和平；清真寺内还有“和平门”，以崇尚和平。可见“和平”在伊斯兰教中非常重要，是伊斯兰思想中必不可少的一部分。①

《古兰经》中处处强调和平。“我派遣你，只为怜悯全世界的人。”《古兰经》（21：107）② 这段经文指的是真主差遣穆圣，是出于慈爱的原因，就是要通过穆圣来实现全世界的和平，达到全世界范围内的和平共处。“信道的人们啊！你们当全体入在和平教中，不要跟随恶魔的步伐。”《古兰经》（2：208）这就是告诫穆斯林：只要你信仰伊斯兰教，就必须要谨记，伊斯兰教是讲求和平的宗教。“如果他们倾向和平，你也应当倾向和平，应当信赖真主。他确是全聪的，确是全知的。”（8：61）

新能源规范与“中道”思想有关，表示阿拉伯国家不局限于开发传统能源。何谓讲求“中道”？即不走极端、不偏激。讲求“中道”就是要走伊斯兰教的传统正道，也是“真主的大道”，避免伊斯兰教走上极端化的岔道。所以，从这一点来说，伊斯兰教就是一个谨守传统中道与避免过分极端的宗教，穆斯林应该是坚持走“中道”的人。正如《古兰经》所示：“我这样以你们为中正的民族，以便你们作证世人，而使者作证你们。”（2：143）伊斯兰教的“中道”，要求穆斯林不偏不

① 中国伊斯兰教教务指导委员会：《新编卧尔兹演讲集》（第二辑），北京：宗教文化出版社，2001 年版，第 10—15 页。

② 马坚译：《古兰经》，北京：中国社会科学出版社，2003 年版。（括号内冒号前后数字为章和节）

倚、两世兼顾。

对于生活方式与社会管理模式，伊斯兰教也要求穆斯林坚持走各种避免极端化的“中道”之路。正如《古兰经》所说：“他们用钱的时候，既不挥霍，又不吝啬，谨守中道。”（25：67）此外，还要求穆斯林，既虔诚信仰真主，真主是唯一的，认真修行宗教功课与进行朝拜，又致力于培养穆斯林坚忍、公正、包容与乐善好施的品德。后世是穆斯林的归宿，今世作为通往后世的桥梁，伊斯兰教既重后世又重今世，今世与后世密切相关。

伊斯兰教的“中道”是穆斯林宗教生活的守则，在《古兰经》中随处可见。《古兰经》云：“你应当按照天命而遵循正路，与你一起悔过的人，也当遵循正路。你们不要过分，他是明察你们的行为的。”（11：112）伊斯兰教甚至主张在进行自卫战争时还应当谨守中道，避免过分。真主在《古兰经》中教导说：“你们当为主道而抵抗进攻你们的人，你们不要过分，因为真主必定不喜爱过分者。”（2：190）这段经文十分清楚地讲明了伊斯兰教在战争上的中道原则，严斥极端与过分者。

即使在为正义而战的环境下，伊斯兰教的《古兰经》仍然不忘教导教众们“不要过分”。伊斯兰教不以战争传教，而是通过智慧与辩论，甚至通过感化与帮助。“你应凭智慧和善言而劝人遵循主道，你应当以最优美的态度与人辩论，你的主的确知道谁是背离他的正道的。”《古兰经》（16：125）可以说，伊斯兰教教义处处追求“中道”，极力避免极端过分，伊斯兰教教义讲究“中道”。

“新能源规范”也与伊斯兰奋头、创新理念有关。我们通常在媒体报道、课堂讨论甚至是英语字典里，“الجهاد”都被解读为穆斯林针对非穆斯林的战争，即“伊斯兰的圣战”，但实际上，在当代伊斯兰教中，“الجهاد”一词肯定是最被扭曲与滥用的一个词。[①] 在《古兰经》与“圣

① Bilveer Singh, *The Talibanization of Southeast Asia*, London: London press, 2007, p. 16.

训”的经典中，“الجهاد”一词并非指代极端暴力的含义，根据穆罕默德的定义，“الجهاد”一词主要指非暴力方式，“الجهاد”中文译为“吉哈德”或“杰哈德”，它本身是“奋斗”、“努力”的意义。“你们应当为真主而真实地奋斗。”（《古兰经》22：78）这里的“为真主而奋斗”即“الجهاد”。

根据古兰经，“الجهاد”这个词意味着“奋斗”，在它的主要意义上来讲，它是旨在克服人内心邪恶的倾向与行动，达到较高的道德水准与提高自身的道德修养，是积极向上的含义。因为伊斯兰对于个体而言，并没有明确的边界，人不能脱离整个社会群体而独立地提高自身的修养，伊斯兰试图谋求人类整体的幸福与安定，因此，《古兰经》要求伊斯兰国家将“崇尚美好与禁止邪恶”作为义务，谋求和平与限制邪恶是每个穆斯林的基本职责，适用于任何人种的穆斯林。

“الجهاد”绝不是特指极端暴力与残忍杀戮。《古兰经》提到：“你们不要违背真主的禁令而杀人，除非因为正义。无辜而被杀者，我已把权柄授予他的亲戚，但他们不可滥杀，他确是受援助的”（17：33）；“凡枉杀一人的，如杀众人；凡救活一人的，如救活众人”（5：32），而且，《古兰经》中反复强调穆斯林要把握好“分寸与尺度”，适可而止。“如果他们退避你们，而不进攻你们，并且投降你们，那么，真主绝不许你们进攻他们”（4：90）。除此之外，“الجهاد”还意味着提升个人内在修养的过程，以及种种“努力向上”的活动，也可以用来指内心思想活动与语言表述活动。① 直抒己见也可以称为“الجهاد”，这就是苏菲派所提倡的“心的吉哈德”与“舌的吉哈德”。②

其次，为什么阿拉伯国家开始思考开发新能源？显而易见，这与其在新能源领域的潜在优势契合。人们只熟悉阿拉伯国家的传统油气

---

① Ahmadis Believe in Jehad，http：//www. alislam. org/jihad/ahmadisbelieve. html。（登陆时间：2012 年 5 月 5 日）

② Jacob Neusnerand Tamara Sonn，*Comparing Religions through Law：Judaism and Islam*，London：Routledge，1999，p. 202.

能源实力[①]，而不太了解其非传统能源的潜在实力。海湾国家的新能源资源也十分丰富。在撒哈拉沙漠一平方公里范围内，年日照提供的能源产生的价值相当于150万美元。以阿联酋为例，每平方米平均太阳辐射量达2200千瓦·时，日照比撒哈拉沙漠还要强烈。[②]

即使存在一定的问题，但是阿拉伯国家的能源转型之路，也是有着极大的机遇和优势的，否则新能源开发不会被各国提上日程。第一，阿拉伯国家独特的自然环境，使其蕴含着极为丰富的太阳能和风能资源，这一点也正是其能源转型中最为关注的一点。作为大部分处在热带沙漠气候的阿拉伯国家，太阳直射时间长，太阳辐射也较大，使之拥有丰富的太阳能资源。而另有一些阿拉伯国家坐落于海边，拥有天然的海风资源，可以作为风能发电的原料。第二，阿拉伯国家在能源转型方面达成了一致，阿拉伯国家将联手开发民用核能。一个国家的力量与科技实力总是有限的，联合起来，一起开发共同使用，则加快了阿拉伯国家进行民用核能的开发以及普遍使用。第三，则是大国的科学技术上的支持与援助。早在2004年，俄罗斯便有对一些阿拉伯国家的新型能源开发进行技术支持。法国、美国等也紧随其后，成为阿拉伯国家发展民用核能等新型能源的主要合作伙伴。上述大国支持对于阿拉伯国家在科学技术方面的欠缺是一种弥补。

作为发展中大国的中国，在自身新型能源快速发展的同时，也与阿拉伯国家进行合作，将自身发展的经验与之分享。同时，阿拉伯国家也派相关人士来中国专门进行关于新型能源发展的学习与考察，而这对于加强中阿间的友好交流与往来具有积极意义，对阿拉伯国家进行技术经验上的援助，也是中国国家政治战略的考虑，有利于提升中国的国际地位。

---

① 海湾地区以丰富的石油蕴藏而著称于世，被誉为“世界石油宝库”，已探明石油储量约7000亿桶，占世界65%的已探明石油储量和35%的已探明天然气储量。

② 中国石油网，“海湾富油国开发新能源”，2007年12月11日，http://news.cnpc.com.cn/system/2007/12/11/001144892.shtml。

3. 单位层次

不同于上述两个层次，单位建构是指行为体通过内部因素的作用而产生新规范，单位建构进程如何产生规范？主要在于行为体的心理进程。

正如玛丽琳·布鲁尔（Marilyn Brewer）所认为的那样："认同之所以形成，规范之所以产生，是因为个体的心理原因，是个体需要在自我与他者之间看到区别，从而实现自己的行为变化。"① 约翰·特纳（John Turner）也认为规范与行为体的心理特征关联密切。"决定规范之所以能够产生、认同之所以能够形成的首要问题不是自我与他者的关系，而是自我对于心灵的拷问"。② 行为体的心理因素对于规范生成也起着至关重要的作用，尤其是领导者的心理因素对规范的产生影响巨大。

传统的认知心理视情感为理性认知的对立面，或者是类似于人脑的计算机系统的信息加工过程中的干扰因素；新近的认知心理学肯定了情感与认知之间的相互依赖关系，并提出了情绪易感性的概念。③ 认识心理学研究人的高级心理过程，主要是认知过程，如知觉、注意、记忆、表象、思维和语言等，但认知心理学中的情感研究方法是遵循个体主义的分析路径，这是基于以下理论逻辑：决策者首先是个体的人，既然是个体的人就会受到各种情感的影响，这些情感能影响个体的信仰、风险承受力、认知、决断力、以及与直接政策相关的目标。④ 传统上的认知心理学通常关注个体层面，因为表面上看来，这些具体

---

① Marilynn B. Brewer, "The Social Self: On being the Same and Different at the Same Time," *Personality and Social Psychology Bulletin*, Vol. 17, No. 5, 1991, pp. 475 - 482.

② Henri Tajfel, *Social Identity and Intergroup Relations*, Cambridge: Cambridge University Press, 1982, p. 16.

③ 尹继武：《社会认知与联盟信任形成》，上海：上海人民出版社，2009 年版，第 3 页。

④ Brian Ripley, "Psychology, Foreign Policy, and International Relations Theory," Political Psychology, Vol. 14. No. 3, 1993, pp. 403 - 416; Janice Gross Stein, "Psychological Explanations of International Conflict," in Handbook of International Relations, ed. Walter Carlsnaes, Thomas Risse-Kappen, and Beth A. Simmons, Thousand Oaks, *CA*: *Sage Publications*, 2002, pp. 293 - 298.

的心理、情绪与情感似乎都是个体层面的现象，这种分析框架以“个体主义”为中心，使用多种心理学与神经学的方法来进行研究。这些有影响力的个体包括：组织的首领、社会运动的领袖，还有最重要的个体——国家决策者。

对于不同维度与不同途径的各种心理情绪，我们坚信总归能有方法能够对其进行解读。根本原因在于：人不仅在思考世界，而且在感知世界！这是人的特有体验，也是人之所以能够区别于计算机的根本原因。例如，也许计算机能够下棋，但它们永远无法感受到胜利的喜悦与被对手欺骗的愤怒，人感性地感受这个世界——不仅通过激情，也可以通过更微妙的“心境”：欲望、喜爱与厌恶。神经系统科学研究，尽管不能作为一种新的国际关系理论，但它再次证明了心理认知确实存在于人的大多数行为之中。[①] 甚至理性主义研究的核心概念，例如：偏好、信仰或者风险容忍，也包括重要的情绪内涵。[②]

根据上述理论分析，阿拉伯国家的个人如何知道他或她需要的究竟是什么？越来越多的神经系统科学与相关领域的研究成果证明：这取决于心理因素的决定。而这些心理因素是来自于前文所述的气候话语的作用。这些心理因素有各种各样的表现形式，比如“信念”、“情感定向”与“情感氛围”。“信念”是指行为体坚定地相信“这是一个怎样的世界或这应该是一个怎样的世界”。[③] 这种“信念”在国际政治中普遍存在。例如，阿拉伯国家越来越多的个体认为，环境破坏对自身利益不利，影响自己与后代的安全。此外，还有如相信领导人能解

---

① R. McDermott, "Experimental Methods in Political Science," *Annual Review of Political Science*, Vol 5. No. 1. 2002.

② Antonio R. Damasio, *Descartes ´ Error*, New York: Putnam, 1994; R. McDermott, "The Feeling of Rationality," *Perspectives on Politics*, Vol 2. No. 4. 2004. pp. 691 – 706.

③ Our description of convictions corresponds with what Mercer labels "emotional beliefs," which he treats as a subset of human knowledge claims for which objective justifications are not readily available. Jonathan Mercer, "Emotional Beliefs," *International Organization*, Vol 64. No. 2010. p. 25.

决好环境问题，治理环境有利于个体和社会的可持续发展等。“信念”也可以通过社会规范的形式，建立与政治行为体之间的联系，例如“环境保护主义”、“绿色行动规范”、或者“人道主义”。举例来说，“环境保护主义”就是作为一种崇尚治理环境的规范。此处使用“信念”这一概念，主要说明人信仰的形成过程不仅依赖于外部的客观信息，也依赖于“心理信息”，以感觉反应的形式发挥作用，某些事情感觉上“可信”抑或“不可信”、“正确”或者“错误”，信念的心理学本质为我们提供了规范传播的新研究视角，便于我们更加合理地分析个体如何处理环境信息以及个体如何对环境保护进行理性论证。

以阿拉伯国家为例，某些个体认可阿拉伯国家继续开发油气能源是发挥传统优势应该大力提倡。然而，另一些人则坚定地认为继续开发传统能源会造成能源枯竭与环境破坏，只有开发新能源才是正确发展之路。某些个体认为阿拉伯国家环境问题不足为惧，阿拉伯国家发展的首要目标是保持经济增长与人民就业，然而，另外一些阿拉伯国家的人则视环境问题为重要问题，认为发展绿色经济是阿拉伯国家发展的重要领域。客观而言，未来的事实我们难以判断，基于一个国家现阶段的行为，我们难以预测它未来几十年可能的发展趋势，或者那时具有怎样的国际环境。从这一案例中，上述同一民族内部不同个体对于同一问题具有不同看法，也就因此可见，心理、情感在其中发挥了重要作用。

接下来要借助“情感定向”分析，我们使用“情感定向”一词，表示行为体习惯性地将情感价值附加在其他行为体、其他理念、符号与事件之上，“情感定向”是将具有主观价值的个体与特定的事件、行为体、客观事物建立联系，后者既可以是现实存在的，也可以是主观抽象的。心理学研究重视情感中的“价值”因素，只要认为该事物具有“价值”，就可以将负面的感觉界定在正面积极的领域之内。① 然而，

① Andrew Ortony, Gerald L. Clore, and Allan Collins, *The Cognitive Structure of Emotions*, New York: Cambridge University Press, 1988.

这样的“情感定向”包含着道德判断的因素，因此，与其说“情感定向”是一种规范性态度，不如说它就是一种“喜欢或者不喜欢”的表达形式。[①] 个人对领导人个体、其他群体、特定的事件或者社会符号，往往持有种种“情感价值导向”。“情感定向”可能是正面的，目标客体被视为喜爱的、怀念的或者是骄傲的，“情感定向”也可能是负面的，目标客体被视为反感的、厌恶的、愤怒的与带有种种不良情绪的。例如，当把环境保护与“健康生活”联系在一起时，就能够成为带来正面“情感定向”的目标客体。[②] 在“情感定向”具体明确的情况下，它可能成为被利用的工具，政治家可以根据自身的政治目标来利用“情感定向”；当“情感定向”尚未明晰时，“情感定向”潜移默化地塑造个人的社会行为。[③]

阿拉伯国家对于环境保护的复杂态度，如果不考虑“情感定向”，就很难进行解释。这不是一段简单的现实，而是“情感定向”的现实，“情感定向”塑造了经济与环保之间关系的基调与发展轨道。提倡环保者对于政府破坏环境的抗议，我们可以得出“情感定向”确实在发挥作用，这从传统能源产业利益代表者对于政府实施开发新能源政策的阻扰中也清晰可见。另一方面，“软实力”的提出意味着一种积极的“情感定向”，阿拉伯国家政府的近期战略，不再简单地只是输出能源来换取经济收益，而是积极获得他者的认同，这就必然伴随环境保护与开发新能源政策，试图为阿拉伯世界塑造一个在气候领域正面的光辉形象。

---

① Nussbaum regards such evaluations as irreducibly normative. Martha C. Nussbaum, *Upheavals of Thought*, New York: Cambridge University Press, 2001.

② Stuart J. Kaufman, *Modern Hatreds*, Ithaca, NY: Cornell University Press, 2001, pp. 29 – 47.

③ R. B. Zajonc, “Feeling and Thinking: Preferences Need No Inferences,” *American Psychologist*. Vol 35, . No. 2. 1980. pp. 151 – 175.

第二节　阿拉伯国家气候变化、气候话语低碳链接、开发新能源

如标题所示，本节的核心是论述“话语链接与规范生成”，即“气候话语低碳链接”与“新能源规范”之间的关系。众所周知，话语具有交际性的特点，对于生成新规范起着至关重要的作用，话语应用的进程开始于话语在个体层面的活动，话语建构了规范，这一观点得到众多“后结构主义”、“语言建构主义”、“规则建构主义”学者的极力推崇。例如，波拉尼（Livia Polanyi）等人指出，“如果我们希望确认与探求行为体对正常与非正常行为、对自我与他者的好与坏的认同或者特定文化内历史发展的必然性、不可能性的文化期望，那么我们需要全面的文本（话语）分析，文本（话语）是任何规范产生的根基。”[①] 与之相似，弗里德里克·克拉托赫维尔（Kratochwil）与奥努弗（Onuf）认为，社会制度与规范是从语言的应用规则中建构出来的。奥斯丁（Austin）认为：说出一句话，人们要完成三种行为：言说行为（the locutionary act），即“以言行事”，施事行为（the illocutionary act）即“以言行事”，取效行为（the perlocutionary act），即“以言取效”。[②] 这就是“言语行为理论”的三大核心要素。

人在社会的互动过程中最重要的就是“话语链接”，话语链接能够演绎出规范并造就人际关系与社会模式，新规范的表现一开始只是一种局限于言说者与倾听者之间的惯例，因此这一语效也只局限于他们两者之间，但是当某个个体经常重复某个话语行为，并且产生了话语

---

① Livia Polanyi, *Retelling Cold War Stories: Uncovering Cultural Meanings with Linguistic Discourse Analysis*, New York: New School for Social Research, 1993, p. 8. http://dornsife. usc. edu/labs/alker/documents/retelling_ cold_ war_ stories. PDF.

② 秦亚青主编：《文化与国际社会：建构主义国际关系理论研究》，北京：世界知识出版社，2006 年版，第 35 页。

效果，那么其他人久而久之也就会逐渐重视这种重复的话语效果，这种两者之间的惯例就会演变成一个具有普及意义的规范。[①]

新能源规范在阿拉伯国家发展至今，在很大程度上与话语的建构因素有关。在一个多种话语并存的社会里，人们对于他们的话语和使用话语的权利很敏感。当“气候环保”与“话语”两者相结合，就成为了本部分的研究主题：“气候环保话语”。一方面，环保制度是人们在政治、经济和文化生活中不可缺少的因素。因此，对待环境的态度，直接牵动着环保群体的思想感情和行为准则。另一方面，环保制度、规章也是一种特殊形式的话语，话语是人类最重要的交际工具，具有建构功能。话语问题牵涉到民族的每个成员，处理不好就会伤害一个民族的自尊心，会激起一个民族全体人民的反对，因为如果话语权被剥夺，该民族就会感到民族自尊心受到极大伤害，认为自己被沦为了“二等公民”。

一、阿拉伯国家气候话语与碳排放

如前文所述，由于阿拉伯国家在环境保护上气候话语权的缺失以及西方国家媒体的刻意渲染，阿拉伯国家所坚信的理念遭到藐视，导致了阿拉伯国家产生开发新能源的压力与动力，在实践过程中，通过建构脚本并作用于认知模式，将气候话语进行了低碳化链接。当然这一过程也是受到了全球学界与媒体相关描述的影响。下面对这一过程进行简述。

从 1896 年起，瑞典科学家斯凡特 · 阿伦尼斯（Svante Arrhenius）发现了全球变暖[②]的迹象——他只是将其当成了一种理论上的概念，而当事大多数科学家都声称，全球变暖是无稽之谈。到 20 世纪 50 年代，

---

① 孙吉胜：《语言、意义与国际政治》，上海：上海人民出版社，2009 年版，第 54 页。

② 1896 年瑞典科学家斯凡特 · 阿伦尼斯第一个确定了使地球变暖的二氧化碳的含量。之后他推断出在接下来的几个世纪导致碳排量有“显著的上升”。

美国科学家查尔斯·奎林在南极和夏威夷建立了测量大气中二氧化碳浓度的监测站，测量结果表明二氧化碳浓度一直在稳定上升。20 世纪 80 年代后期，更多专家迫切地想让全世界相信世界将会发生什么。科学家们之所以如此有激情地研究，除了关心全球变暖之外，还有人类的普遍倾向，即认为自己的领域极其重要。1985 年，英国的一个研究组宣称，他们在南极地区上空的臭氧层上发现了一个“洞”，明显的导致因素还是氯氟烃（CFC），虽然该物质被明令禁止，但出于各种目的，CFC 仍然在世界范围内大量排放。于是在 1987 年签订了具有划时代意义的《关于消除臭氧层物质的蒙特利尔议定书》上，世界各国政府正式做出承诺，限制破坏臭氧的特定化学物质的排放量。[①]

1988 年，IPCC（联合国政府间气候变化专门委员会）成立，与之前的机构都不同，IPCC 主要由世界各国的政府代表组成——这些人与国家实验室、气象办公室、科学机构等有着密切的联系，这既不是一个严格意义上的科学机构，也不是一个严格意义上的政治团体，而是一个独一无二的混合机构。[②] 在全世界所有重要的气候科学家和政府的参与下，IPCC 很快成为了政策制定者的科学建议来源。IPCC 第一个报告发布于 1990 年，到了 2001 年，第三份报告证实了温室效应已经开始并且会逐渐恶化。距离第一次全球变暖现象的发现已经 100 多年了。

在 IPCC 的报告中是如此对气候问题进行话语描述的：

第一，全球变暖给人们带来更多、更剧烈的热浪。热浪是全球变暖给我们带来最直接的影响。IPCC 第四次评估报告指出近百年来（1904—2005 年）全球平均温度已上升 0. 74℃。[③] 热浪影响着我们的生命安全，在很多发展中国家和制冷条件不健全的地区，很多人因为热浪失去了生命，在 2003 年席卷西欧的热浪中 3 万多人被夺去了生命。

---

① 【美】斯潘塞·R. 沃特，宫照丽译：《全球变暖的发现》，北京：外语教学与研究出版社，2008 年版，第 143 页。

② IPCC-Intergovernmental Panel on Climate Change，http：//www. ipcc. ch/.

③ Ibid.

第二，全球变暖使海平面上升，海岛国家被淹没。全球变暖使海水体积膨胀，体积变大，是两级冰川融化，从而使海平面上升。IPCC报告指出，到下个世纪海平面的升高直接导致沿海地区受到洪水、海水入侵、海水侵蚀海岸线等威胁。部分太平洋岛国将被上升的海水淹没。其中，南太平洋上的美丽岛国图瓦卢很可能成为首个“沉没”的国家，该国气象局推算，50年之后，海平面将上升37.6厘米，这意味着图瓦卢至少将有60%的国土彻底沉入海中。[①] 这对图瓦卢意味着灭亡，因为涨潮时图瓦卢将不会有任何一块土地能露在海面上。

第三，全球变暖给我们带来更多、更严重的自然灾害，如干旱、洪涝、热带风暴、暴风雪等。据统计，在过去的20年里全球发生自然灾害数量增加了3倍多，受灾人数在20年里增加了68%。全球变暖正在以前所未有的速度影响着每一个人、每一个角落。[②]

第四，全球变暖破坏了生态平衡。全球气候变暖导致海平面上升，降水重新分布，改变了当前的世界气候格局，影响和破坏了生物链、食物链，带来更为严重的自然恶果。例如候鸟每年从澳大利亚飞到中国东北过夏天，但由于全球气候变暖使中国东北气温升高，夏天延长，这种候鸟离开东北的时间相应变迟，再次回到东北的时间也相应延后。结果导致这种候鸟所吃的一种害虫泛滥成灾，毁坏了大片森林。

第五，全球变暖还会引起政治问题。限制二氧化碳的排放量就等于限制了能源的消耗，而这必将对世界各国产生制约性的影响。应在发展中国家减排，还是在发达国家减排成为各国讨论的焦点。有关阻止全球气候变暖的科学问题必然引发“南北关系”问题，从而使气候问题成为一个国际性政治问题。

上述IPCC对全球变暖和碳减排的描述与界定，控制了国际气候话语权，对气候话语权缺失方—阿拉伯国家而言，如果想在气候舞台发挥力量，就不得不借鉴其中部分观点。

---

① IPCC-Intergovernmental Panel on Climate Change，http：//www. ipcc. ch/.

② Ibid.

二、气候话语的政治功能

在全球化的今天，气候话语越来越影响国际政治。对于环保主义者而言，可持续发展通常是环境话语中的核心因素，它影响了绿色经济产业的发展，建构了“新能源规范”。当其他要素，如由于历史原因、共同的地域、共同的经济生活等因素已经变得面目全非时，气候话语仍旧是环保主义者的精神支柱。

从社会学的观点看，气候话语的社会功能具有明显的双重性。一方面，气候话语的本质是崇尚可持续发展、整合社会、劝人向善等积极功能，但另一方面，西方某些极端环保主义者的气候话语又具有盲目性、狂热性等社会负功能。冷战后环保主义运动的上述复兴在为社会带来积极影响的同时，也带来了消极影响。许多学者对气候话语的这种双重功能没有清醒的认识。气候话语概念是世界上最容易把人们团结起来、同时也是容易引起分裂的力量。

那么为何气候话语具有如此重要的影响？要想理解这一点，必须首先理解气候话语的政治功能。气候话语的一个重要特性就是它的“异质性”，即不同的气候话语在认同、来源、精神理念等方面存在着本质的不同，建立在气候话语基础上的气候经济制度、价值观念与行为模式也相互区别，甚至相互矛盾对立。气候话语的“异质性”决定了气候话语的政治功能，即信奉某种气候话语的人为了区别于信奉其他气候话语理念的人，就称其他人为不同“气候政治利益集团”，“异质性”拉开了自我与他者之间的距离。

理论意义上来说，不同气候话语派别之间的“异质性”是必然存在的，但这并不一定就会造成敌对和冲突，它们之间本可以求同存异，和平共处，但一旦这些“区别”与“差异”被极端者有心利用，冲突就不可避免了。国际气候话语权就是各国立足于自身国家利益，对气候治理领域的相关国际规范、模式、标准、程序等方面的决定权、解释权、控制权或主导权。发达国家不仅在历史上是温室气体排放的主要“贡献者”，还因为它们在世界经济中占据的优势地位而使其在气候议题上占据绝对话语优势。从20世纪80年代缔结《联合国气候变化框架公约》谈判开始，欧盟经过数十年的努力，成功地使气候变化问题成为国际政治领域关注的核心议题。欧盟积极的气候治理行动使其获得先发优势和话语权，并在国际关系中占据了道义制高点。①

阿拉伯国家作为后来者，不得不参考先驱——欧盟在气候领域的话语权塑造之路。欧盟气候话语权与语用策略：我们可以从语篇、句式和词汇三个层次来进行分析。话语通过语篇的叙述内容能够框定意义体系，通过句式选择达到以言取效的作用，通过词汇定义话语主体，呈现话语主体的类别和性质。按照叙述内容的统计，主要话语内容如下。

语篇层次：一是将气候问题安全化，突出气候安全。欧盟共同外交和安全政策高级代表Javier Solana指出：“气候变化的潜在风险远远超越人道主义危机，气候变化隐藏的政治和安全政策风险将辐射全球。”② 二是将气候问题与欧盟作用相联系。《欧洲治理白皮书》赋予了欧盟委员会将欧洲“善治”经验推广到全球治理进程中的任务。2010年3月9日，欧委会发布《后哥本哈根国际气候政策》：“重振欧盟刻不容缓，欧盟必须继续通过采取坚定的气候适应与减排行动，以实现其全球领导地位的抱负。”③

欧盟在句式层面的气候话语建构也值得阿拉伯国家学习。句式层次：分为告知型言语行为、假设型言语行为、承诺型言语行为和认可型言语行为。告知型主要是让人们了解欧盟气候政策的进展，如“欧盟的气候政策正在稳步推进”④。假设型使言语对象从现在的作为来预

---

① 傅聪：“欧盟应对气候变化的全球治理：对外决策模式与行动动因”，《欧洲研究》，2012年第1期，第65页。

② European Environment Agency's home page—European，http：//www. eea. europa. eu/.

③ Ibid.

④ The homepage of the European Commission provides information on daily news，http：//ec. europa. eu/.

判将来的结果，如“现阶段的欧盟改革必将产生长期收益”[①]。为了达到话语效果，欧盟还频繁使用承诺型言语行为，如“我们有责任为全球气候治理树立榜样作用”，“到2020年将其温室气体排放量在1990年基础上减少20%以上，到2020年将可再生能源占总能源消耗的比例提高到20%”。[②] 认可型言语行为主要表现为感谢与赞赏，如“环保离不开每个人，欧盟感谢公众的支持”。此外，多使用排比句以强化感情色彩，如“减排是可测量的，是可考察的，是可核实的”。如对欧盟在气候适应与减排领域的信心，“我们取得了进步”、“我们将成功”、“我们一定会胜利”等。[③]

欧盟在词汇层面为阿拉伯国家气候话语建构树立了榜样。词汇层次：有“2℃警戒线”、“温室气体排放交易机制（ETS）”、“碳关税”（Carbon Tariff）、“低碳经济”等。“2℃警戒线”是欧盟宣称人类和地球系统能够避免气候变化的灾难性后果的临界温度变化（在1990年基础上）。[④] “碳关税”是指对高耗能的产品进口征收特别的二氧化碳排放关税，其主要征税对象是进口产品中碳排放密集型产品，如铝、钢铁、水泥、玻璃制品等，这一概念最早是欧盟提出的。[⑤] “温室气体排放交易机制”是目前世界上最大、最成熟的多国碳交易体系。英国政府2003年颁布的能源白皮书首次提出了“低碳经济”，即实质是提高能源效率，获得更高经济产出。当然，欧盟成员国在介绍这些气候概念时，也使用了丰富的形容词，如“合理的”、“可持续的”、“有远见

① Joanne Scott，Environmental Protection：European Law and Governance，*Oxford University Press*，2009，pp. 21 – 22.

② European Environment Agency's home page—European，http：//www. eea. europa. eu/

③ The homepage of the European Commission provides information on daily news，http：//ec. europa. eu/.

④ European Environment Agency's home page—European，http：//www. eea. europa. eu/.

⑤ Joanne Scott，Environmental Protection：European Law and Governance，*Oxford University Press*，2009，pp. 21 – 22.

的”等。①

当然，欧盟之所以能够成功，离不开它的推广平台。欧盟气候话语权与推广平台：一是“气候合作伙伴关系”。欧委会、大多数欧盟成员国与美国、中国、加拿大、新西兰、挪威、丹麦、日本、巴西等国建立了“气候合作伙伴关系”，从国家层面推广欧盟的气候话语概念与标准规范。二是“清洁能源网络平台”。从国际组织层面，欧盟与海合会组织、亚太经合组织等共建清洁能源网络，有三个主要功能：第一，创建一个包括大学、研究机构、公司、政府部门和公用事业的网络整体，针对对方感兴趣的可再生能源内容进行沟通；举办多项研究活动，提高合作网络的“活动性”；第二，互相了解对方在清洁能源领域的政策，从而推进合作；第三，充当“南北沟通合作桥梁”。在气候谈判中，欧盟力图充当南北沟通的桥梁。对美、日、加拿大等国，欧盟积极争取；对中东欧国家，欧盟通过联合履约机制实行援助；对俄罗斯，欧盟通过支持俄罗斯加入世界贸易组织以及加强贸易联系等交换条件使俄罗斯批准了《京都议定书》。

欧盟气候话语权建构对阿拉伯国家的启示很多，但由于国情不同，不主张完全照搬照抄，而是取其精华，增强阿拉伯国家自身的气候话语影响力。一是阿拉伯国家进行气候科研，为提升气候话语权提供科技实力支撑。欧盟能在气候话语权领域占据优势地位与其国际一流的气候科研实力是密不可分的。阿拉伯国家气候科研包括不断完善气候系统观测网，加强建设气候变化基础资料数据平台。二是阿拉伯国家改变“先污染、后治理”的发展模式，既要对气候环保问题的严重性、长期性有清醒的认识，又以此为契机，转变生产生活方式。三是阿拉伯国家推进气候话语多元化，宣传机制多样化建设。阿拉伯国家积极改善谈判交流的手段与方式，充分调动各种传播主体参与对外信息传播，促进信息国际传播的多渠道发展，研究公众接受信息的心理习惯、

---

① The homepage of the European Commission provides information on daily news, http://ec.europa.eu/.

思维方式以及审美情趣，注意语言使用策略。四是阿拉伯国家积极开展气候外交。如前所述，阿拉伯国家应加强与周边地区的气候合作，还应该进一步加强与发展中国家集团之间的联系，这些国家与阿拉伯国家在世界气候大会上谈判立场较为接近。

三、气候话语的低碳化链接与新能源规范

如前文所示，由于脚本是人对外在世界的经验化、知识化与内在化的结果。通过行为体塑造，只要一提到“气候环保”就能联想到“低碳”、绿色环保”、“健康生活”，这些内容就会一起被激活，当脚本内容通过教化途径固定下来后，在实践中经常出现或被反复运用，该脚本就会整体存入人的认知结构或记忆网络，在现实社会中，只要类似的情境得到符合，这个脚本便会被整体激活而投入使用。

根据前文的理论分析，我们可以得出，气候话语的内涵决定了脚本的性质，而脚本的性质又能够决定规范的特性，话语意义能够演绎为规范、规则，脚本也能够演绎成为规则、规范。经过行为体的脚本塑造后，“气候环保脚本”的低碳化性质决定了“新能源规范”的低碳特性，“新能源规范”演化成为一种绿色的、可持续的“健康规范形式”，即：“语言的低碳化链接”——→“新能源规范”。

在社会学视角中，“新能源规范”是当今世界影响较大的一种提倡新规范的运动。从理论上讲，“新能源规范”就是立足当前气候变化现实，对能源中的一些高污染、不可持续开发进行极端化、扩大化解读与宣传，将不信奉新能源的人称为能源主张保守派，将其行为视为非可持续发展主张者，并宣称他们是本民族资源的“挥霍者”。从社会现实上来讲，如果我们将新能源主义者的本质特征理解为在能源领域追求世界的可持续发展主张者，那么偏离这个本质特征的行为体就是能源的挥霍者。

为了扩大“新能源规范”的影响力，主张通过不择手段进行扩张的行为，这也是“新能源激进主义”。“新能源激进主义”并不是特指

某一特定新能源领域的极端主义思想主张，而是指所有能源领域中极端主义理念，指某些行为体在推进某种新能源过程中，完全摈弃原本传统旧能源的行为。显而易见，“新能源激进主义”并不等同于“新能源规范”，但“新能源激进主义”确实与“新能源规范”存在着密切的关系，那么，我们应该如何理解“新能源激进主义”与“新能源规范”之间的关系？

因为“新能源激进主义”通常具有狂热性、偏执性与盲目崇拜性等鲜明特征，当其他人与其能源开发理念信仰不同，“新能源激进主义”就很容易通过诉诸比较极端的手段来实现他的理念。“新能源激进主义”在信念上对新能源的效用坚信不移，在感情上对传统能源嗤之以鼻，在行为方式上将新能源作为根本指南，使他们表现出狂热的极端崇拜情感，把虔奉新型发展模式视为理想和义务，把为此献身视为无上的光荣，这种狂热的情感使他们更加脆弱也更具有极端性，比如用身体示威等。

脆弱性表现为容易被其他人所刺激，极端性表现为只要他们认为你轻视了他们的信念就会遭致他们的游行示威、抗议申诉，演化为环境群体事件，他们在思想上是盲目的狂热与排他，遵循环保信念上的纯洁与单一并推向极端化，只允许信仰新能源，甚至只允许新能源的存在，要求完全不用传统能源，缺乏包容性与宽阔的胸怀，他们往往把所有的激情与热情全部献给自己的信念，也失去了对世界上传统能源产业的包容之心，因此一般主张要停止现存的传统能源开采，建立完全以新理念为原则的新型能源发展模式，“新能源激进主义”就具有了“新能源规范”的部分特征。“新能源激进主义”曾发动多次示威性的环境社会运动，制造了大量的群体性事件。由生态破坏或环境污染引发的群体性事件以年均29%的速度递增，且对抗性程度明显高于其他群体事件。[①] 因此，我们可以提倡“新能源规范”，却绝不是倡导

① 阳敏：“如何缓解群体事件高峰？”，《南风窗》，2008年第3期，第20—21页。

"新能源激进主义"。对于阿拉伯国家来说，对传统能源或新能源实施"一刀切"，都是不理性的。

在21世纪经济飞速发展的今天，如何缓解经济发展与能源及环境之间的矛盾，是世界各国都极度重视的话题。随着常规能源的有限性以及环境问题的日益突出，以环保和可再生为特质的新能源越来越得到阿拉伯国家的重视。

第五章

气候变化与阿拉伯国家的国际气候话语权缺失[①]

伴随气候变化与全球变暖，作为传统能源话语优势主体的阿拉伯国家，其话语权陷入尴尬境地，其国家形象受到损害，能源转型迫在眉睫。在气候话语领域，一方面，阿拉伯国家作为世界上最大的产油国集团面临西方发达国家的无情指责；另一方面，还要面对同属发展中国家阵营的小岛国家的含泪控诉。

第一节　阿拉伯国家在气候变化语境中的舆论劣势

德班谈判期间及前后，西方媒体，如《华尔街日报》、《纽约时报》、《金融时报》、《经济学人》、《卫报》、《全球热点聚焦》、《能源政策》等都刊登了不少关于阿拉伯国家在气候变化问题上国家形象的文章，其主要观点如下：

---

① 本章是教育部区域和国别研究培育基地——北京第二外国语学院阿拉伯研究中心2015年项目《“一带一路”战略背景下的中阿城市合作研究：以“丝绸之路市长论坛”为例》（ASC2015YB04）的阶段性成果。

首先，作为经济高度依赖石油发展的国家，阿拉伯国家是目前世界上最大的石油输出国、石油贸易出口国，其石油价格影响全球能源贸易。经济的高增长率是与石油的高开产相伴随的，阿拉伯国家经济的高增长必然带来对能源的高依赖，阿拉伯国家的能源主要是石油，石油在燃烧过程中会产生大量的二氧化碳，阿拉伯国家的碳排放量每年都在增加，阿拉伯国家在发展过程中形成了污染，所以阿拉伯国家是温室气体排放国和严重的污染者，同时，阿拉伯国家的经济增长使阿拉伯国家拥有巨大的财富，阿拉伯国家已经同最脆弱的发展中国家有了明显区别，高度依靠石油的阿拉伯国家已经走向富裕，比如沙特阿拉伯、阿联酋等国家，他们不再是贫穷国家，而是先进的发展中国家，这些阿拉伯国家没有理由得到西方帮助发展中国家的清洁能源的技术和资金。

其次，作为世界上最大的和最有影响力的石油输出方，阿拉伯国家对发达国家而言，是强大的对抗者和不合作者，在发展中国家集团内部，阿拉伯国家既被不少人视为气候变化谈判的阻挠者，又被部分弱小国家看作背叛者。这些观点认为，在气候谈判问题上，阿拉伯国家极为敏感，有两个明确的意图：一是对抗发达国家，劫持气候谈判，如在气候谈判中，阿拉伯国家提出一个又一个的技术难题拖延谈判，并派出级别较低的代表参加谈判，是在阴谋破坏各国达成约束性协议的努力，是气候谈判的背离者和破坏者，阿拉伯国家和其他国家一起拒绝承诺按国际标准减排，却反复强调像美国这样的发达国家的历史责任，是在联合发展中国家与发达国家对抗；二是支持一些特别弱小的国家阻挠气候谈判，在会议的最后几天，气候谈判陷入令人失望的僵局，很大程度上是由于阿拉伯国家的拖延和消磨，这些小国既没有足够大的代表团也缺乏自己能够进行有效谈判的组织结构，他们本来无力这样做，但却摆出了这种姿态，原因是他们联合成了一个集团，这个集团不仅在数量上占有优势，而且还可以利用阿拉伯国家和巴西的更加强大的谈判力量和国家资源，阿拉伯国家出于自己利益的考虑，为这些国家阻挠气候谈判提供了有力的后援。当然，阿拉伯国家也不是完美的发展中国家利益的保护者，当会谈失败，没有达成约束性协议时，发展中国家联盟出现裂痕，一些发展中国家开始批评阿拉伯国家，岛国联盟中几个较小的岛国甚至声称感到阿拉伯国家背叛了自己，指责阿拉伯国家比其他国家从碳信誉资金中得到了更多的好处，因此，对于这些特别弱小的发展中国家来说，阿拉伯国家又是他们利益的背叛者。

再次，作为在全球政治和经济中影响力不断上升的国家，也作为传统能源的供给者，阿拉伯国家在气候变化问题中的作用举足轻重，但阿拉伯国家往往不够负责任，是强硬的拒绝批评的国家。他们在报道中往往会热捧阿拉伯国家在世界问题上的重要性，把阿拉伯国家称为重要的参与者，并将阿拉伯国家与美欧相对立。

第二节　阿拉伯国家的资源民族主义

输出石油成为西方媒体眼中气候污染的制造者，那么阿拉伯国家减少输出石油呢？近年来，随着国际油价的持续走高，“资源民族主义”现象在阿拉伯能源输出国中悄然兴起，成为危及全球能源市场的首位安全风险。阿拉伯国家作为世界油气输出方，其资源民族主义“武器化”趋势将对国际能源供给链带来怎样的冲击？是否会引发国际能源安全领域的“蝴蝶效应”？

一、资源民族主义内涵解析[①]

从“廉价资源时代”向“高价资源时代”的转变，是资源民族主义产生的内在逻辑。随着经济全球化的进一步深化，自然资源禀赋使得资源丰裕型国家处于优势地位。由于资源呈非规律性分布，生产和

---

① 本节部分内容由课题组成员肖洋博士搜集资料。

消费中心经常设立在不同的国家，但经济全球化使生产和消费模式的空间联系逐渐被打破，尤其是能源领域。在这种背景下，资源丰裕型国家的资源管理就陷入两难处境：一方面，由于国际贸易对出口导向型资源产业的发展十分重要，资源丰裕型国家必须对国际能源和资本市场保持一定的开放度；另一方面，资源丰裕型国家的经济增长通常严重依赖资源开采与出售，并且矿产资源往往属于不可再生性，因此会通过采取各种经济干预政策来最大化资源的开采收益。简而言之，资源丰裕型国家常常面临着是以国家还是以市场为基础的资源配置选择，从国家利益最大化和国际能源卖方市场的现状出发，阿拉伯国家开始采用以国家政治权力而非市场需求为主导的资源配置方式——资源民族主义（resource nationalism）。

资源民族主义是指资源丰裕型国家利用对自然资源的法律管辖权来推动资源营运国有化，并服务于国家政治目标的现象。资源民族主义"武器化"则是指资源丰裕型国家将本国资源民族主义作为参与国际政治博弈的权力支撑与利益护持的工具化过程。在国际能源价格持续走高的情况下，一些能源输出国政府在对待国内油气资源问题上，选择了排外与利己的民族主义政策。弥漫在产油国的资源民族主义情绪是推动国际油价居高不下的重要原因，而高油价又导致了阿拉伯地区地缘政治的不稳定。例如卡扎菲时期的利比亚等国由于获得了丰厚的石油收益而经济实力增强，从而信心大增，多次使用石油作为政治武器在一些国际事务中采取强硬态度，这就极易引发南地中海地区的安全风暴。

在以资源掠夺为特点的殖民时代结束后，民族独立的热潮使资源国有化几乎成为发展中国家政府的道义责任。早在20世纪70年代全球石油危机时期，中东地区的资源民族主义就初露锋芒，阿拉伯国家曾通过国内立法和推动国际法的建设对油气资源实行过国有化政策，以法律形式来确保本国的经济主权，其目的是借助于油气资源国有化来夯实经济基础。这在大幅削减西方跨国石油公司资源量的同时，推动了阿拉伯国家实现能源产业链的国有化、增加了国家财富，这些国家的煤炭、天然气、金属等矿产资源同样在资源民族主义的影响下竭力抗拒跨国公司染指，从而深刻改变着世界能源博弈格局。

通常来说，资源价格走高时，资源生产国倾向于推进资源国有化；资源价格走低时，资源生产国倾向于吸引外资开发，而在当前全球能源价格持续走高的情况下，资源民族主义已经成为全球化浪潮中的一块顽石，越来越多的国家希望借助资源特别是化石能源打牢财政基础，以抵御外部经济风险。

与以往不同的是，新世纪以来，阿拉伯国家的资源民族主义更具保守性，其资源民族主义的内涵是：油气输出国政府为了本国生存和发展的需要，通过限制甚至禁止外国资本对本国上游油气产业的投资和修改国内能源管理规制等手段来强制性调整与外国石油公司的利益分配格局，以加强本国对油气资源的控制，在油气资源的归属、市场准入、开发及利润分配等一系列问题上，对外国石油公司及投资者采取了限制甚至国有化政策，以达到对本国油气资源收益最大化的目的。①

通过上述分析可以看出，当今阿拉伯地区的资源民族主义属于经济民族主义的范畴，是政治上取得独立的阿拉伯国家在现代化过程中将发展理论与民族主义相结合的产物。只不过国有化的意识形态基础是“民族主义”，载体是产油国的“油气资源”，作用对象是“外国石油公司”，因此可以说高油价时代资源民族主义的最终目标是实现初级能源产品优势。阿拉伯国家对其油气工业采取的国有化政策是资源民族主义的重要内容之一，但并不能完整诠释资源民族主义本身。

二、阿拉伯国家资源民族主义“武器化”的根源

何塞·马蒂曾说过：“政治上获得自由但经济上受奴役的人民

① 王冠九：《资源民族主义与国际能源安全研究》，昆明：云南大学出版社，2010年版，第18页。

终究会失去所有的自由，而经济上获得自由的人可以继续赢得政治上的独立。”① 阿拉伯国家之所以积极推动资源民族主义的“武器化”过程，就是试图通过经济上的自主来巩固政治上的独立，以争取更大的发展机会和空间。就其产生根源而言，可以从国家主权、能源政治、国际竞争三重视域进行深入剖析。

首先，实现完全意义上的独立与主权是阿拉伯国家未竟的事业。从北非能源输出国的立场来看，外国能源公司的目标就是利用资本优势诈取阿拉伯国家的资源以获取高额利润，如果本国的资源开发是为了满足国外市场的需要，就有了出卖国家战略资源的嫌疑。这里面固然包含了“民族主义”情绪的因素，但不可否认的是，它是全球化时代的副产品。二战后，阿拉伯国家虽已实现了主权独立，但在经济上仍处于依附地位，发达国家利用在世界经济链条中的优越地位，以技术专利、技术封锁等手段控制阿拉伯国家经济，极力打压能源等初级矿产资源的价格。因而，当21世纪“高价资源时代”到来时，阿拉伯国家把油价高企视为保护本国利益、获取民族尊严、彰显政治实力的良机，资源民族主义“武器化”就是在这样的时代背景下形成和发展起来的。阿拉伯国家利用其对资源的政治主权来捍卫其经济主权，而“主权”被定义为拥有单方面废除协议的国家能力，它们试图以此来实现民族振兴的未竟事业。②

其次，资源民族主义具备能源政治攻防兼备的特性。能源之所以能成为阿拉伯国家资源民族主义的核心优势，是因为当今世界仍属于油气为王的时代。经济全球化的发展对油气资源产品的需求量持续增大，大中东的资源与发达国家的高科技同等重要，这使得油气资源不仅成为阿拉伯国家民族主义者们寄托爱国热情的对象，也是对抗西方

---

① 余建华：《民族主义：历史遗产与时代风云的交汇》，上海：学林出版社，1999年版，第282页。

② Paul Stevens, *Transit Troubles——Pipelines as a Source of Conflict*, London: Chatham House, 2009, p. 2.

"技术民族主义"的重要手段。《各国经济权利和义务宪章》规定：每个国家均对其财产和自然资源有完全和永久的主权，包括使用与转让资源的权利；……每个国家都有权没收或转让外国人所拥有的财产或将其国有化；在执行上述行为时，实行国有化的国家应参照相关的法律规定与情况，并且应给予原资产所有者适当的补偿，因补偿而引起的争端应以实行国有化的国家的国内法并由其国内司法机构裁决；……所有国家均有责任尊重生产国的权利而不应采取经济或政治手段干涉其他国家的决策。①

如此看来，丰富的油气资源无疑成为阿拉伯国家推动经济发展、实现经济自主的"抓手"，同时也利用政权的力量开始从西方国家手中收回一些经济权益。例如卡扎菲时期的利比亚是阿拉伯国家奉行资源民族主义政策的中坚力量。利比亚 1955 年就颁布了《利比亚石油法》，1969 年卡扎菲上台执政后，通过国有化控制了外国石油公司在利比亚的经营活动，并扩大国家参与石油工业的权力。20 世纪 80 年代后期，随着组建国家石油公司的浪潮，利比亚油气管理工作由利比亚国家石油公司负责，利比亚国家石油公司成为政府制定关于油气方面政策的决策机构，并控制全国 2/3 的石油生产。利比亚在掌控了本国的石油资源后，一直将石油业的上游领域控制在政府手中，严禁对外资开放。作为北非石油出口大国，利比亚奉行坚定的资源民族主义政策，卡扎菲之所以采取激进的国有化政策，原因有三：一是卡扎菲领导下的利比亚反美、反西方态度强硬；二是卡扎菲力图通过打击本土外资石油公司来获取在阿拉伯世界的领袖地位；三是外资控制的石油产业是利比亚经济增长的发动机，因此必须通过打压外国石油公司来增强卡扎菲政权的合法性与权威性。事实证明，这种激进的国有化方式是失败的，因为利比亚的资源民族主义"武器化"将外国石油公司转变为自己的敌人，落后的石油管理水平并没显现能源国有化的红利，反而造

① 辛晓宁："《各国经济权利和义务宪章》国际法律效力之思考"，《决策与信息》，2010 年第 3 期，第 68 页。

成部落分割国家石油资源的乱局。

再次，资源民族主义的实质是发展与竞争。虽然和平与发展依然是当今时代主题，但国际安全风险仍在增大。美国打着反恐的名义入侵伊拉克和利比亚，并借民主化之名引发中东乱局，美国此举引起北非油气生产国的警惕与疑虑。阿拉伯国家为了确保对本国油气资源的绝对控制，不仅为外国石油公司（International Oil Companies，IOCs）设置重重阻碍，还积极组建新的国家石油公司（National Oil Companies，NOCs）以服从国家发展的战略需要。在面对西方等国家的技术民族主义以及由于国际经济旧秩序所导致的利益分配失衡等问题时，阿拉伯国家唯一能够利用的王牌就是本国的资源，资源民族主义已反映在各国的政策层面上。阿拉伯国家资源民族主义政策使石油对外合作的条件日益苛刻，如阿尔及利亚的石油项目须由国有石油公司担当作业者；而埃及实行的则是回购合同机制——外国公司按投标书的规定进行勘探，若没有发现油气田，则风险自负，勘探资金自负；若发现油气田，则要重新对开发项目进行投标，按标书负责油田建设和投产，在扣除外资成本及利润后油田必须交还埃及石油公司。此外，许多阿拉伯国家都要对外国石油公司征收超额利润税，而卡扎菲时期的利比亚石油勘探开发根本不与外国公司合作。在国际能源安全保障机制缺失的情况下，阿拉伯国家更倾向于用自身资源主权来追求其短期利益和相对收益。

进入21世纪以来，不断上涨的油价点燃了阿拉伯国家资源民族主义“武器化”的导火索。随着能源贸易的利润倍增，油气资源的政治价值被阿拉伯国家重新评估，他们已经不满意于现有的利益分配机制，而是希望手中的能源不仅能带来财富，更要能提升自身在国际能源领域的主导地位。这种从“求富”到“求强”的目标转变，使得阿拉伯国家能源管理制度的稳定性、对外合同条约的圣洁性以及履约率不断降低，外来投资者面临的政治风险不断增大。[①] 如今一些北非阿拉伯国

① Reid W. Click and Robert J. Weiner, *Resource Nationalism Meets the Market—Modeling Political Risk and the Value of Petroleum Reserves*. Washington D. C.: George Washington University, 2007, p. 24.

家通过增加税收或特许权使用费等方式，将油气资源与国际政治事务相挂钩，有意提升油气资源的附加值，这表明以资源为武器的民族主义正在广泛上升成为国家意志。①

三、资源民族主义“武器化”的特征及影响

国际能源贸易日益卖方市场化的特点为阿拉伯国家资源民族主义的武器化提供了“沃土”。阿拉伯国家在国际能源市场供需吃紧的情况下，利用行政法律手段和对油气资源的主权，强制性调整与国际石油公司的利益分配关系，将油气资源的控制权转移到政府手中。具体而言，阿拉伯国家资源民族主义“武器化”趋势存在以下三大特点：

第一，阿拉伯国家全方位控制本国油气产业。阿拉伯国家借助于油气资源国有化来建立本国经济基础，核心途径是通过国内立法和推动国际法的建设，以法律形式来确保自己的资源主权。主要内容有四点：(1) 通过国内法宣布领土、领海、大陆架以及专属经济区下的所有石油天然气资源归政府所有，以解决油气资源国有化的法律基础；(2) 基于对油气资源的资源主权，组建（或通过征收外国石油公司而形成）国有石油公司；(3) 产油国政府或政府授权的国有石油公司与外国石油公司通过油气资源的勘探、开发和生产达成产量或利润分成协议等，以保证本国油气资源收益；(4) 通过修订法规、政策调整、审查管制来加强阿拉伯国家对石油资源的控制力度。新世纪以来的油气资源国有化是阿拉伯国家政府利用行政法律手段和对油气资源的主权，排挤外国石油公司的经济渗透，试图获取更多的资源收益，目标的经济性特征十分明显。

---

① 胡珺：“资源民族主义险在哪”，《中国能源报》，2011年8月15日，第10版。

第二，阿拉伯国家大幅提高外资进入其国内能源上游市场的准入门槛。尽管中东能源格局仍处于深刻变动的时期，但阿拉伯国家对资源民族主义的驾驭早已轻车熟路，达到灵活运用的程度（参见表1）。阿拉伯国家凭借政权力量干预能源经济以达到自身所希望的收益，一些产油国已经开始将外资不得进入国内能源领域写入了法律条款中。旺盛的石油需求增强了北非阿拉伯国家的实力，这些国家对以前的制度安排、开采协议及利益分配普遍感到不满，甚至不惜采取单边行动的民族主义措施阻碍外国资本流入本国能源产业的上游领域。如卡扎菲时期的利比亚在大力扶持国有能源企业的同时，不断提高外国石油公司的市场准入门槛，极大地制约外国石油公司的生产经营。① 外国石油公司虽然有充足的资金，但可供投资的准入机会却相当有限，在拥有可开采的资源量方面与阿拉伯国家国有石油公司相比处于明显劣势（参见图11）。

第三，国有化方式较为温和、对外资公司采取既限制又利用的策略。过去阿拉伯国家历次国有化浪潮大多采取没收、有偿并购等方式，力求彻底打破西方石油公司的垄断地位。相比之下，2008 年以来的国有化浪潮绝非简单的重复，大多数产油国并没有采取没收外国资本或驱赶外国公司的激进做法，而是允许外国公司保留生产和经营的份额，但需要重新签订合同。实际上，阿拉伯国家所谋求的是一种新的合作模式，同时也是在世界原油价格不断上涨的形势下试图修改部分原有财税条款，使本国政府在资源的开发、经营和销售领域逐步起到控制和主导作用，并分享外国石油公司从高价原油中获得的超额利润，增加本国的收益。阿拉伯国家以掌握对资源的控制权为手段，着力打“经济牌”，为特定政治目标服务的意图更加明显。②

① IFP Energies nouvelles，“The oil and gas producing countries of North Africa And the Middle East”，2012，p. 4.

② 陈锴：“福兮？祸兮？——反思新一轮石油国有化浪潮”，《社会观察》，2008 年 2 期，第 44—46 页。

表 1　部分石油输出国奉行资源民族主义的成因及意图

资源民族主义类型	奉行资源民族主义的北非阿拉伯国家	原因	外资企业面临的风险
1. 国家垄断型 政府控制并拥有战略资源	穆巴拉克时的埃及、卡扎菲时期的利比亚	1. 地缘政治利益 2. 经济收益 3. 引领国有化趋势	1. 面临被征收和撤销特许经营权的威胁 2. 外国公司的从属地位 3. 需要创新投资模式
2. 国家平衡参与型 政府控制但允许外资进入能源产业下游流域	南苏丹、阿尔及利亚	1. 过于依赖欧洲市场 2. 从资源中获取更大的经济利益	1. 外资企业权利受限 2. 所在国政府对大型外资企业的国有化
3. 地缘政治便利型 政府基于地缘政治因素而改变对资源的控制	苏丹	1. 利用能源项目保障政治和经济目标 2. 国际制裁的影响	1. 重新修订合同 2. 地缘政治安全风险
4. 经济参与收益型 政府寻求获得更多的经济利益	摩洛哥、突尼斯	1. 国内经济发展 2. 政治议程 3. "民主化"浪潮的推动	1. 税负增大 2. 税率上调 3. 盈利空间被压缩

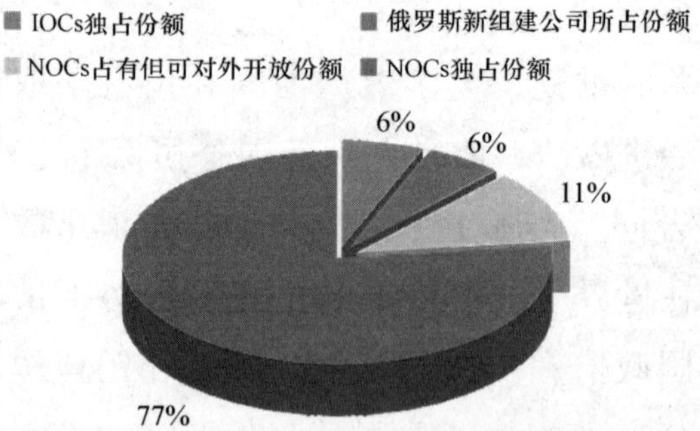

图 12　国际石油公司在世界石油资源中所占份额（单位:%）①

① 根据 PFC Energy, Oil Market Group p. 18.（Jamal Qureshi, LeadAnalyst, "Global Supply through 2010: Complacency before the Storms?" Presentation to IEA Energy Outlook and Modeling Conference, Oil Markets Group March 27, 2006）数据绘制。外国石油公司（International Oil Companies, IOCs），国家石油公司（National Oil Companies, NOCs）。

约瑟夫·奈在2009年达沃斯论坛上说过一句意味深长的话："今天的反全球化具有一种新特征，能源大国通过高油价获得权力，发达国家也飘荡着保护主义气氛，两种趋势相互加强，可能使全球化速度放慢。"[①] 阿拉伯国家资源民族主义"武器化"对国际能源安全的影响主要表现在两个方面：

一是给阿拉伯国家政府带来政治风险，它阻断了有利于能源产业发展的外来专家、技术和资金的流入。[②] 阿拉伯国家在对本国的IOCs成功实施国有化后，却面临着资金短缺、管理与技术专家不足、国有能源企业缺乏活力等新问题。因为当外国石油公司离开时，必然会带走本国的工程师和技术人员，造成阿拉伯国家能源产业的人才短缺，而留下来的是一些没有经过培训的人员和无法替代的"烂尾工程"。在国有化之后，阿拉伯国家不仅缺乏技术专家，还存在培训项目和新岗位、进口设备、专家引进等方面的资金短缺。

二是资源民族主义增大了国际能源安全风险。由于世界油气资源分布的不均衡性且分布在各个不同的主权国家内，这就引出了国际能源安全问题函数："地面下的因素"即石油的地质储量问题，通常是一个"常量"；"地面上的因素"即"人"以及"和人有关的一些因素"，通常是一个"自变量"，而国际能源安全则是这个"自变量"与"常量"的"因变量"，二者共同构成国际能源市场的安全函数，显然，资源民族主义就是这样的一个"变量"因素。这一变量使阿拉伯国家国有石油公司可以与外国石油公司分庭抗礼并逐渐占有优势。国有石油公司的原则是国内需求优先于国际需求，任务是国内市场需求优先由国家石油公司来保证，而国际石油公司则是首先将自己所产的石油用

① 湘溪："当资源遭遇'民族主义'"，《世界知识》，2009年第18期，第63页。

② Ian Bremmer and Robert Johnston, "The Rise and Fall of Resource Nationalism," *Survival Global Politics and Strategy*, Volume 51, Number 2, April 2009, pp. 149 - 150.

于出口。[①] 因此，当能源价格高的时候，国有化的能源产业还能赢取巨额利润，一旦能源价格下降，其垄断优势就被极大削弱，从而增加了地区的不稳定因素。

阿拉伯国家的资源民族主义“武器化”经历了一个由自发到自觉再到灵活运用的过程。油气资源是重要的战略资源，油气商品是主要的政治商品，油气企业是政治化程度较高的企业，阿拉伯国家资源民族主义的崛起，使油气资源更具政治性。总的来说，阿拉伯国家及其国有石油公司是这场博弈的赢家，资源民族主义作为“武器”攻无不克，影响颇大。随着能源市场刚性需求的持续增长，能源价格高位震荡运行，国际能源安全受到前所未有的挑战。在众多影响国际能源安全的因素中，“资源民族主义”所带来的影响可谓是隐性的、合法的、根本性的，因为它虽属于一国主权范围内，却控制着世界能源供应的主要源头。全球化时代的资源民族主义并非新兴事务，但它扩展到能源领域必然会带来一系列新问题，对于积极践行“走出去”战略的能源企业来说，关于资源民族主义的科研准备落后于实践需要，在与阿拉伯国家能源合作过程中往往低估了其带来的安全风险。

第三节　阿拉伯国家的国家形象

前文叙述了阿拉伯国家在气候变化话境中的舆论劣势，作为国际关系中的一种柔性因素和国家软实力的重要组成部分，国家形象潜移默化地影响着国家间的相互认知，深刻地塑造着具有异质文化背景的国家间的关系。随着“走出去”战略的进一步实施，优化阿拉伯国家的海外形象成为维护国家利益的重要议题，并将深刻影响阿拉伯国家发展的时间、空间与方式。海湾阿拉伯国家作为阿拉伯国家能源外交

① 【美】托伊·法罗拉、安妮·杰诺娃著，王大锐、王翥译：《国际石油政治》，北京：石油工业出版社，2008 年版，第 51 页。

的核心区域。近年来，对外经贸合作取得了快速进展，然而中东乱局尘埃未定，区域外大国对海湾国家仍然缺乏足够的信任和认同，这已成为上述阿拉伯国家进一步拓展对外经贸合作的一大障碍。由于历史因素和政治经济制度的差异，阿拉伯国家塑造在世界其他地区的正面国家形象面临着认同问题的挑战。因此，实施国家形象优化策略有助于阿拉伯国家获得海外国家的信任，为阿拉伯国家走向世界创造一个良好的国际舆论环境，同时也为阿拉伯国家对外长效经贸合作提供战略新思路。

一、海湾地区阿拉伯国家形象的现状

海湾地区是西亚地缘政治的核心区域，包括伊朗、伊拉克、沙特、科威特、巴林、卡塔尔、阿联酋和阿曼8个国家，土地面积约480平方公里，总人口逾亿。8国不仅在地域上环绕波斯湾形成连片区域，在历史、民族、文化渊源方面相似，除伊朗外，其余7国属于阿拉伯—伊斯兰文化圈。海湾地区作为阿拉伯世界中的佼佼者，其优势有可能使它成为未来国际舞台上一支举足轻重的力量。

国家形象特别是正面形象，对海湾国家对外处理各种政治经济关系具有不可忽视的影响力。在海湾国家的对外交往史中，不仅可以看到地缘政治、国家利益、大国政治共同作用的轨迹，还可以看到利益与力量之外的认同逻辑。随着阿拉伯国家综合实力的增长及其国际影响力的持续增强，国际地位将在世界范围内得到进一步的确认。在这种国家成长的关键时期，阿拉伯国家的发展受到世界舆论普遍而密切的关注，尤其受到了不少负面评价，因此进一步优化在国际社会中的阿拉伯国家形象极具战略意义。

国际地位是影响国家形象的重要变量。从大历史的视角来看，阿拉伯国家的国家形象随着国际地位的变化而发生改变，然而，阿拉伯国家国际地位的提升并不一定导致国家形象的正面化。近年来，“海湾联合发展模式”在赢得国际尊重的同时，“阿拉伯国家极端主义”等各种负面言论也甚嚣尘上，使阿拉伯国家的海外形象饱受伤害，特别是造成阿拉伯国家对外经贸合作中的国家形象悖论，并在相当长时期内成为阿拉伯国家发展的一大障碍。阿拉伯国家在世界其他国家的国家形象现状可通过两个矛盾性特点来概括。

其一，海湾地区阿拉伯国家对外经济相互依赖并不一定导致阿拉伯国家形象的正面化发展。海湾地区阿拉伯国家的一些地缘政治因素不利于正面塑造阿拉伯国家国家形象，甚至使经济相互依赖性也为阿拉伯国家形象负面化推波助澜。

国家形象具有不对等性，它来源于客观现实，但并不等同于客观现实。国家形象以该国客观现实为基础，又是主观的产物，是客观信息经过主观加工后的产物，不可避免地具有不同程度的主观色彩。[①] 对于海湾阿拉伯国家而言，国家影响力的拓展，将如何影响国家的利益实现？在世界的经济存在又该如何解读？对这些问题的主观认识深刻影响着海湾阿拉伯国家对外国家形象的塑造。

第四次中东战争以来，海湾国家随着区域经济的迅速增长，成了最重要的国际贸易市场之一。特别是海湾石油的地位可以说是影响国际经贸发展的一根十分敏感的神经。[②] 海湾国家与区域外大国进行了卓有成效的能源合作，表现出强劲的能源经济潜力，特别是近年来与中国的经贸合作不断扩大，经济联系得到空前加强。在传统外交资源与现实经济利益的双重支撑下，海湾阿拉伯国家对外影响力不断扩大，有力地推动着海湾各国经济的发展与社会的繁荣。从理论层面来讲，海湾阿拉伯国家在国家形象拥有一些正面化发展的助力。但事实上，经济层面上的相互依赖并未直接导致海湾阿拉伯国家国家形象的正面化。自古以来，海湾地区就是东西交通、贸易中转、文化交流、民族

---

① 王珏：“东亚地区中国国家形象解析”，《世界经济与政治论坛》，2007 年第 5 期，第 69 页。

② 钟昌标：“海湾市场的人文地理环境”，《世界地理研究》，1999 年第 1 期，第 22 页。

迁徒的地缘枢纽，传统上深受到欧洲基督教文明与中东伊斯兰文明的共同影响。如今，阿拉伯国家成为中东地缘政治舞台上不可或缺的重要一员，令周边其他区域的国家开始担心海湾阿拉伯国家力量的介入会给自身带来负面冲击，使本国在海湾以及阿拉伯世界的影响力和国际地位相对下降，甚至担心海湾阿拉伯国家会推行资源掠夺政策和宗教极端主义，干涉他国独立与主权。

因此，世界上不少国家有意识地抗拒并试图削弱阿拉伯国家在本国的影响，并默认国内一些损害或者黑化阿拉伯国家形象的行为，从而造成双方经济合作高涨与政治互信低迷的“经热政凉”的倒挂现象。究其因，一方面，海湾阿拉伯国家在大中东的影响力提升是趋势，以海湾国家为主体的阿拉伯世界对世界经济均存在不同程度的依赖，过于疏远海湾阿拉伯国家不符合世界各国的长远利益；另一方面，海湾各国对外贸易种类过于单一以出口为主，甚至被视为一种“经济胁迫”，这将削弱海湾国家的国际地位和独立自主能力。这一认知促使一些国家刻意与海湾阿拉伯国家保持距离，人为遏制经贸发展所产生的“溢出效应”，有意塑造扭曲的阿拉伯国家国家形象。因此，阿拉伯国家“走出去”战略在世界频频受阻，其中的社会心理因素值得进一步深思。

其二，海湾阿拉伯国家在其他地区的国家形象不仅受到既有大国的主观塑造，还取决于阿拉伯国家自身的发展态势与策略。历史和事实证明，一国国家形象的最终定型，是本国或他国共同作用的结果。因此，国家形象不仅来自客观事实，更来自多个行为主体的主观塑造，而如何塑造则与不同行为主体的利益考量紧密相关。

欧美发达国家在海湾地区具有重要利益，并根据本国的利益需要影响着阿拉伯国家在当地的国家形象，而阿拉伯国家自身的发展态势和采取的发展策略对国家形象具有决定意义。海湾地区物产资源丰富，是欧洲的传统后院，也是连接印度洋—地中海—大西洋的海上交通枢纽，向来是强国必争之地。个别国家具有强烈的领导海湾意识，视影响力日隆的海湾阿拉伯国家为头号竞争对手，在战略上刻意对海湾地区阿拉伯国家国家形象进行别有用心的扭曲和负面塑造。与此同时，一些海湾国家在长期的反大国渗透过程中逐渐形成一套充分发挥小国优势的战略思维，其核心是在大国间搞战略平衡，放任一些大国负面化海湾阿拉伯国家形象的行为，借其他大国之力来平衡原有大国对海湾阿拉伯国家影响力。这种现实使得阿拉伯国家作为能源外交靶区的战略布局面临掣肘，增大了阿拉伯国家塑造正面国家形象的难度。

根据现实主义理论逻辑，国家发展意味着世界力量的重新分配，必然导致国际政治格局的重构。既有大国认为“富强团结的阿拉伯国家不会是一个维护现状的国家，而会是个决心要获取地区霸权的雄心勃勃的国家”，这不是因为阿拉伯国家有“不良动机”，而是国际体系的结构性规则使然。① 在这种思维影响下，丑化阿拉伯国家在世界的形象、进而获得打压阿拉伯国家的合法性被认为有利于维护既有大国的特权地位，这也使得“阿拉伯国家宗教激进主义”、“阿拉伯国家极端威胁论”在世界上颇有市场。

然而，海湾阿拉伯国家国家形象的最终认知结果还是取决于海湾阿拉伯国家自身发展战略的改善。如何对他国恶意负面化海湾阿拉伯国家形象的行为进行反击，需要海湾阿拉伯国家自身不断发展，拥有正面塑造国家形象的实力，从而获得可持续的善意表达机遇。海湾阿拉伯国家承担了大量的民生工程的建设项目。在伊核问题、阿以问题上，仍倡导以和平方式解决争端，化解分歧，体现了联合领导力。中东乱局渐息之后，鼓励企业纷纷参与进来，海湾阿拉伯国家的国家形象有所提升。这一事实说明，尽管欧美国家有意负面化海湾阿拉伯国家的国家形象，一些国家出于各自的需要也对此推波助澜，但当海湾阿拉伯国家互利共赢的大中东政策展示强大生命力时，海湾阿拉伯国家在世界的负面形象便会随之改善。国家形象对当代阿拉伯国家来说

---

① 【美】米尔斯海默著，王义桅译：《大国政治的悲剧》，上海：上海人民出版社，2003年版，第544页。

是最为根本的问题，假如把这个问题解决好了，那么许多其他困惑和难题都可以迎刃而解。因此，如何巩固海湾阿拉伯国家地区“合作者”身份的认同，推进其他国家对海湾阿拉伯国家的国家形象的正向认同，是海湾阿拉伯国家发展与其他国家关系过程中所必须重视的问题。

二、阿拉伯国家形象优化的困境分析

不可忽视的是，阿拉伯国家在世界其他地区的预期形象和实际形象之间存在着三大落差：一是世界其他国家精英阶层对阿拉伯国家较为熟悉，而普通民众则对阿拉伯国家不甚了解。二是很多国家民众对阿拉伯国家在中东国际政治中的地位存在认知偏差，将阿拉伯国家看成是冷战期间抗美力量的代表，将阿拉伯国家中的部分极端分子等同于阿拉伯人。三是多数国家民众认为阿拉伯国家在对外开放以来，对他们关注点集中于能源利益而非阿拉伯国家本身。这些“阿拉伯国家印象”在世界其他地区虽非主流，但其产生的负面影响不可忽视。尽管历届阿拉伯国家领导人在与世界其他国家的长期交往中留下了丰富的外交遗产，但阿拉伯国家在世界其他地区的形象优化实践，仍面临五大困境。

一是跨文化交流难度较大。不同地域的生产方式会产生不同的生活习性，并由此而形成不同的体制、观念和价值体系，构成特定的区域文化内涵，即区域文化。阿拉伯国家是传统的阿拉伯文化区，尽管近几十年欧美商品大量涌入阿拉伯国家市场，并渗透进普通市民的生活，西方社会的价值观念、生活方式在一定程度上影响了传统的生活，但阿拉伯国家作为一个文化传统根深蒂固的典型地区，几千年来形成的文化心态仍然深深影响现代的对外交往。阿拉伯国家人乐观、憨厚、淳朴，同时也残留着部落长老制的痕迹，而世界其他国家对于阿拉伯国家的这些特点不够了解认同。相对于近代以来西方文化的强势，东方文化的渗透，加之阿拉伯国家与之交往以经贸、能源合作为主流，文化交流与沟通只占据了很小的比例，很多世界其他国家民众对阿拉伯国家政府所倡导的发展理念并不了解和接受，反而是某些西方媒体所宣扬的“阿拉伯国家宗教极端论”、“阿拉伯国家恐怖主义”等谬论较有影响。加上阿拉伯国家的语言、文化与世界其他国家地区的不同造成的表达和理解的差异，这就容易导致理解与表达的偏差，产生世界其他国家民众对阿拉伯国家国家形象的误读。

二是公共外交的作用有待提升。能源合作是阿拉伯国家对外经贸合作的主要领域，而与世界其他国家地区在文化、社会、医疗、教育等方面的合作很少，公共外交更是成效有限，不利于世界其他国家政府与民众从多个角度感受到阿拉伯国家对外开放以来所获得的成就以及阿拉伯国家政府、人民的援助和人文关怀。相对于政府力量，阿拉伯国家民间组织在世界其他国家的公共外交活动更能够“稀释”官方外交的政治性，也更易被世界其他国家人民所接受。一国公民对他国的善意表达，有时候比为表达政治意愿而进行发展援助的政府更有感染力。然而，阿拉伯国家民间组织发展不充分，民间精英以及 NGO 对公共外交参与不足，阿拉伯国家公共外交的策略不完善、不成熟，公共外交的形式和渠道单一，成效有待提高。

三是阿拉伯国家的部分企业形象不佳。阿拉伯国家在世界其他国家的形象受损，也有一些自身的原因。例如不少世界其他国家学者认为阿拉伯国家只会生产石油、高质量产品质量不尽如人意、部分阿拉伯国家公司员工素质不高、一些阿拉伯国家人不愿主动融入当地社会等。阿拉伯国家的社会性质总体看来还属于经济形态转化的过渡阶段，与市场经济相适应的法制不够健全，执法不严现象比较普遍，一些国家实行的伊斯兰法与世俗法律差异较大，这就出现了一些阿拉伯国家商人利用当地制度漏洞进行偷税漏税等不良现象。阿拉伯国家在世界其他国家的一些投资项目只考虑了经济利益而忽略了对环境的保护，对当地经济的带动能力有限，从而引起人们的反感与抵制。特别是阿拉伯国家某些宗教极端势力的挑衅不仅使世界其他国家民众对阿拉伯国家整体印象不佳，长期以往，不仅不利于阿拉伯国家企业的持续发展，而且会损害阿拉伯国家的形象和长远利益。①

四是一些西方媒体的刻意丑化。世界其他国家的阿拉伯负面形象主要体现在一些西方媒体和学界对阿拉伯国家形象的负面报道上。近年来，多数阿拉伯国家对其他发展中国家经贸合作稳定发展，成为发展中国家间合作与交流的典范，在一定程度上冲击了西方国家在海湾的既得利益和现存的不平等的国际秩序。伴随阿拉伯国家的发展而来的是西方国家对阿拉伯国家的忧虑，阿拉伯国家对外多领域合作，导致了某些大国的不安和心态的失衡。出于自身的国家利益和意识形态等方面的考虑，这些国家企图借助其强大的全球传媒优势来妖魔化阿拉伯国家，损害阿拉伯国家形象和发展环境，压制或延缓阿拉伯国家发展的进程。对阿拉伯国家与世界其他国家的经贸合作予以歪曲解读，利用国际资讯传播的话语权，诋毁阿拉伯国家与世界其他国家开展的能源合作项目。这些言论干扰了阿拉伯国家与世界其他国家经贸合作的顺利进行，让其他国家部分官员和民众对与阿拉伯国家的合作项目产生了忧虑甚至抵触情绪，损害了阿拉伯国家在世界其他国家的形象和利益。可以说，阿拉伯国家在世界其他国家的负面国家形象很大程度上是西方媒体按照自己的标准和意图塑造出来的。

最后，国际传播能力的制约。在全球传播格局和传播秩序中，西方大国仍占据主导地位，掌握世界舆论导向和话语权，在资金、技术、语言上处于优势地位，而阿拉伯国家缺乏像西方大国那样庞大的媒体机构和先进的传播技术，阿拉伯国家对外传播技术落后，传播手段比较单一，影响了国际社会公众对阿拉伯国家的认知与了解，妨碍阿拉伯国家取得正面的国家形象。阿拉伯国家媒体数量虽然众多，但国际传播实力方面只相当于美国的14%，这种弱势的传播地位不利于塑造正面的阿拉伯国家国家形象。②

---

① 王仲凯：“论中国国家形象在非洲的现状与塑造策略”，《法制与社会》，2010年第8期，第164页。

② 孟建：“国家形象的传播力瓶颈”，《国际公关》，2009年第2期，第39—40页。

需要指出的是，西方媒体能够塑造阿拉伯国家在世界其他国家负面形象的原因，除了在世界其他国家地区传媒能力上的较大优势之外，还与世界其他国家民众获取阿拉伯国家讯息的渠道较为狭窄有关。国家的精英阶层主要依靠因特网、旅行、上流社会交流等方式，政界、学界精英也大多接受高等教育，但对阿拉伯国家事务不甚了解；而平民阶层主要依靠电视、收音机、报纸，甚至是道听途说。此外，英、法等西方语言主办的报纸、广播掌握了国际事务舆论的话语权，对民众有着传统而广泛的影响，这也正印证了阿拉伯国家在世界其他国家的宣传力度不够的观点。西方媒体的话语权以及西方媒体报道的倾向性，决定了阿拉伯国家必须重视西方媒体中的阿拉伯国家形象。阿拉伯国家媒体的国际传播力不足已严重影响了阿拉伯国家的国际舆论环境和国家形象塑造。

因此，优化阿拉伯国家在世界其他国家地区的国家形象，极具战略意义。一方面，良好的国家形象有利于阿拉伯国家在世界其他国家地区软实力的拓展，有利于经贸及投资行为的顺利进行，为国际合作行为奠定良好的基础，消弭阿拉伯国家能源出口安全中的部分障碍；另一方面，阿拉伯国家的国家形象优化，有助于在对外经贸合作中提升阿拉伯国家的向心力和凝聚力，加强阿拉伯国家在世界其他国家经贸合作中的话语权和影响力，助益于合作主导权和合作收益的获取。

三、阿拉伯国家形象优化策略的塑构支点

在现代国际关系里，国家形象的正面塑造是提升国际竞争力的重要渠道。塑造优质的国家形象事实上是向国际合作的其他方积极宣示自我意图，以期得到有利于自我的“品牌”判断，促使正向身份认同建立，从观念上改造其他国家对阿拉伯国家的负面印象，最终促成国际合作的开展和合作收益的获取。因此，在世界其他地区塑造良好的国家形象的立足点在于做好阿拉伯国家与世界之间的沟通，不断增进对世界的了解和认识，同时把阿拉伯国家的善意有效传递给世界其他

地区的人民。优化阿拉伯国家的国家形象，其塑构支点包括以下几个方面：

一是定位“友善阿拉伯国家”形象，提升阿拉伯国家的亲和力。国家形象定位是构建国家形象的出发点和归宿。① 由于历史和现实的原因，阿拉伯国家现代化进程步履维艰，这给阿拉伯国家政治精英带来很大压力，扩大对外经贸合作，特别是能源合作，对他们而言显得尤为重要。然而，西方政府对阿拉伯国家的合作往往带有附加政治条件，其中很多是对阿拉伯国家内政赤裸裸的干涉。相比之下，阿拉伯国家历来尊重世界其他国家的独立与主权，支持其探索适合本国国情的发展道路，合作项目从来不附加任何政治条件，以实际行动向他们展示阿拉伯国家的坚定立场，在世界其他国家政治精英层面营造“友善阿拉伯国家、朋友阿拉伯国家”的良好氛围。

二是加强“民生”项目合作，赢得世界民众的好感。畸型的石油经济与相对落后的民用工业，是阿拉伯国家经济的核心特征，民生问题一直是困扰阿拉伯国家社会发展的难题。阿拉伯国家在海湾推进“民生工程”并邀请世界其他国家合作，无疑加强了阿拉伯国家对世界普通民众的吸引力与感召力，减少了以往因交往不足而产生的偏见、隔阂和误解，这是阿拉伯国家在世界塑造良好国家形象整体工作的重要组成部分。阿拉伯国家企业也应改善以往的粗放型经营模式，在高度重视工程项目质量的同时，努力扩展合作的受益面，赢得其他国家民众的尊重。阿拉伯国家与西方国家相协调。共同合作开展部分民生项目，突出阿拉伯国家在海湾“建设者”而非“能源挥霍者”的形象，让世界民众直观感受阿拉伯国家亲和的国家形象，为阿拉伯国家优化对外国家形象，奠定坚实的群众基础。

三是推进对外传播事业的改革和建设，打造具有阿拉伯国家特色的民族传播品牌。现代传播媒体是阿拉伯国家施行国家形象优化策略

① 刘少华：“中国国家形象：问题与思考”，《湖南师范大学社会科学学报》，2010年第4期，第42页。

的重要中介。阿拉伯国家对外传播缺乏吸引力的主要原因之一就是内容缺乏民族特色，传播方式单调老化。因此，要加大对具有阿拉伯国家特色的民族传统和现代文化的挖掘和整理，阿拉伯民族文化不等同于宗教文化，传播博大和多彩的民族文化，打造具有鲜明阿拉伯民族特色且贴近国外受众需求的精品栏目和节目，形成民族传媒品牌，在国际传播格局中占有一席之地。因此，阿拉伯国家必须拓宽在世界的传播渠道，提升传播技术，整合传播资源，创新传播途径，提高传播质量，积极发挥各种可使用媒体的作用，从而塑造良好的阿拉伯国家形象。

最后，大力发展文化外交，建立优质文化形象。良好的文化形象作为文化软实力的核心内容，是塑造和提升国家形象的重要基础。正因如此，世界各国都通过展示自身文化魅力来塑造优质国家形象，通过开展文化外交来提升文化竞争力，配合和推动其政治外交和国际形象塑造。阿拉伯国家政府应采取一系列跨文化交流活动，在世界其他国家塑造富有文化底蕴的“阿拉伯国家形象”，充分体现民族特色，展示阿拉伯文化的独特魅力，最大限度地增强世界民众对阿拉伯国家文化的认同感。让阿拉伯国家文化走进当地主流媒体、走近世界精英是迅捷之道，因为精英阶层常常是一国社会的“意见领袖”，而让阿拉伯国家文化走进世界教育界、走近世界年轻一代则是长久之计。[①]“阿拉伯国家文化中心”的广泛建立便是重要举措。

综上所述，良好的国家形象是一国对外交往的旗帜，是一国走向世界的通行证。一个国家的形象不是本身固有的，而是在与国际体系中的其他行为体的长期互动中形成的。从系统稳定的视角来看，未来的世界政治格局的演变，包括能源合作的进展，没有阿拉伯国家的参与都是不可想象的。对于阿拉伯国家而言，进一步优化其正面国家形象尤具重要意义。然而，制定国家形象优化战略需要恰如其分的运行

① 陈杰：“关于中国文化走向阿拉伯世界的一些思考”，《宁夏社会科学》，2012 年第 3 期，第 85 页。

机制，以使阿拉伯国家国力和国际社会之间的沟通渠道制度化。对于阿拉伯国家而言，这种乐观结局并非是理所当然的前景。阿拉伯国家能否抢抓难得的政治机遇，构筑良性的结构性相互认知，以推动与世界其他国家的共赢式发展，关键取决于阿拉伯国家政府和社会的精英人物能否具备高超的政治智慧和谋略，是否深怀强烈的政治使命感和社会责任心。在相当长一段时期内，如何塑造正面国家形象、成功完成阿拉伯国家在世界其他国家、地区的身份建构，将深刻地影响未来阿拉伯国家对外经贸合作的进展。

第六章

阿拉伯国家气候话语的低碳化链接与开发新能源

在传统能源话语领域，阿拉伯国家是世界上石油资源的最大供给方，拥有毋庸置疑的话语权，但随着能源本身形式的变化，尤其是替代性能源的出现与全球环境问题的突出，能源话语的内涵与权力主体也在发生变革，能源低碳化成为新特征。

第一节　阿拉伯国家发展中的碳依赖

阿拉伯国家的主要工业为采掘工业，即开采石油、煤矿等工业，阿拉伯国国家的公民也大多从事采掘工业，由于传统能源资源丰富，因此从事采掘工作对于民众来说是较为稳定且能有较高收入的工作。并且，传统能源不仅在工业方面得以利用，在人们的生活中也是必不可少的，阿拉伯国家的各方面都与传统能源资源息息相关。阿拉伯国家的贸易出口也以传统能源资源为主，传统能源大多数为不可再生能源，因此阿拉伯国家可以以较高的价格对传统能源进行出口，从而得到很高的收益。

全球变暖对阿拉伯国家有很大的不良影响。在经济方面，世界各国一旦减少对传统能源资源的进口，作为世界传统能源出口量最大的阿拉伯国家的外贸出口量将会大幅下降，导致国际收益减少。传统能源的对外出口一直是阿拉伯国家经济发展的最大动力，一旦传统能源的对外出口减少，阿拉伯国家的经济将会出现明显的滑坡。在政治方面，世界各国对传统资源需求量的减少，阿拉伯国家经济水平的下降会使得阿拉伯国家在国际上的地位下降，对其国家安全也产生一定威胁。在国内，由于农业减产，工业水平降低，有可能引发民众暴乱，威胁社会稳定。

基于众所周知的原因，控制碳排放量成为了全球范围内的共识。以埃及为例，电力供应以火电为主，而明显的是，埃及火力发电主要依靠油和天然气。埃及政府采取了包括下令本国天然气仅供应国内市场而不再考虑出口、将家用天然气价格从 0.1 埃镑/立方米上调到 0.4 埃镑/立方米，实行夏令时制度，平均每日拉闸限电 3—6 小时，局部地区甚至达到了每日 7 小时，[①] 乃至禁止大功率家用空调的生产等手段来缓解危机，但收效甚微。而面对全球变暖的严峻现实，上述解决措施更显得难见成效。

埃及地处沙漠失水区，尼罗河水是埃及经济的命脉。埃及的耕地面积和种植面积随着人口的增长不断扩大，但仍然无法弥补巨大的资源缺口，以致人均耕地面积及种植面积反而逐年减少，且这种趋势暂时没有停止的趋势。因此，开发水源、扩大耕地一向是埃及的既定政策。阿斯旺高坝为埃及提供的尼罗河水份额已不能满足经济进一步发展的需要，而随着全球变暖的日益严峻，中东地区降水量的普遍减少，水资源的紧张程度更是日益加深，危机不断明显。由于尼罗河流程之长，河水资源不只是埃及的命脉，也是流域所经诸多国家的生存之本。

---

① 中国储能网新闻中心：“埃及：电力不足的难题急需太阳能来拯救”，2014 - 07 - 18，http：//www. escn. com. cn/news/show - 154799. html。

尼罗河流经苏丹国境3000多公里，几乎所有重要支流均在苏丹境内，同时苏丹经济一向以农为本，重点是发展灌溉，增加耕地面积，这与埃及类似的农业发展政策导致苏丹的灌溉用水急剧增加，水资源供需矛盾也正如埃及一般渐趋尖锐。又如埃塞俄比亚，作为位于季节性丰水区上游的国家，本身却因为自身气候导致季节性缺水，对尼罗河水的依赖十分突出，但由于灌溉系统并不发达，因此极少能发挥出自身气候条件下作物一年三熟甚至一年四熟的极大优势，因而扩大水资源份额也成为了其必要的选择。尼罗河水资源不仅为多数流域国家所瞩目，甚至还为流域以外的国家所关注，大有为此不惜一战之势，这也为埃及自身对水电的开发造成了巨大阻碍。

随着人口的快速增加和需求的迅速增长，埃及能源市场面临的挑战越来越大。但令不少人感到困惑的是，埃及能源价格却反规律地持续走低。尽管近年来国际市场上石油，天然气等传统能源矿产价格居高不下并且仍然不断上升，但埃及的能源产品价格多年来却始终在低位徘徊，汽油、柴油等燃料价格为中国国内的一半以下，居民用电价格甚至可以达到北京阶梯电价最低一档的1/8。① 埃及低廉的能源价格使广大民众在不同程度上受益，在近年来不断动荡的国内政治局势下，能源低价对降低生产生活成本，保障社会稳定也起到了相当大作用，但是能源价格过低也在一定程度上催动了能源需求的过快增长甚至对资源的不断浪费。近年来，埃及汽油消耗量以每年超过10%的速度不断上升，柴油消耗量也以6%的速度增长。② 为此，作为中东国家的埃及政府甚至不得不成为石油进口国以满足国内需要，仅以2014年为例，埃及今年夏天需要额外进口10亿美元石油产品。③

---

① 新华网："埃及能源市场的困难与困惑"，2014－08－26，http：//news. xinhuanet. com/fortune/2012－08/26/c_ 112849752. htm。

② 新华网："埃及能源补贴政策弊多利少"，2012－03－21，http：//news. xinhuanet. com/world/2012－03/21/c_ 111686060. htm。

③ 石油壹号网："埃及今年夏天需要额外进口10亿美元石油产品"，2014－08－20，http：//www. dqt. com. cn/news/international/150708. html。

基于如此严峻的形势，埃及维持低廉能源消费价格的唯一一项扬汤止沸的举措便是由政府对能源实施巨额补贴。近年来，埃及历任政府每年用于能源方面的补贴大约1000亿埃镑，折合超过160亿美元。[①]这一项庞大的开支成为了本就捉襟见肘的政府财政的重要负担，能源消费过多也是导致埃及财政赤字近年来始终居高不下的主要原因之一。

就工业，特别是重工业生产而言，巨额能源补贴维持的低廉成本造就了不少垄断企业。埃及政府近年来千亿埃镑的能源补贴之中超过1/5投向了工业，钢铁、水泥、化肥、电力等重工业领域，这必然使得行业内的垄断企业利润大增，部分企业的利润率甚至能达七成以上，这对埃及能源市场与工业领域的竞争造成严重的不利影响。对广大民众来说，埃及政府的巨额能源补贴政策也的确有失公允。调查数据显示，能源补贴总额的1/3倾向于消耗能源更多的富人家庭与居住在政治经济中心的居民群体，而偏远地区的居民在忍受着每天漫长的限电时光的同时，所享受到的能源补贴却仅占4%。[②]

在能源供需矛盾日显突出的当前，埃及政府虽然多次表示要削减，甚至取消能源补贴，但由于涉及面广、难度大，与既得利益集团的冲突明显，因而至今仍未见行动。据报道，为了缓解电力供需矛盾，埃及政府在实行每日拉闸限电政策的同时，甚至进一步提出了包括要求商店晚上9点闭店、餐馆晚上11点之前打烊等无异于宵禁的节电措施。[③] 虽然这一剜肉补疮般疲于应付局势的设想尚未出台就遭到了广泛反对，但由此一例也可以体现出埃及政府在处理能源问题中面临的巨大困境。

---

① 中国行业研究网，“埃及能源价格过低导致能源需求过快增长乃至浪费”，2012－09－11，http：//www.chinairn.com/news/20120911/674190.html。

② 新华网：“埃及能源补贴政策弊多利少”，2012－03－21，http：//news.xinhuanet.com/world/2012－03/21/c_111686060.htm。

③ 中国储能网新闻中心：“埃及：电力不足的难题急需太阳能来拯救”，2014－07－18，http：//www.escn.com.cn/news/show－154799.html。

第二节 阿拉伯国家如何规避“碳陷阱”

如前所述，“2℃警戒线”是全球变暖的幅度不能超过工业革命前全球平均气温2℃，否则人类将难以承受。“1990基准年”是即当前各国温室气体减排成效如何，都应以1990年该国的温室气体排放量为基本参照点。“2020峰值年/转折年”是全球温室气体排放总量将在2020年达到峰值，此后就应该调头向下。“碳关税”是指对高耗能的产品进口征收特别的二氧化碳排放关税，其主要征税对象是进口产品中碳排放密集型产品，如铝、钢铁、水泥、玻璃制品等。“温室气体排放交易机制”是对二氧化碳排放权进行交易的市场机制。“低碳经济”是达到经济发展与生态保护双赢的发展形态。如今，这些西方发达国家所提倡的气候话语已成为全球科学界、新闻界、学术界乃至国际气候谈判中的主流话语。

西方发达国家是应对气候变化的风向标，对阿拉伯国家具有参考价值。尽管国情不同，但西方发达国家明确的战略目标、灵活的议题设置、不断完善的标准体系以及多样的宣传机制等值得阿拉伯国家参考学习。阿拉伯国家应改进谈判方式，研究他国政府与公众接受信息的心理习惯、思维方式以及选择偏好，注意语言使用策略，增强其宣传模式的感染力。

一、增强国际气候话语权与阿拉伯国家发展的可持续动力

（一）增强国际气候话语权

话语权的建构需要从话语主体经过传播链条对话语客体产生影响，取得效果之后才能生成话语权，而其中的四个环节——“谁来说”、“说什么”、“怎么说”和“怎么传”对话语权效果的生成至关重要。“谁来说”是倡议者背后的权力支撑，这涉及倡议者的能力与意愿；“说什么”是议题选择的问题；“怎么说”是议题设置的问题；“怎么

传”是宣传推广的问题；议题选择是对话题的确定，议题设置是对话题的加工，倡议者将自身的认知规律和价值取向融入到话语的语篇、语句结构之中，进而通过多样的宣传路径加以推广，其话语权得以建构。

话语权是指说话权、发言权，即就某一问题发表看法的资格与权利，往往同人们争取经济、政治、文化、社会等领域的话语权益表达密切相关。国际气候话语权就是国际行为体立足于自身利益，对气候治理领域的相关国际标准、规范、模式、程序等方面的制定权、解释权或主导权。具体来说，在国际气候议题领域，话语权的发展历程大致分为三个阶段：一是 1990—2000 年，欧盟和美国共同推动《联合国气候变化框架公约》与《京都议定书》；二是 2001—2007 年，美国 2001 年宣布放弃实施《京都议定书》之后，欧盟成为全球气候议题的主导者，其低碳技术领先全球；三是 2008 年至今，随着美国重回国际气候舞台，新兴市场国家的崛起，气候话语权的发展形势逐渐复杂化。在 2011 年的德班气候变化大会上，“德班路线图”再次体现了国际气候谈判话语权争夺的境况。

由于冷战后国际范围的一些机制和规范逐渐成为新的权威中心，建立对己有利的国际规则和制度则成为权力的重要来源，因此规范性权力是阿拉伯国家作为国际行为体在国际体系中获取权力的主要方式。阿拉伯国家提升自己的软实力和规范性力量，同时，谋求提升国际地位的内在要求也是一种自我加压，反过来又推动了阿拉伯国家内部的环境技术和行业标准的进一步提高，两者之间已形成了良性互动。

阿拉伯部分国家从积极应对气候变化，逐步发展到由气候推动其科技、经贸、政治等全球战略调整，同时气候政策也从共同市场的衍生品向较完备的独立体系过渡。一是气候议题范畴的扩大和深化，从最初狭义的环保内容，如控制空气污染、保护饮用水、处理危险化学品等，逐步扩展为囊括了气候、能源、自然资源、野生动植物保护、生产及消费过程中的一切与气候相关的问题；在应对全球气候变暖的同时，也推动了国家的技术创新和经济增长。二是气候议题指向目标的演进，从仅仅作为末端治理演变为日趋完善的气候话语规范，在此过程中国家治理气候的主动性不断增强，并将气候议题推广到经济、政治等领域，影响着外交和贸易。三是气候议题中的概念创新，倡导出新气候概念。

阿拉伯国家在国际谈判中应该更加主动，对美、日等发达国家积极争取，通过清洁发展机制和全球环境基金机制联合发展中国家，并通过加强双边贸易合作等作为交换条件联合中国、俄罗斯、印度、巴西等新兴发展中大国。具体来说，一是制定详实的形象推广计划，包括推广区域、时间、推广方、参与方、推广预期成效等；二是建立一系列与全球治理制度相对接的内部机构，将阿拉伯国家概念与标准规范向世界传播；三是建章立制，并利用传统媒体与新媒体引领国际舆论；四是利用网络开拓宣传路径，宣传新理念。

（二）阿拉伯国家发展的可持续动力

阿拉伯国家的发展给国际政治经济格局带来深远影响，原有大国与阿拉伯国家间的博弈似乎预示着权力转移的开始。然而，通过对阿拉伯国家的经济发展模式进行仔细剖析后发现，这些国家均面临着增长方式落后和赶超发展缺乏后劲的问题。这不仅影响阿拉伯国家竞争力的提高，还制约着其赶超进程的进展。因此，及时有效地提升赶超动力的可持续性，是阿拉伯国家能否安全渡过崛起陷阱的关键。阿拉伯国家发展之路如何延伸？本书尝试从赶超发展的规律性入手，以期解答阿拉伯国家赶超动力的可持续问题。

随着对外贸易规模的扩大和国际国内经济形势的变化，比较优势战略在阿拉伯国家呈现出不适性，阿拉伯国家面临“比较优势陷阱”的危险。及时有效地转变增长方式，是阿拉伯国家赶超发展中亟待解决的战略任务。按照历史上大国发展的轨迹来看，每种国际经济体系框架内，都会出现经济高速发展的经济体，而成为世界体系中经济、政治、文化皆为一流的核心国家，是这些经济体的发展目标。从某种意义上说，阿拉伯国家的未来发展道路选择，往往取决于是否能成功转变为核心国家。

从国际经济史的视角来看，发展中国家的发展战略主要包括以下三种方式：

一是“赶超战略”。“赶超战略”是指发展中国家采取扭曲产品和要素价格的办法和以计划制度替代市场机制的制度安排，提高国家动员资源的能力，突破资金稀缺的比较劣势对资金密集型产业发展的制约，进而使产业结构达到先行发达国家水平的发展战略。① 这种发展战略的实质是重工业优先增长和进口替代战略的融合，反映了发展中国家实现快速现代化的跨越式发展构想。选择赶超战略的主要有两类国家：（1）苏联和“大跃进”时期的中国；（2）以印度、阿根廷为代表的亚洲和中南美洲发展中国家。目前赶超战略只在日本和“亚洲四小龙”获得了成功，其他实行赶超战略的国家则陷入诸如城乡贫困化、高通货膨胀和经济结构失衡的困境中。这是由于赶超战略使发展中国家过分重视建立现代工业体系，而没有与传统产业结合起来，导致产业结构失衡，片面强调产业升级带来了揠苗助长的负作用，新兴产业缺乏自主生长的能力，最终产生经济结构严重扭曲、经济效率低下、财政状况恶化等后果。

二是“脱钩战略”。“脱钩战略”是指与现行国际政治经济秩序脱钩的发展模式。在全球金融危机的背景下，“脱钩战略”一度被认为是最适合发展中国家利益的战略。其理论依据在于：发展中国家由于具有强劲的国内市场以及审慎的宏观经济政策，其经济已发展到了不再需要依靠美国来实现增长的程度。与美国主导的国际经济体系脱钩，可以使这些经济体免受美国经济严重下滑甚至是全面经济衰退的拖累。“脱钩战略”可以换来自主与尊严，但其可行性最低。这是因为当前发展中国家大多采取出口导向工业化政策，经济规模以及财富集聚，都

---

① 程洪、谢辉：“对赶超战略的反——世界现代化进程透视”，《江汉大学学报》，2005 年第 4 期，第 56 页。

受惠于当前国际经济体系，经济发展对外依存度普遍较高。例如中国2011年进出口总额为3.642万亿美元，GDP总额为4.71564万亿美元，对外依存度为76.3%。[①] 2010年俄罗斯、印度、巴西的贸易依存度分别为41.7%、45.8%与19%。[②] 由于充分利用全球化红利是发展中国家赶超发展的重要动力，因此采取与国际经济体系相“脱钩”的战略，不仅会引起既有大国的联合施压，更有可能引起国内产业格局的动荡，甚至滑落到边缘国家的行列。

三是“比较优势战略”。“比较优势战略”是指落后国家采用与本国当前要素禀赋相适应的产业结构，而不加以人为的扭曲，从发达国家引进技术，维持高的资本积累率，达到要素结构的快速升级并实现现代化的战略。[③] 阿拉伯国家、“亚洲四小龙”和中国的崛起就是实施“比较优势战略”的结果。应该说，“比较优势战略”突出了“市场”的作用，在各国经济禀赋的基础上较为成功地解释了国际产业贸易格局现状，较好地解释了发展中国家经济成功的原因，在相当长时期内构成了国际分工与贸易理论的主流。

发展中国家在开展对外贸易中也主要采取比较优势战略。近10多年的快速增长主要建立在廉价资源禀赋的大量投入上。例如阿拉伯国家主要依靠出口石油，中国主要依托廉价资源和廉价劳动力的投入，印度同样依赖人力资源优先发展服务外包产业，巴西则利用国际市场行情上涨扩大矿产资源出口。在这一战略指导下，各国的经济发展取得了巨大成绩。然而，由于发展中国家偏重依托资源禀赋发挥而轻视

---

① 中华人民共和国海关总署：http：//www.customs.gov.cn/publish/portal0/tab46391/info348665.htm。（上网时间：2012年2月26日）

② 对外贸易依存度为当年进出口总额与国民生产总值之比。2010年俄罗斯GDP总额为1.5万亿美元，进出口总额0.6254万亿美元；印度GDP总额为1万亿美元，进出口总额为0.4582万亿美元；巴西2010年GDP为2.02万亿美元，进出口总额为0.3835万亿美元。中华人民共和国外交部：http：//www.fmprc.gov.cn/chn/pds/gjhdq/gj/yz/1206_42/。（上网时间：2012年2月26日）

③ 林毅夫：“发展战略、自生能力和经济收敛”，《经济学》，2002年第2期，第277页。

科技创新作用，使其高新技术产品出口额占产品出口额的比例远低于世界发达国家水平，科技进步对新兴大国经济增长的贡献率普遍较低。[①] 随着对外贸易规模的扩大和国际国内经济形势的变化，比较优势战略在发展中国家呈现出不适性，预示出发展中国家可能面临“比较优势陷阱”的危险。

“比较优势陷阱”是指发展中国家（尤其是阿拉伯国家）完全按照比较优势生产并出口初级产品和劳动密集型产品，最终造成在与以技术和资本密集型产品出口为主的发达国家的国际贸易中处于不利地位。[②]“比较优势陷阱”的表现形式有两类，即初级产品比较优势陷阱与制成品比较优势陷阱。

初级产品比较优势陷阱是指发展中国家运用劳动力资源和自然资源优势参与国际分工，从而只能获得相对较低的附加值。“资源诅咒”是初级产品比较优势陷阱的理论依据，这一理论阐释了初级产业与高新技术产业在资源分配方面存在的矛盾，导致阿拉伯国家等资源丰富的国家，反而出现产业低级化、贸易结构单一化等问题，从而使发展中国家在产业链的低端位置进一步固化。由于初级产品的需求弹性小，且受国际市场价格影响较大，常常导致发展中国家的贫困化增长。

制成品比较优势陷阱是指，发展中国家以制成品来替代初级产品的出口，利用技术进步推动产业升级。这是一种改良型发展战略，主要通过大量引进、模仿国外先进技术或接受技术外溢和改进型技术等来改善在国际分工中的地位，提升出口产品的附加值。但是这种战略引进的往往是被发达国家淘汰的技术，造成发展中国家自主创新能力低下，在国际竞争中缺乏后劲和科技优势。

---

① 外国投资公司生产了中国 85% 的高新技术出口产品。中国高新技术出口产品的 82% 为加工高新技术类产品，仍属于劳动密集型产品。Xing yuqing：“China's High-tech Exports：Myth and Reality”，*EAI Background Brief No.* 506，25 February 2010，p. 2。

② 陈昊：“中国对外贸易是否面临比较优势陷阱风险：理论分析与经验证据”，《南京财经大学学报》，2010 年第 4 期，第 19 页。

如今，发展中国家都面临着不同程度的“比较优势陷阱”。可以说，维持发展中国家高速发展的动力的是资源与人口等方面的比较优势，而这种比较优势的收益边际随着对外贸易的脆弱性与国内生态环境的恶化而提前到来。由于发展中国家的赶超是一种速度效应型的经济运行方式，较高的增长速度依靠的是大量投放廉价禀赋要素。可问题在于，没有哪个大国的发展是依靠粗放型增长来实现的，特别是这种低端增长方式还受到国际经济行情的极大影响。全球金融危机造成国际贸易环境日益恶化，发展中国家的支柱产业又缺乏竞争优势，而实施比较优势战略推动高速增长日益难以为继。[①] 因此，发展中国家需要寻找新的动力源以支撑其持续赶超的进程。

规避“比较优势陷阱”，就要改变传统的经济增长方式，避免贫困型增长。发展中国家在国际金融危机中展现出来的体制优势与发展潜力，在美化国际经济愿景的同时，也带来这样一个问题：发展中国家的发展是否具有可持续动力？显然，在国际自然资源价格下滑、各国贸易壁垒森严的情形下，单纯凭借发展中国家的劳动力与自然资源优势无法形成长期竞争力。发展中国家不能简单沿用以“亚洲四小龙”为代表的工业化经验，而应当选择一种利用比较优势来培育竞争优势的多元发展战略——“创新型增长”战略。

“创新型增长”战略是一种通过整合发展中国家的各种有利优势来建立战略性创新型产业体系的综合发展战略。该战略的目的在于寻找内生性的发展动力，及时实现发展中国家产业转型，增强新兴大国的综合竞争优势。这也就是阿拉伯国家开发新能源的由来。

“创新型增长”战略的实施基础主要源于发展中国家的“多元化”特征，即功能分区多元化、科技发展多元化与产业布局多元化。功能分区多元化是指经济功能区划差异较大，各地的自然资源、人力资源、技术条件及社会经济条件都不一样，经济发展水平呈梯度分布状态，

① 徐元康：“比较优势战略在我国经济发展中的不适应性研究”，《改革》，2003 年第 5 期，第 98 页。

形成明显的多元经济结构。科技发展多元化是指发展中国家经济发达地区的产业主要由处于创新阶段或兴盛阶段的部门组成，而欠发达地区的产业主要由处于衰退阶段的部门组成，即使在同一区域内也存在技术上的“多元结构”。[①] 产业布局多元化是指发展中国家都处于产业结构转型时期，经济发展水平也不均衡，这就形成了产业布局的多元并存结构。

“创新型增长”战略的理论背景是“后发优势”理论。后发优势理论认为，发展中国家从国际市场上引进的技术，虽然较为陈旧，但可以通过借鉴发达国家技术发展的先进性经验，避免重走发达国家发展的弯路，较快地掌握较先进的技术，并降低了独立进行技术创新的成本。

发展中国家经济增长快而不稳的原因正是如此。虽然发展中国家早已意识到高新技术产业的发展是国家经济发展的持久动力，但是对于着眼于利益最大化的企业来说，则更重视发展短期获利的产业。这就造成了需要大量资金与人力支撑的技术创新产业缺乏良性成长环境，发展中国家的国际贸易实践仍以生产传统比较优势的低附加值产品为主。企业的短视与政府引导乏力，使发展中国家忽视了自身的“后发优势”，“比较优势陷阱”就形成了。

因此，“创新型增长”战略立足于发展中国家的经济现状，清醒地认识到速度效益型经济发展模式背后的安全风险，采取渐进式转变增长方式，既维持经济平稳较快发展，又逐步提升高科技竞争力，较为有效地增强了发展中国家的经济韧性。在传统产业市场低迷的情形下，还能够利用高科技产业带动经济发展，形成以资源禀赋与高科技两大赶超动力，最终实现经济位次的顺利升移。

“创新型增长”战略的运作机理为：发展中国家在进口国外高科技产品、出口具有比较优势的产品的同时，大力扶持本国高科技型潜在

① 欧阳峣、易先忠等：“大国综合优势：中国经济竞争力的一种新诠释”，《经济理论与经济管理》，2009 年第 11 期，第 27 页。

比较优势产业的发展，最终实现经济增长模式从资源禀赋消耗型向高科技自养型的转变。这种具有潜在比较优势的高科技自养型产业，在其成长期内应受到发展中国家的严格保护，在国际科技扩散与内化发展的双重作用下，将潜在优势转变为现实优势。一旦在高科技领域国际竞争中拥有比较优势产业及产品，发展中国家的相关企业就会增加规模经济和产业集中度，形成科技创新产业链，最大限度地联接国内多元化产业结构，实现由高科技创新引领下的可持续发展模式。

“创新型增长”战略的内在动力主要来自三个方面：

一是高速增长。虽然优化产业结构是发展中国家转变经济发展模式的重要保证，但一国的禀赋条件和资源配置方式，是决定经济增长快慢与持久的前提条件。尽管发展中国家发挥传统比较优势所取得的经济成就，存在着高投入、低产出的弱点，但这是目前发展中国家赶超发展的主动力，也符合它们的基本国情。因此不能单纯追求经济增长方式的“高级化”，而将粗放型和集约型经济增长方式截然分开。经济增长是粗放型还是集约型，关键要看科技进步在其中贡献率的大小。[①] 在科技进步对经济增长的贡献率较低的情况下，依靠传统优势产业来维持较高的经济增长速度，才能保证整体经济规模不缩小，发展方向不动摇。

二是科技创新。一国经济的短期快速增长可以通过追加要素投放来实现，但其高效和长期增长则更多地依赖于创新能力的稳定提升，而后者离不开技术进步。毋庸置疑，粗放型经济发展模式终归会面临资源瓶颈，而经济增长质量是国际竞争的核心要素，这就需要增强发展中国家经济成就中的科技含量。历史上的大国发展，都是沿着科技领先—装备领先—经济领先—政治优势的轨迹。当前发展中国家面临着国际经济环境不确定的影响，创新发展和经济结构调整难度较大，传统竞争优势逐渐弱化，向内生主导型增长机制转变进展缓慢等问题。

---

① 田春生：《经济增长方式的国际比较》，北京：中国财政经济出版社，2001 年版，第 33 页。

仅靠资源+资本+人力的大量投入，无法获取持久的动力支撑。为了追赶发达国家，实现可持续发展的目标，发展中国家必须推动经济增长的转型，实现经济发展方式由数量型到质量型、由粗放型到集约型的转变。其中最关键的问题，就是要把科技进步和创新作为加快转变经济发展方式的重要支撑，努力增强自主创新能力。可见，坚持走自主创新的道路，这是发展中国家的必然选择。因此发展中国家应该加大对高新技术产业发展，尤其是在其对外贸易竞争力培养方面的支持力度。鼓励高新技术企业进入国际市场，学习发达国家先进科学技术，这样才能尽快消除“比较优势陷阱”对发展中国家的不利影响。

三是制度创新。经济增长方式的转变离不开相应的制度创新，特别是内生主导型增长机制的构建。摆脱对外部市场特别是发达市场的依附性和依赖性，形成内需主导的增长源泉，这是发展中国家面临的长期任务。发展中国家转变增长方式不仅涉及面广，还面临着价格、资金、技术、人才等瓶颈以及各种利益博弈等，这都需要推动制度创新来实现规制保障。高新科技产业管理体制和运行机制是生产关系和上层建筑在特定区域和产业的具体体现，通过体制机制的改革与创新，建立适应国际市场经济要求的管理体制和运行机制，是发展中国家实现跨越式发展目标的基本保障。由此可见，在“创新型增长”战略中，科技创新是核心，制度创新是保证，高速增长是支撑，三者有机结合，缺一不可。

在全球化的今天，一国的竞争优势已不再体现在某个特定产业或某项特定产品上，而是体现在国际分工链条中所占据的环节或工序上。对于急于提升产业结构的发展中国家来说，当前明智的选择应该是发挥自身的优势，使某几个产业在国际上具有核心竞争力。在高成本投放的科技领域，则应集中力量发展最具潜在比较优势的产业，然后逐步扩展到相关领域。因此，在发展中国家传统比较优势不断弱化、科技创新基础依然薄弱的现实下，“创新型增长”战略增强的是新兴大国的选择性竞争力。

国家的经济增长潜力取决于三个方面的条件：一是制度保证，核心是创新机制建设。二是产业结构，核心是将生产要素从附加值较低的产业重新配置到附加值较高的产业。三是技术创新。[①] 因此，阿拉伯国家应从产业竞争力、技术影响力和国际合作影响力入手，采取积极有效的措施实施“创新型增长”战略。

第一，积极培育和发展战略性高科技产业。

阿拉伯国家具有的规模优势使之一旦掌握核心技术，就能运用于生产，形成产业竞争力。世界性金融危机发生以后，主要发达国家为了维护其在先进技术领域的垄断地位，普遍采取高科技出口管制政策，极大地限制了阿拉伯国家获取国外先进科技的渠道。为了避免长期处于国际价值链的低端、改善技术劣势地位，阿拉伯国家应该加大研发投入，完善科技转化机制，通过高新技术创新促进产业创新。[②] 通过发展新技术和培育新产业，加大对科技创新的资金投入，来抢占新一轮经济增长的战略制高点。由于战略性高科技产业具有附加值高、市场前景广阔的特点，理应成为阿拉伯国家产业结构升级的首选。

第二，完善自主创新机制，提升科技对经济增长的加速作用。

国家为了培育持续的创新能力，关键在于健全有效的创新机制，从而保证国家创新体系的高效执行。随着经济发展从起飞阶段逐渐进入成熟阶段，经济发展模式要求从要素投资转向创新驱动。[③] 阿拉伯国家可从三种途径构建自主创新机制。一是完善产研学一体化机制。需要增加研发投入、改革创新体制机制、保护创新行为与知识产权、营造公平竞争的良好环境。二是完善科技成果转化机制。发挥市场配置资源的调控作用，促进自主技术创新和推广运用的激励机制，淘汰落

---

① 王赟、王高义：“国际赶超战略的镜鉴与思考”，《求索》，2009 年第 5 期，第 39 页。

② 王伟：“大国产业影响力与中国产业发展的外部压力分析”，《经济纵横》，2011 年第 3 期，第 55 页。

③ 林跃勤：“新兴经济体经济增长方式评价——基于金砖国家的分析”，《经济社会体制比较》，2011 年第 5 期，第 132 页。

后技术和低效产能企业，加大整合资源、金融、技术、产品等市场。三是加快规制创新。从政府层面重视技术创新计划和政策的制定，发挥政府推动技术进步的主导作用，综合运用法律、行政、经济和技术手段引导企业加大技术改造力度，为自主创新提供优良的长效机制。[①]

第三，实现核心技术创新突破，掌握核心科技。

目前，发展中国家的核心技术数量较少，对提升产业结构的作用力有限。在核心技术创新方面，面临内忧外患的处境。由于发达国家的“技术封锁”，阿拉伯国家从国际市场引进的绝非关键核心技术。此外，与强化基础研发，核心科技研发的发展模式相比，简单的模仿见效更快，对很多阿拉伯国家企业来说更有诱惑力，这也是阿拉伯国家核心技术难以得到突破性进展的症结所在。因此，自主研发才是阿拉伯国家掌握关核心科技和前沿技术的有效途径。发达国家淘汰的技术无法支撑阿拉伯国家的经济发展，因此需要转变科技发展战略，把重点转向掌握关键核心技术。阿拉伯国家应根据自身优势，选择国民经济和社会发展的重点领域，组织重大项目的攻关，争取获得一批具有世界先进水平的核心技术。利用技术研发、扩散和产业化使国内企业分享技术成果，最终形成一个有远大市场前景的巨大产业群。

第四，构建阿拉伯国家之间的科技合作平台。

阿拉伯国家之间在科技领域有互补优势，加强彼此的科技合作与交流，有助于突破发达国家的技术壁垒，获取短期技术资源。首先，阿拉伯国家应增强政治互信，拓展信息沟通渠道。其次，阿拉伯国家加快构建科技人才合作交流机制，加强阿拉伯国家之间科技人才的交流、互派合作，鼓励科研单位以多种形式开展对共同关心的科技问题进行合作研究。再次，阿拉伯国家构建科技合作服务体系。阿拉伯国家开展科技合作交流，应加快建立畅通的信息服务网络、完善国际科

---

① 欧阳峣：“新兴大国的自主创新道路——以金砖四国为例的研究”，《大国经济研究》，2011 年第 3 辑，第 123 页。

技合作人员培训机制、形成国际科技资源共享平台等机制。[①]

世界经济发展史证明，按照内外环境变化而适度调整发展战略和路径是任何国家保持竞争优势的基本条件。随着“比较优势退位”现象日益显现，[②] 比较优势战略已不能适应阿拉伯国家经济发展的新情况，为了避免掉入“比较优势陷阱”，阿拉伯国家必须调整现行经济发展战略，从比较优势战略转为“创新型增长”战略。

二、国际海事组织与阿拉伯国家规避“碳陷阱”

国际海事组织（IMO）是联合国系统中负责航运安保、防治海洋污染的专门机构，其宗旨之一就是在有关防止和控制船舶造成海洋污染问题上鼓励并促进普遍采用可行的最高标准，并有权制定相关的法律，[③] 因此具有较高的国际公信力。国际海运减排的相关规制主要由国际海事组织负责制定。《京都议定书》是最早提及与气候变化有关的海运温室气体排放问题的国际条约，并就制定海运减排规则问题对 IMO 进行了授权。《京都议定书》第 2. 2 条规定：“《联合国气候变化框架公约》（UNFCCC）附件 I 国家应通过 IMO 力求限制或减少海运燃油消耗产生的温室气体排放。”[④] 这就为 IMO 这一国际海运专业组织开展海运温室气体减排工作提供了法理依据。因此从 1998 年起，IMO 开始关注国际海运减排问题。随后几届 IMO 下属的海洋环境保护委员会（Marine Environment Protection Committee，简称 MEPC）始终围绕国际海运

① 欧阳峣、罗会华：“金砖国家科技合作模式及平台构建研究”，《中国软科学》2011 年第 8 期，第 110 页。

② 【美】迈克尔·波特著，李民轩、邱如美译：《国家竞争优势》，北京：中信出版社 2007 年版，第 18 页。

③ “Introduction to IMO”，http：//www. imo. org/About/Pages/Default. aspx.

④ United Nations，*Kyoto Protocol to the United Nations Framework Convention on Climate Change*，1998，p. 2.

减排技术和方法展开讨论。[①] 由于《国际防止船舶造成污染公约》侧重防止船舶造成海洋环境污染，未涉及大气污染及气候变化问题，因此在《里约环境与发展宣言》（Rio Declaration）通过后，IMO 开始着手对《国际防止船舶造成污染公约》（The International Convention for the Prevention of Pollution From Ships，MARPOL）进行修订，增加了标题为“防止船舶造成大气污染规则”的附则 VI，并于 2005 年生效，从而把 IMO 在环保方面的工作扩展到了大气领域。[②]

自 2008 年海洋环保委员会第 57 次会议批准了温室气体排放工作组编写的控制二氧化碳排放的短期及长期措施计划，原则上确定了 IMO 未来船舶温室气体减排的法规框架，如对于新造船舶，要推行强制性的新船二氧化碳设计指数；对于现有船舶，在《船舶 CO_2 排放指数自愿试用临时导则》下先试用收集数据，进而强制性应用于所有船舶，并根据试用数据制订全球效率基线；对所有船舶征收全球船用燃油税或推行排放交易机制和/或清洁发展机制。[③] 2009 年海洋环保委员会第 59 届会议通过了包括《能源效率的设计指标》（The Energy Efficiency Design Index，EEDI）、《能效营运指数》、《船舶能源效率管理计划》（Ship Energy Efficiency Management Plan，SEEMP）等五份技术、营运方面的重要文件，以提升船舶能效的方式推动绿色航运的进展，并制定了利用市场机制进行减排的工作计划。2010 年海洋环保委员会第 60 届会议上关于《国际航运业全球排放贸易框架的应用领域》的提案，提出以“碳交易”（Emission Trading Scheme，ETS）的方式推动国际船舶

---

① IMO，“Review of Regulations to Prevent Air Pollution from Ships”，http：//www. imo. org/blast/mainframe. asp？ topic_ id = 1484.

② Resolution MEPC. 203 （62），“Amendments to the Annex of the Protocol of 1997 to Amend the International Convention for the Prevention of Pollution From Ships，1973，As Modified by the Protocol of 1978 Relating Thereto”，15 July 2011，p. 3.

③ IMO，Marine Environment Protection Committee （MEPC），57th Session，31 March - 4 April 2008，http：//www. imo. org/blast/mainframe. asp？ topic_ id = 109&doc_ id = 8870.

减排进程。[①] 而2011年海洋环保委员会第62届会议上，《国际防止船舶造成污染公约》附则VI缔约国一致通过了国际航行船舶温室气体（GHGs）减排措施，标志着世界首部行业性的具有强制实施效力的全球温室气体减排规定就此诞生。这是IMO首次通过适用于所有国家船舶的强制性能效标准。2012年10月海洋环保委员会第64届会议详细研究了基于市场机制的国际航运减排措施对发展中国家产生的诸种影响，并依据《国际防止船舶造成污染公约》附则VI修正案第四章第23条"对需要技术援助的发展中国家提供直接帮助"的规定，要求相关缔约国对发展中国家成员国进行技术援助与技术转让。[②] 如今，IMO已经针对海运减排问题构筑了技术、营运、市场机制三条路径，其中技术与营运措施已经完成制度设计，并取得了重大突破，而在市场机制方面的讨论也将取得突破性进展。

需要指出的是，作为一个多边协商平台，IMO通过的只针对船舶而不问船舶所属国的强制能效标准，表面看似高效，实质却有失公允，特别是其为发展中国家设定了强制性的量化技术指标，违背了"共同但有区别责任"的原则，而造成这一现象的重要原因是"方便旗船"现象的存在。方便旗船是指在船舶登记开放或者宽松的国家进行登记，从而取得该国国籍，并悬挂该国国旗的船舶。简言之，方便旗船是指悬挂非船主国家国旗的船只，而选择挂方便旗的船舶，普遍船龄较大，能效低，减排难度较大。

"方便旗"现象导致船舶的实际控制国与登记国不一致，这使得"共同但有区别责任"原则的适用存在很大技术困难。依据联合国贸易和发展会议（UNCTAD）的统计资料，世界上有56.1%的船舶都在全

① IMO, *Practical Aspects of a Global Emissions Trading Scheme for International Shipping*, MEPC 60/INF. 8, 18 December 2009, p. 1.

② IMO, *Implementation of Energy-efficiency, Ballast Water Management and Ship-recycling Rules on Busy Agenda for IMO Marine Environment Protection Committee*, September 27, 2012, http://www.imo.org/mediacentre/pressbriefings/pages/39-mepc-preview.aspx.

球开放登记国（巴拿马、利比里亚、马绍尔群岛、安提瓜与巴布达、巴哈马、百慕大、塞浦路斯、马恩岛、马耳他、圣文森特与格林纳丁斯，它们皆为发展中国家和地区）登记。目前，最大的方便旗获取途径是巴拿马（占世界船队的21.9%），其次是利比里亚（占世界船队的11.9%）和马绍尔群岛（占世界船队的7.1%）。拥有方便旗船的船东主要来自发达国家或地区，截至2011年初世界商船队吨位达到13.96亿载重吨，排名前35位的船主国控制着其中的95.57%，66%由发达国家船主控制。全世界总吨位中有68.3%悬挂外国国旗，其中发达国家悬挂外国国旗的百分率高于发展中国家，约占悬挂外国旗船舶的74%。[①] 低廉的注册费、低税甚至免税以及可随意雇佣廉价劳动力是船主选择悬挂他国国旗的动机因素，工资水平较高的欧美国家公司对此特别感兴趣。可以说，发达国家比发展中国家更愿意发展方便旗船。这就是说，尽管大多数船舶被发达国家所控制，但名义上却属于发展中国家和地区。如果仅要求发达国家的船舶承担减排义务，则发达国家本国船籍的船舶只占全球船舶的一小部分，因而减排压力较小，并可以通过方便旗制度逃避减排义务。虽然有些国家建议参照“国际独立油轮船东协会”（International Association of Independent Tanker Owners）等一些专业组织的做法，以实际控制人为标准确定船舶的国别属性，从而建立起区别对待不同船舶的减排制度，但却因美欧等发达国家的强烈反对而难以达成共识。

气候谈判的实质是各国抢占低碳经济控制权的一场博弈，涉及到世界各国的切身利益。从历次气候会议博弈的结果进行观察，不难看出各方基于不同的利益诉求，已初步构成国际海运减排博弈的攻守格局。由于《京都议定书》具有法律约束力，为近40个发达国家及欧盟设立了强制减排目标，而发展中国家不承担义务，这就使一些发达国家为了逃避出资义务、向发展中国家推卸减排责任，而采用碳交易市

---

① UNCTAD, *Preview of Maritime Transport* 2011, UNCTAD/RMT/2011, pp. 43 – 44, 45, 46, 49.

场、收取碳税等手段从国际航空、海运领域筹措资金，并利用在国际组织中的优势地位，单方面推行减排标准，从而使发展中国家与发达国家之间围绕国际海运减排责任的认定展开博弈。根据各方在海运减排责任问题上的主张差异，可以将博弈各方分为以欧盟为代表的“无差别责任”派、以发展中国家为代表的“有区别责任”派、以及以美国为代表的“有条件责任”派。

“无差别责任”派的核心主张是，突出减排责任的强制性与减排标准的普适性，其成员包括欧盟、小岛国联盟等。“无差别责任”派认为，船舶温室气体排放是全球性的，区域性减排没有任何实际意义与效果，只有采取全球范围的目标减排，并辅之以市场机制（碳排放交易），才能实现真正意义上的减排。欧盟因具有在节能减排立法、政策、行动和技术等领域的优势，而将自身视为气候议题的领导者。例如在2012年11月26日开幕的联合国气候变化多哈会议上，欧盟在12天的会期中就安排了80多场会晤，议题从节能减排新技术、新机制到国际和地区间合作，以彰显其应对气候变化的“魄力”。

此外，欧洲在海运减排规制构建中当起了急先锋。在欧盟的推动下，IMO下属的海洋环境保护委员会第57届会议通过了国际航行船舶温室气体控制框架的基本原则，由于其中“强制、平等地适用于所有船旗国”的条款，违反了《联合国气候变化框架公约》及《京都议定书》所确立的“共同但有区别责任”原则，引起了中国、巴西、印度等发展中大国的激烈反对。① 2011年7月15日，欧盟等发达国家利用IMO独特的“简单多数”表决机制，在海洋环境保护委员会第62届会议上通过强行表决，以《国际防止船舶造成污染公约》附则VI修正案的方式，对船舶能效方面做出了规定，使《能源效率的设计指标》和

① IMO, *Environment Meeting Approves Revised Regulations on Ship Emissions*, MEPC 57th Session, 31March – 4 April 2008, http://www.imo.org/blast/mainframe.asp?topic_ id = 1709&doc_ id = 9123.

《船舶能源效率管理计划》具有强制力。[①] 该修正案适用于全球400载重吨以上的海运商船，于2013年1月1日生效，而这两项标准将于2015年起实施。尽管时任IMO秘书长米乔普勒斯（Efthimios E. Mitropoulos）会后指出："投赞成票的国家遍布全球，代表了世界商船总吨位的79%，其中既有发达国家又有发展中国家"，[②] 但在欧盟等国的推动下，这些强制性修正案的生效，必将为广大发展中国家带来前所未有的海运减排压力。

面对发展中国家的反对，欧盟等国采取"技术与市场相分离"的两步走策略，先在技术措施上达成一致，再逐渐引入市场机制，引导船舶节能减排的实施，最终构建海运减排的制度体系。欧盟坚持严格的船舶登记制度，将出入其成员国的船舶纳入其碳排放交易体系，并以港口国监管的方式拒绝减排不符合标准的外籍船舶特别是方便旗船入港，支持使用各种市场手段特别是征收全球航运燃油税、引入排放交易机制等来推行海运减排。欧洲实施单方面区域减排规制的做法，带来了域外管辖的合法性等问题，引起其他国家的反对，使得国际海运减排的博弈平台风高浪急、暗流涌动，将世界各国的海运战略、安全、经济利益都卷入其中。

"有区别责任"派的核心主张是，坚持将《京都议定书》规定的"共同但有区别的责任"原则作为海运减排责任分担的法理基础，反对将发展中国家纳入强制性减排的约束范围，其成员包括以阿拉伯国家、新兴大国为代表的发展中国家集团。这些国家认为IMO出台的任何措施，都不应当有悖于"共同但有区别"的原则，在制定强制性排放标准前，发展中国家需要一个过渡期，IMO减排措施应适用于发达国家，

---

① IMO, *Technical and Operational Measures*, http://www.imo.org/ourwork/environment/pollutionprevention/airpollution/pages/technical-and-operational-measures.aspx.

② IMO, *Breakthrough in IMO-Legally binding agreement to reduce CO_2 emissions from international shipping*, http://www.imo.org/ourwork/environment/pollutionprevention/airpollution/pages/breakthrought-at-mepc-62.aspx.

发展中国家不应与发达国家同等承担船舶减排义务。由于“有区别责任”派的国家在国际碳减排问题上存在话语权缺失且内部意见分歧较大等不利条件，因此他们的目标在于维护发展中国家的集体发展权以及在国际碳减排议程中的参与权。这表现为反对西方国家在构建国际减排规制的垄断化趋势与歧视性条款。例如在海洋环保委员会第57次会议中，发展中国家从“发展及消除贫困是首要与压倒一切的优先事项，发展中国家的履约程度取决于发达国家承担的有关资金和技术转让承诺的履行程度”的立场出发，提出了“制定排放标准不能带来新的技术门槛”的附加要求，反对建立适用于所有国家的强制减排机制，坚持IMO的有关减排安排对其他谈判不构成先例的原则。①

“有条件责任”派的核心主张是，以发展中国家，尤其是新兴经济体国家做出减排承诺作为本国承担减排责任的先决条件，其成员包括美国、日本、加拿大、澳大利亚、新西兰等欧盟之外的其他发达国家。他们大多为传统海运大国，因此常常将海运减排议题作为排挤新兴大国、增强自身实力的工具。如奥巴马政府已经将气候变化谈判作为对发展中国家施压的重要筹码。在国际海运减排问题上，美日等国支持“无差别责任派”将发展中国家纳入减排对象的基本主张，但由于这些国家改造本国船队能效的花费巨大，因此在减排标准的强制执行方面态度有所保留，同时也支持对发展中国家进行必要的减排技术援助。

根据上述分析，发展中国家、美国和欧盟所担负国际海运减排压力较高，因此将是国际海运减排博弈中的重要棋手。为了获取构建海运减排规制背后的话语权与海缘政治经济收益，世界各国围绕海运碳减排规制构建的话语权之争将日益激烈，力图在即将出炉的国际海运减排规制中尽可能地维护本国利益。从以上各方的现有力量对比和发展趋势来看，基本构成了以欧美为代表的既有强国与以发展中国家为代表的发展中国家之间的正面博弈。美欧集团仍属于强势方，发展中国家的

---

① 国家气候中心：“黄磊参加国际海事组织船舶温室气体减排工作组第一次会间会的总结”，http：//ncc. cma. gov. cn/Website/index. php？NewsID＝3332。

利益诉求则缺乏实质性的安全保障，发展权与履约能力受到极大约束，而大部分发展中国家仍处于前工业化阶段，因各自利益诉求的差异而不断分化，在国际海运减排谈判中日益被边缘化，长期处于失语状态。这种阶梯型的角力态势，使国际海运减排博弈处于变革前的萌动期。

在政府不干预的前提下，阿拉伯国家经济增长同该国二氧化碳排放量呈正比。由于大多数国家仍然采用高碳经济增长方式，其履行碳减排承诺必将以减缓经济增长为代价。因此，包括阿拉伯国家在内的发展中国家在碳减排问题上坚持“双轨制”，即 1992 联合国《气候变化框架公约》中的“共同但有区别的责任”原则。反观美欧等发达国家，则试图淡化“历史责任”，鼓吹“减排面前无优惠”，在碳减排目标上实施单轨制。发展中国家海运业“船多、量大、面广”与造船业“大而不强”的客观现实，使得发展中国家接受并履行海运减排规制的后果，必将是海运贸易的滑坡引发国内产业链的不断恶化，从而导致国内不稳定因素激增。目前，出口导向型经济仍是维持包括阿拉伯国家在内的发展中国家经济高速发展的主要动力，而减排能力薄弱的国内海运业则是其中的短板。在日益苛刻的国际减排标准面前，某些不符合发展中国家国情的国际减排规制的强制推行，会在彰显“环境正义”的幌子下设置针对新兴经济体的“碳陷阱”，销蚀发展中国家来之不易的发展成就。具体而言，“海运减排履约陷阱”、“既有大国的低碳制度陷阱”与“追随战略的碳交易陷阱”共同组成了复合式海运减排“碳陷阱”，阿拉伯国家必须小心规避。

所谓“海运减排履约陷阱”，主要是指按照 IMO 制定的《新船设计能效指数》（EEDI）与《船舶能效管理计划》（SEEMP），所有 400 载重吨及以上的国际航运新船，必须符合 EEDI 要求，将能效指数降低 10%，2020—2024 年间再降低 10%，2024 年后要达到减排 30% 的目标；已下水的国际航行船舶，亦要符合 SEEMP 中列明的准则。[①] 阿拉

① Zabi Bazari, *Assessment of IMO Mandated Energy Efficiency Measures For International Shipping*, MEPC 63/INF. 2, Annex, 31 October 2011, pp. 1 – 2.

伯国家海运船队普遍船龄较老，设备陈旧，必将为此投入巨额改造资金，减缓对外贸易的增长速度。

此外，发展中国家规定在国外购置船舶、建造船舶回国内登记注册的船舶，需缴纳税率为9%的进口关税和17%的增值税，[①] 这使得企业为节省船舶投资成本，纷纷选择国内造船国外注册，或者国外造船、购船，国外注册，而这些新船的船龄较轻，能效较高，大多符合 EEDI 与 SEEMP 等标准。这种状况无疑将增大发展中国家的履约难度。一方面发展中国家经济的发展需要维持较大规模的海运船队，温室气体的排放是生存和发展的刚性需求；另一方面减排履约有助于彰显发展中国家的责任，但必将改造与淘汰大量超龄船、小运力船，而这些又占发展中国家籍船队的较大比例，不仅耗费大量资金，而且会在一段时期内削弱发展中国家整体海运竞争力，且新造船只又大多为了避税而移籍海外，最终造成旧船越来越少，新船出国难回的不利后果。因此，一面是持续发展的市场需求，一面是步步紧逼的减排标准，面对履约陷阱，发展中国家海运界举步维艰。

所谓“既有大国的低碳制度陷阱”，主要是指发达国家凭借在 IMO 等国际组织中的优势地位与话语权，推行有利于西方的海运减排制度，对阿拉伯国家进行经济洗劫与市场排挤。例如美欧主导的 IMO 从成立之初就确立了“简单多数”的议事规则，这一规则大大提高了议事效率，避免了审议事项久拖不决。另外，为使重要公约的修正案能尽快实施，IMO 在 20 世纪 80 年代初还创制了一种“默示接受”（Tacit Acceptance Procedure）修正程序[②]，大大加快了公约修正案的生效速度。这种看似高效的议事与表决程序，其实质在于维护西方大国主导权的同时，剥夺了广大贫弱国家的议政权，使其处于“被动接受”的尴尬

① “中华人民共和国增值税暂行条例”，http：//www. gov. cn/zwgk/2008 - 11/14/content_ 1149516. htm。

② IMO：*Adopting a convention*，*Entry into force*，*Accession*，*Amendment*，*Enforcement*，*Tacit acceptance procedure*，http：//www. imo. org/About/Conventions/Pages/Home. aspx.

境地。特别是环保技术发达的欧盟急于将“低碳标识”拓展到 IMO 减排制度的方方面面，意图让依赖高碳发展的阿拉伯国家在遵循低碳制度的过程中逐渐“自废武功”。

低碳制度陷阱的可怕之处在于，既有大国一旦树立起低碳经济的制度标识，则会迫使国际社会出现政见分野：顺之者可向既有大国讨要减排资金与技术，但须默认欧美制度霸权；逆之者即使经济崛起也会被戴上“破坏人类共同家园”的罪名，难以获得国际社会的承认，更无法改变现有国际秩序，因此日趋衰弱的既有大国仍会拥有大批追随者。对于经济发展与国家形象并重的发展中国家来说，这不仅是一个要面子还是要里子的经济问题，更是一个关乎发展中国家发展能否成功的战略问题。发展中国家海运界的荣枯与低碳规制紧密相关，这决定了首要任务则是争取海运减排规制的参与权与决定权。由于这种争取仍在现行国际秩序范围之内，阿拉伯国家在 IMO 之中又长期处于劣势地位，因此从一开始就阻力重重，并面临被西方国家利用制度优势联合打压的风险。

所谓“追随战略的碳交易陷阱”主要是指既有大国掌握着国际碳交易市场的主导权与发展方向，并为每一个对国际减排规制实施“追随战略”的博弈者，预设了碳交易陷阱，借此吸纳发展中国家的资金。由于碳交易机制存在买卖双方信息获取不对称的缺点，进入市场的碳配额颇受国际政治经济大环境的影响，极易导致碳交易价格讯号扭曲。尽管发展中国家已占据“全球清洁发展机制（CDM）”已注册项目和已签发减排量的半壁江山，却没有获得在国际 CDM 市场上的相应影响力。发展中国家作为一级市场的卖家将 CDM 项目经核证的减排量（CERs）出售给国外的企业、基金、国际机构等，却未掌握定价权，CERs 成交价格与国际市场价格相差较大。

例如，受经济危机等多重因素影响，发达国家的碳排放配额需求不振，欧盟作为 CDM 项目最大需求方尚未走出债务危机的阴影，其碳排放配额已严重过剩，这导致以欧洲碳市场为主要指标的全球碳市场价格持续走低，CERs 价格已经从最高时每吨近 30 欧元跌至目前每吨不足 1 欧元，使得发展中国家碳资产大幅缩水，其中包括发展中国家目前在联合国注册成功、价值达数十亿欧元的上千个 CDM 项目。[①] 项目注册成功并不意味着协议上的价格能得到支付保障，随着国际碳价暴跌，CDM 项目国际买家可能通过对已在联合国注册的合同挑毛病，利用规则漏洞或模糊地带，将合同适用于终止条款，或者拒不向联合国申请签发，使得该合同无法生效。由于发展中国家此前与国际买家签订的碳交易的合同价格在 8 欧元以上，所以国内依靠 CDM 项目收益支持的企业面临着国际买家集体违约的风险，这将造成发展中国家数百亿美元的损失。

面对既有大国在低碳政治中的优势地位，及其在国际海运减排规制中设置的“低碳陷阱”，阿拉伯国家既不能消极抵抗，也不能盲目遵从。无论从自身利益，还是从世界经济协调发展来看，阿拉伯国家都应该在新规制的构建过程中发挥积极作用。如何谋划应对策略，需要结合国际海运的实际情况与阿拉伯国家国情进行综合考量。

首先，建立清洁发展机制，努力提出“阿拉伯国家方案”。从“清洁发展机制”探讨国际海运与“共同但有区别责任”原则的对接，较具可行性。国际海运减排规制固然是推进国际环境善治体系构建的良性补充，但在当前的情势下，坚持“共同但有区别的责任”仍是国际海运减排的前提，而清洁发展机制是唯一将发达国家的减排责任与发展中国家的经济发展相结合的减排机制。阿拉伯国家海运企业可在减少温室气体排放的同时获得发达国家的资金或技术支持，发达国家则可通过购买阿拉伯国家的碳排放额来避免因强制减排带来的经济损失。因此，构建国际海运清洁发展机制较好地将海运减排的效率机制与《京都议定书》下的减排机制对接，既体现了公平和效率，又避免陷入减排导致经济停滞的怪圈。

---

① 中国清洁发展机制网：“国际碳价暴跌致中国企业碳资产面临缩水风险”，http://cdm.ccchina.gov.cn/web/NewsInfo.asp?NewsId=6508。

其次，强调船旗国承担共同但有区别的责任。在IMO的协商机制框架内，倡导在世界前20位船旗国内部，发达国家应对进行减排的阿拉伯国家政府提供一定的经济补偿或技术援助，对于利比里亚、巴拿马、马绍尔群岛等方便旗国，则采取区别对待的政策，逐步建立不仅针对船舶国籍本身，更注重船舶实际控制权的减排约束规制。对于阿拉伯国家来说，一是强调阿拉伯国家身份与履约困难，在不承诺担负同步减排责任的同时，积极谋求国际经济、技术援助；二是将船舶进口关税和增值税改为境外船舶购置税、并大幅下调税率，辅之以施行第二船籍登记制度和货载保留政策，这样不仅可吸引方便旗新船的回籍，还可减少新造船只移籍海外，税收也会因大量船舶回籍而增加，提升阿拉伯国家船业的整体减排能力。

再次，采取拖延战略争取谈判空间。目前，欧盟正在全力推动IMO船舶温室气体减排的进展，在一些技术性的方法学问题上，阿拉伯国家很难阻挡其进程，只能尽量迟滞船舶温室气体减排进程，采取以时间换空间的方法争取谈判空间。阿拉伯国家应该坚持原则并积极参与，尽量联合印度、沙特、巴西和南非等发展中国家，坚持“共同但有区别责任”原则，反对建立适用于所有国家的强制减排机制，坚持IMO的有关减排安排对其他谈判不构成先例的原则，防止发达国家从国际航海业方面打开气候变化国际谈判的缺口。

最后，鼓励阿拉伯国家海运业的自主减排。阿拉伯国家海运减排的履约效果直接取决于海运企业是否能够提升船舶设计的能效水平，从而达到排放标准。由于国际海运的世界流动性，使得新船设计能效指标已超出了本身的技术范畴，而扩展为国家、企业之间经济和政治博弈的筹码。阿拉伯国家海运企业应出台相关措施，采取降低航速、尝试新能源、研发更清洁高效的引擎、设计更合理的船型等方式，逐渐符合IMO减排规制要求。此外，加强海运供应链各环节参与者之间的合作，如提高集装箱利用率、降低安全库存以及简化包装等都有助于减排。由于船队的更新，阿拉伯国家海运吨海里油耗逐年下降，面对日益苛刻的环保标准，显然大力发展船舶节油措施是阿拉伯国家海运减排的关键节点。

目前关于温室气体减排的讨论，大都假定减排与经济发展存在两难冲突。“低碳陷阱”的出现是气候问题政治化的必然结果。国际海事组织推行强制性减排措施，虽然展现出国际组织在全球善治中握紧的双拳，但其背后隐藏着既有大国施展制度性霸权的阴影。在可预见的时点之后，现有国际海运气候博弈的格局必将发生重组。目前，IMO在国际海运温室气体减排方面的进展距离其终极目标还有一段距离，然而，海运业的“国际性”是不争的事实，所以无论面对怎样的结果，阿拉伯国家都需要为新一轮的国际气候谈判做好充分的准备，承担海运减排责任不过是一个时间问题，如何承担海运减排责任才更值得阿拉伯国家认真思考。

三、阿拉伯国家开发新能源的规划

随着全球新能源技术的发展与对清洁能源、可再生能源的需要，风能、太阳能、核能已成为能源产业发展的新方向。阿拉伯国家要实现能源的开发转型，既存在着机遇，也面临着挑战；既有优势，也存在着诸多棘手问题。阿拉伯国家多地处热带，为热带沙漠气候。太阳辐射强，很少受到海洋湿润气团的影响，所以这里的热带干旱气候具有极强的大陆性，酷热干燥少雨。阿拉伯国家淡水资源少，常年依靠出口石油来获取资金，并应用于海水淡化工厂的修建及其他海水淡化的处理，来适应缺少淡水又干燥的自然环境。但近年来，全球变暖形势加重，为了实现生态环境的可持续发展，国际社会已达成各国减少传统能源排放、调整能源结构以减少二氧化碳排放的共识，这缩小了阿拉伯国家传统能源出口的市场，对他们以出口石油来维持生存环境和社会稳定的单一的传统经济模式造成巨大冲击。随着全球气候变暖加剧，阿拉伯国家的气候干燥和淡水资源匮乏等问题变得更加严重，因此，阿拉伯国家也不得不思考经济结构转型问题。减少传统能源的消耗，开发利用新能源，实现能源转型对于阿拉伯人而言，是一个新的课题。

说到新能源，首当其冲的便是风能，风能是因空气流而提供给人类的一种可利用能量，属于可再生能源。人类可以用风车把风的动能转化为旋转的动作去推动发电机从而获得电能，方法是透过传动轴，将转子的旋力传送至发电机。到2008年为止，全世界用风力产生的电力约有9000万千瓦。[①] 风能虽然对大多数国家而言还不是主要能源，但在1999年到2005年之间已经成长了4倍以上。[②] 自1973年世界石油危机以来，在常规能源告急和全球生态环境恶化的双重压力下，风能作为新能源的一部分才重新有了长足的发展。

风能作为一种无污染和可再生的新能源有着巨大的发展潜力，特别是对沿海岛屿、交通不便的边远山区、地广人稀的草原牧场，以及远离电网和近期内电网还难以达到的地区，作为解决生产和生活能源的一种可靠途径，有着十分重要的意义。即使在发达国家，风能作为一种高效清洁的新能源也日益受到重视。阿拉伯国家中以沙特阿拉伯为例，虽然不临近大洋，本地主要是沙漠气候，但地势开阔，很适合修建风车收集风力以利用风能。沙特的地势西高东低，可以在东部平原地区修建大型的风车群，借由地势带来的温度差引起的风可以获得大量能源，沙特可以先从东部找平原城市的郊外进行试点，对风能的获取效率做出评估，再决定其他改进方案。

新能源也不能不提地热能。地热能是由地壳中抽取的天然热能，这种能量来自地球内部的熔岩，并以热力形式存在，是引致火山爆发及地震的能量。地球内部的温度高达7000℃，而在80至100公里的深度处，温度会降至650℃至1200℃，透过地下水的流动和熔岩涌至离地

---

① 中国燃料网："风能——环保能源"，2013－09－14，http：//www. zgrlw. mobi/picture/show. php？ itemid＝11。

② 新华财经："风能"，2009－07－23，http：//news. xinhuanet. com/classad/2009－07/23/content_ 11759427. htm。

面1—5公里的地壳，热力得以被转送至较接近地面的地方。[①] 高温的熔岩将附近的地下水加热，这些加热了的水最终会渗出地面。运用地热能最简单和最合乎成本效益的方法，就是直接取用这些热源，并抽取其能量。还是以沙特为例，沙特是个较为富有的国家，可以提供开发地热能前期的高成本，而复杂的过程，可以由足够的经验弥补，在这方面可以从成功开发地热能的冰岛方面请专门的学者指导开采，地热能可以在原来挖掘石油的基础上进行作业，减少了资源浪费，对于沙特来说，这是种比较方便的做法。

太阳能一般是指太阳光的辐射能量，在现代一般用作发电或者为热水器提供能源。自地球形成以来，生物就主要以太阳提供的热和光生存，而自古人类也懂得以阳光晒干物品，并作为保存食物的方法，如制盐和晒咸鱼等。[②] 太阳能已成为人类使用能源的重要组成部分，并不断得到发展。太阳能的利用有光热转换和光电转换两种方式，太阳能发电是一种新兴的可再生能源。与开发地热能相同，沙特阿拉伯、阿联酋等有着经济上的优势，对于回收成本较为缓慢的太阳能产业来说，可能正好适用。

就资源本身而言，阿拉伯国家除了拥有全世界近60%的石油和45%的天然气储备之外，还拥有平均每天8.8小时的日照时长，太阳能资源十分丰富。[③] 此外，地中海沿岸和广袤的沙漠地带，都蕴藏着发展风能和核能的潜力。丰富的太阳能、风能和核能等资源储备，为阿拉伯国家实现能源转型提供了良好的基础。阿拉伯国家虽然拥有丰富的资源，但实际上没有先进的技术支持。国际社会对阿拉伯国家的技术与资金支持，是使其实现能源转型的重要驱动因素。

---

① 环境与化学工程系网："地热能"，2009-11-20，http：//ny. nnutc. edu. cn/Info/20091120，235114，9435. html。

② 中国报告大厅："太阳能行业定义与分类"，2014-04-08，http：//www. chinabgao. com/k/tynxy/12408. html。

③ 中国机械网："发展新能源：抢占国际竞争制高点的战略突破口"，2012-12-24，http：//news. machine365. com/content/2012/1224/394492. html。

2013年11月4日，阿拉伯国家太阳能风能应用技术培训班在中国兰州结业。这个培训班是由联合国工业发展组织国际太阳能技术促进转让中心承办的。[①] 在56天的培训期间，授课专家为来自突尼斯、苏丹、也门、埃及、利比亚和阿尔及利亚的10名学员系统地介绍了中国以及其他国家太阳能的研究成果、政策法规、利用现状、技术标准等等，重点讲解了太阳能热水器、太阳能光伏发电、太阳能海水淡化和风力发电等实用技术和知识，这10名学员还在甘陕两省考察了有关企业及太阳能和风能发电设施。

阿拉伯国家拥有丰富的太阳能、风能、核能资源，具有发展新能源的良好条件，而中国具有太阳能光伏产业完整的产业链和成熟的技术、规模化生产，以及良好的成本控制，因此，双方在新能源和可再生能源领域具有巨大的合作潜力。[②] 中国对阿拉伯国家技术的支持将使其利用可再生能源的雄心成为现实，而阿拉伯国家在新能源方面的进展（如阿联酋已着手布置一些项目）也预示中国新能源企业进军阿拉伯国家可期的前景。在太阳能方面，阿拉伯国家并无先进的技术，因此技术方面主要依靠引进外来技术。此外，因为欧盟与阿拉伯国家地理位置接近，本身也有先进的技术，尤其是德国、西班牙等，目前，主要是欧盟以合作和协调的方式为阿拉伯国家提供技术上的支持。[③]

阿拉伯国家开发新能源的优势在于其对能源转型的热情、信念、当前良好的发展势头以及地区间的合作与共同努力。目前，阿拉伯国家都在积极开发替代能源。卡塔尔计划建一座大型太阳能发电厂，来满足其国内日益增长的能源需求。阿联酋启动了“源泉计划”斥资4亿—5亿美元，在扎伊德城建设一座装机容量为10万千瓦的太阳能发

---

① 甘肃日报：“阿拉伯国家太阳能风能应用技术培训班在兰结业”，2013-11-07，http：//gsrb.gansudaily.com.cn/system/2013/11/07/014751130.shtml。

② 潘旭涛：“走出去为引进来铺路”，2013-03-21，http：//paper.people.com.cn/rmrbhwb/html/2013-03/21/content_1214047.htm。

③ 李荣：“中东国家积极开拓新能源及其面临的问题”，《国际资料信息》，2010年第9期，第23页。

电站。[1] 对未来能源发展的投入已迅速增加，这一趋势仍将持续并得到进一步加强，从而大大促进阿拉伯国家可再生能源的发展。阿拉伯国家企业高管也对未来几年清洁能源的发展表示看好。

另外，阿拉伯国家间的合作项目的达成，也利于解决由开发核能等敏感技术引发的地区安全问题。核能是通过原子核内部粒子间碰撞反应而释放出的能量。核能分为两种：一种是核聚变能，另一种是核裂变能。[2] 核聚变能是由两个或两个以上的轻原子核在一定条件下（如超高温和高压）内部粒子合成一个较重原子核这一反应所释放出的能量。它是一种取之不尽、用之不竭的能源，并且如控制得当核聚变不会产生污染环境的放射性物质。核裂变能与核聚变反应相反，它是将一个较重的原子核打碎，分裂成较轻的原子核反应过程中释放出能量，但它没有聚变能强大。

核能对于发展新能源的价值可主要分为两个方面：核能不仅可以稳定且持续地提供巨大能源，而且可以快速高效地带来相当可观的经济效益。能源短缺是当前世界各国都面临的严峻问题，由于人类一直以来过度的追求经济利益而导致无止无境地利用能源，缺少可持续发展观，造成现在能源匮乏。联合国人口司预测，2050 年全球人口达到约 90 亿，世界有约 70% 的地区实现了城市化，所以对电力需求将十分巨大。[3] 核能自身具备高效、清洁、可循环利用等特点。因此，核能是各国解决对能源、对电力需求最理想的能源。核能经济利用价值从直接和间接地推动着国民经济的发展到可以节省发电生产成本，节省煤炭、石油等日益枯竭的化石燃料。核利用带动相关领域产生无法估量的经济效益。

---

① 黄培昭："阿拉伯国家大力发展替代能源"，2008 - 03 - 03，《人民日报》，第 10 版。

② 核能网："核能开发价值有哪些?"，2014 - 09 - 01，http：//www. geo-show. com/ChannelHY/HN/Content/20147/23964. shtml。

③ 新华网："联合国预测世界人口 2050 年将突破 90 亿"，2009 - 03 - 12，http：//news. xinhuanet. com/newscenter/2009 - 03/12/content_ 10994737. htm。

为了防止发展民用核能在中东地区引发“核竞赛”，阿拉伯国家应提高民用核能计划的透明度并加强在该领域的地区合作，分享这方面的技术和资源。① 阿拉伯国家进行核设施建设应严格依照相关国际法律和标准执行，保证相关项目的透明度与公开性，遵守《核不扩散条约》的系列规定，并且接受国际原子能机构的监督和指导。

尽管阿拉伯各国近年来在新能源开发与应用方面投入不断加大，但受金融危机的影响，经济发展并不稳定，许多国家都出现财政困难。这不仅会制约阿拉伯国家政府本身在新能源开发方面的投入，也会影响到发达国家如欧盟国对阿拉伯国家在新能源开发方面技术的投入。因此，可再生能源仍无法完全取代矿物能源。

阿拉伯国家政府应为可再生能源产业的发展设立明确的目标、提供资金和政策方面的支持与优惠，为未来能源的可持续发展打下坚实又牢固的基础。阿拉伯国家企业也应更具投资于新能源开发的勇气，将目光放远，积极大胆地为新能源发展做贡献。总之，实现能源的转型是阿拉伯国家应对全球变暖的必要策略，是实现经济社会可持续发展的必走之路。前途是光明的，道路是曲折的，阿拉伯国家应利用优势，克服制约，化挑战为机遇，通过世界各国的合作，来实现能源转型。

第三节　中国与北非阿拉伯国家合作开发深水能源

过去数年里，中国与北非阿拉伯诸国的关系稳健发展，对此，我们都十分期待进一步的合作。从世界范围来看，由于陆地与浅海油气勘探程度较高，油气产量已接近峰值，世界新增油气储量已由陆地、浅海转向广阔的深海水域。近年全球获得的重大勘探发现中，有 50% 来自深水海域，其中北非海域是极具前景的深水油气区。“深水”是个动态的概念，1998 年以前一般认为水深达 200 米即可称为“深水”，

① 黄培昭：“阿拉伯国家兴起核能热”，2007 - 11 - 01，《人民日报》，第 3 版。

1998年以后认为“深水”一般为300米，目前惯例将“深水”的标准定为400米，超“深水”的标准为1500米。①

关于中国与北非陆地、浅水油气合作的论文较为常见，但在深水能源领域，研究北非阿拉伯国家的油气能源勘探与开发的报告较为少见。究其原因，一是领域新，深水能源是继陆地油气开发与浅水油气开发之后的新兴领域；二是前期数据资料不足，除了阿尔及利亚与苏丹②之外，以前北非阿拉伯国家的油田地区由于缺少发现，并不广为人知。近年来，中国与北非阿拉伯国家在能源领域的合作在不断推进。③但由于西方大国干涉，在北非陆地勘探石油越来越困难，全球油气勘探开发向深海转移的趋势十分明显。④ 为了应对能源困局，近年来中国加大了对深水能源勘探开发的科研力度，从“陆地”—“浅海”—“深海”，是油气开发的必然路径，但作为深水开发的后来者，中国参与北非阿拉伯国家深水能源领域的勘探开发面临着诸多制约因素，路途之上可谓荆棘密布，举步维艰。

此外，在北非国家开发能源，政治风险也不容忽视。2010年12月以来，要求建立民主政府的抗议浪潮从北非席卷整个中东地区，突尼斯、阿尔及利亚、埃及和利比亚等国相继发生群众抗议事件，纷纷示威反对独裁统治，抗议群众提出的重大政治要求包括总统或国王下台，政府改组公平选举，实行民众参政、保障民权与改善民生等。⑤ 因此，中国如何抢抓机遇、规避风险、采取有效举措，又好又快地与北非阿拉伯国家合作开发其深水能源，已成为中国学者亟待研究的重要课题。本书拟就此进行论述。

---

① Victor K. Der, “Offshore Drilling Safety and Response Technologies Hearing”, *House Science*, *Space*, *and Technology Committee Subcommittee on Energy and Environment*, 2011, p. 2.

② السودان: مجد الجزولي : البترولفي السودان مورد وطني أم مؤتمر وطني ص.2 - خرتوم – 2006 م .

③ الجزائرصندق النقد الدولي : آفاق الاقتصاد العالمي ص.61 - نيويورك - 2010م .

④ السودان:مجد الجزولي : البترولفي السودان مورد وطني أم مؤتمر وطني ص.2 - خرتوم – 2006 م .

⑤ 李意：“从埃及剧变透视中东国家的政治变革”，《阿拉伯世界研究》，2011年第4期，第40页。

一、开发北非阿拉伯国家深水能源的背景分析

截至 2008 年 1 月 1 日，全球石油探明储量为 1757 亿吨，其中，海洋石油资源量为 1350 亿吨，占 77%，全球天然气探明储量 173 万亿立方米，海洋天然气资源量约 140 万亿立方米，占 81%。[①] 因此，海洋油气资源开发的潜力远远超过陆地。近年来，在世界石油总体产量中，深海地区石油的产量节节攀升。根据 Douglas-Westwood 的数据统计，全球深水石油产量持续增长，从 1995 年的 1590 万吨增长到 2005 年的 1.5 亿吨，预计 2015 年将达到 4.05 亿吨，全球深水天然气产量也在稳步增长，从 1995 年的 450 万吨油当量增长到 2005 年的 5000 万吨油当量，预计 2015 年将达到 1.25 亿吨油当量。从 2005—2010 年，世界深水能源投资增长率增长 99%，浅水能源投资增长率增长 20%，而陆地能源投资增长率为 19%。如下图所示，总体来说，世界能源需求仍不断增长，而现有陆上油气供给量已处于停滞或下降之中，不断上升的深水油气产量是补充现有油气总产量不足的重要来源之一。

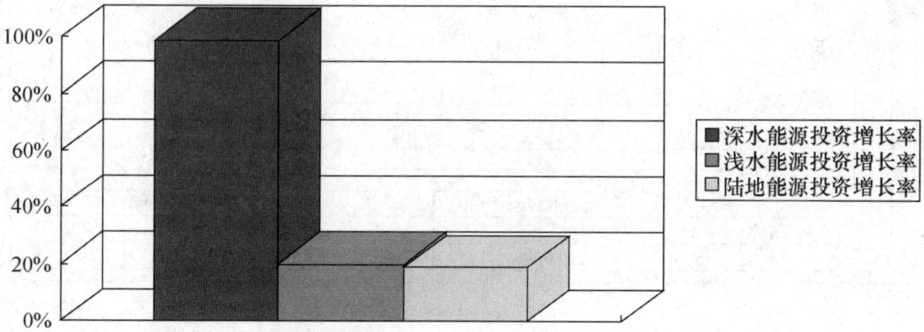

图 13　2005—2010 年世界能源投资分布增长率[②]

随着南美巴西、西北非大西洋沿岸、墨西哥湾、北海、巴伦支海、

① Douglas-Westwood, http://www.douglas-westwood.com/.

② Ibid.

喀拉海以及东南亚、澳大利亚西北等深水海域诸多油田的相继发现，深水油气勘探与开发已成为实现油气资源战略接替的重要新领域，其中北非阿拉伯国家深水区油气资源的开发是世界能源开发的新亮点。[①]过去数年间，全球新发现油气田的数量与规模不断下降，为了满足持续增长的全球需求，油气公司纷纷进军新的市场。北非阿拉伯国家凭借着引人瞩目的油气储量与优越的地理位置，在能源世界正在扮演着越来越重要的角色。北非阿拉伯国家丰富的深水油气资源吸引了英国石油公司、法国道达尔公司、荷兰皇家壳牌集团、美国埃克森美孚与雪佛龙等各大国际石油公司。它们纷纷进军开辟北非阿拉伯国家的深水能源市场，并试图获取相对优势。[②]

在全球海上油气投资中，有些区域因浅水区产量稳定，投资额度甚至有所下降，资本性支出也基本保持不变，深水部分投资额甚至已经超过浅水部分。如下图所示，在北非阿拉伯国家，2005 年对北非阿拉伯国家的深水投资额就已经超过浅水投资部分，2003—2011 年北非深水勘探开发投资费用增加了 6 倍，而浅水的勘探投资费用仅增加了 70%。

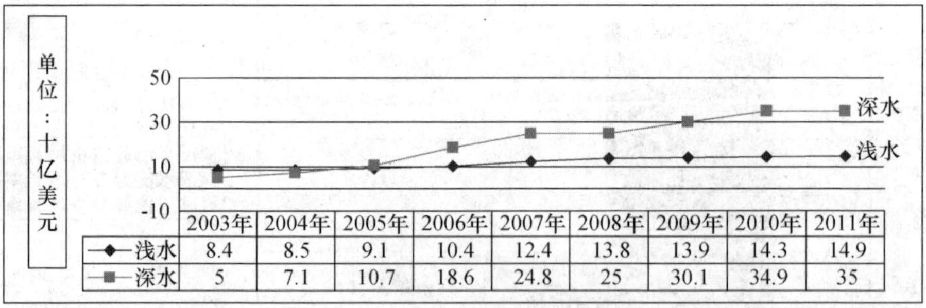

	2003年	2004年	2005年	2006年	2007年	2008年	2009年	2010年	2011年
浅水	8.4	8.5	9.1	10.4	12.4	13.8	13.9	14.3	14.9
深水	5	7.1	10.7	18.6	24.8	25	30.1	34.9	35

图 14　2003—2010 年北非阿拉伯国家深水区与浅水区开发投资费用增长比较[③]

① Thomas Marler，Deepwater drilling，LNG accords driving North Africa energy schemes，http：//www. pennenergy. com/index/petroleum/display/74521/articles/offshore/volume－60/issue－5/news/general-interest/deepwater-drilling-lng-ac.

② Deepwater Developments Entering North African Region. Time for technology transfer and implementation of change. http：//www. mideastinfo. com/library/cw-deepwater. htm.

③ Douglas-Westwood，http：//www. douglas-westwood. com/.

除了“油气王国”阿尔及利亚与苏丹之外，以前北非诸国的深海油田远离主要消费地区，对外开放程度较低，吸引投资极为困难，但近年来，它们的深水油气资源已经越来越引人关注。技术进步拓宽了我们勘探活动的领域，北非那些曾被认为是不可能的地区，越来越多地引起人们的兴趣。如在毛里塔尼亚这样的非传统地区，现在也在积极开展油气的勘探测试活动。① 以利比亚与突尼斯的深海油气开发为例，2010 年 8 月 7 日，利比亚最高石油官员宣布，英国石油公司（BP）预计最迟于 10 月前开始利比亚的深海钻井作业，英国石油公司计划在利比亚苏尔特湾至少钻取 5 口井，其深度远远超过位于墨西哥湾的马孔多井。② 突尼斯国家通讯社 2010 年 4 月 8 日也报道，突尼斯日前向壳牌突尼斯海上公司颁发了两份在该国海上勘探石油和天然气的许可证，这两份许可证涉及两个潜在的海上油田，面积分别为 2160 平方千米和 3416 平方千米，将由壳牌公司与突尼斯石油公司共同开发。据了解，突尼斯目前平均日产原油约 7 万桶，该国希望通过合作加大海上油气勘探力度来提高本国原油产量。

除了上述几国的深水油气资源开发形势喜人之外，在深水油气勘探领域，摩洛哥与埃及两国也取得了进展。其中尤为值得关注的是摩洛哥，此前由于技术障碍与开采成本的综合作用，摩洛哥 90% 的石油消费依靠进口。③ 但近年来这种局面出现了根本转变，摩洛哥的深水油气开发成为了一个新的热点，其石油勘探市场十分活跃，已经有包括壳牌在内的超过 10 家的外国石油企业在摩洛哥的海上相关区域进行勘探和试钻探。④ 除了石油引人瞩目之外，北非深水区域的天然气资源也同样吸引了众多西方大国的关注，国际大牌油气公司在埃及的深水勘探活动近年来就不断推进。2009 年，美国阿帕契公司宣布在埃及西地

---

① موريتانيا: تقرير الجزيرة: نفط موريتانيا تقلص في الإنتاج و توقعات بالتحسن – الدوحة – الجزيرة نت ابرير 19 2012م .

② ليبيا: إعلي الصراف : الهزيمة والأمل : مشورع التحرير وقاع الثورة في ليبيا ص.69 – طرابلس – 2011م .

③ 贺鉴、肖洋：“论 21 世纪中国与北非经济合作”，《阿拉伯世界》，2006 年第 3 期，第 32 页。

④ المغرب:تقرير الجزيرة : استغلال الصخور النفطية في المغرب – الدوحة – الجزيرة نت سبتامبر 4 م2011 .

中海租用区发现了天然气。[①] 2010 年 10 月份，该公司在埃及深海区域完成的第一口井就测试出了 50 万立方米天然气的日产量，此后，天然气资源源源不断，因此，该公司计划在 5 年内在该区块内开采到 550 万立方米的天然气。

未来的北非阿拉伯国家将成为世界最重要的油气产区之一，其中的深水油气能源更是重中之重。中国企业应抓住机遇，积极参与北非阿拉伯国家的能源开发、尤其是北非阿拉伯国家深水领域的油气勘探与开发，努力构筑中国供油的稳定渠道，这对确保中国国家能源安全，实现中国的能源发展战略具有非常重要的意义。由于北非阿拉伯国家的深水探区处于勘探早期，预测该区块的勘探风险，着手做相关评价分析并积极准备措施建议对指导中国企业的油气勘探具有非常重要的意义。

二、中国与北非阿拉伯国家深水能源合作战略的 SWOT 分析

对于深水油气勘探来说，在项目是否可以立项、勘探开发方案的选择与制定、工程的前期投入与施工风险、技术运作难度以及决策机制均非陆上勘探项目或浅水勘探项目可比，SWOT 模型分析法是战略管理中运用最广泛的分析技术之一。我们用 SWOT 模型对中国方面具有的内在竞争优势与劣势，以及外在机会与威胁，进行分析研究，有助于系统把握中国开发北非阿拉伯国家深水能源的有利因素，避开中国面临的不利因素，及早发现隐患，辨别轻重缓急，最终找出解决办法，明确发展方向。

1. 优势与劣势分析

发展的关键在于自身状态。事物未来的发展方向，从根本上来说，取决于其内部的优势与劣势。因此，分析中国具有的优势（Strength）

---

① امصر:محمد العمري : الاستراتيجية الاقتصادية والوؤية المستقبلية لمصر في قطاع النفط - Ameinfo.com 2009م .

与劣势（Weakness），是确立中国在北非阿拉伯国家开发深水能源的前提。

（1）主要优势（Strength）

S1. 制度优势

深水能源开发是一项高投入、高风险、高回报的战略性事业，必须要有坚强的组织领导核心和有力的制度保障，而当前中国企业海外深水能源开发事业的基本状况是：深水能源开发日渐成为当前中国企业对外投资的热点，有望得到国家在资金上的大力扶持。我国走中国特色社会主义道路，在政治上有中国共产党作为坚强领导核心，凝聚力强，团结精神高，能够形成确保发展的思想共识与组织合力，能够集中全国的力量支持与推动中国在北非阿拉伯国家的深水能源合作与开发的进程，促进经济产业合作链条的顺畅运转。

S2. 规模优势

经过多年来的发展建设，在海洋能源开发实践领域，中国已经建立起了一整套较为完整的经营管理体系，特别是在海外能源开发过程中积累了大量宝贵经验。三大国有油气企业连年跻身世界500强行列，位次不断前移，成为勘探、开发、炼制、运输、国内销售和对外贸易一体化的超大型跨国能源企业，在海外能源开发的国际合作规模也不断增大。中国的石油公司在资本、技术、信誉各方面都符合产油国的标准，并已在海外市场赢得了赞誉，树立了品牌。中国企业在海上能源开发的国际合作规模也不断增大，在积累海洋能源开发经验的同时，建立起采、运、销一体化的基础网络。

S3. 资本优势

深水开发需要强大的财力与技术支持，就同样一口勘探井的钻井成本来比较，陆上石油、浅海石油与深水石油的成本比例大概在1:10:100，甚至更高。在中国已成为世界第二大经济体的背景下，中国石油企业不仅积累了巨额的跨国经营资本，还得到政府金融政策的支持。中国海洋石油总公司规划2020年以前在深水投资约2000亿元，打800口探井，体现出企业在维护国家能源安全方面所承担的巨大责任，表明能源开发走向深海得到政府的大力支持。① 随着国有三大油企的上市，从国际金融市场获得资本的实力有所提高，为深水能源勘探与开发提供了坚实的资金后盾。

S4. 发展潜力

海洋深水油气勘探开发是一门跨学科、跨部门、多领域的技术创新工程。在各相关科研部门的密切合作下，我国在深水潜水器等深海仪器研发方面取得了长足的发展，在深水工程技术与装备方面获得了突破性进展。最为鲜明的特征就是计算机技术已在石油勘探、开发、建设的40多个方面广泛应用。石油地震勘探数字化处理技术有了很大发展，测井技术数字化提高了测井解释的精确度，在勘探、开发中发挥了重要作用。油气藏数值模拟技术的应用，提高了油气开发的水平，降低了勘探的难度。在钻井工程设计方面，各油田也已广泛使用计算机。其中，“蛟龙号”潜水器是目前世界下潜最深的载人潜水器，可使我国的深水勘测范围覆盖世界99%以上的洋底，为我国深水能源开发事业中发挥不可替代的作用。②

（2）主要劣势（Weakness）

如何在北非进行深水油气勘探与开采是个前沿领域，与陆地石油勘探和浅水石油勘探相比，有更多的技术难题需要攻克，有更多的难以预料的风险，对于我们的战略规划能力以及作业难度都提出了新的挑战。

W1. 战略规划起步较晚

西方大国一贯把能源安全放在对外贸易与对外交往的首位，高度重视北非阿拉伯国家油气的勘探与开发，尤其是在深水能源领域更是

① 中国海洋石油总公司，http://www.cnooc.com.cn/data/html/chinese/channel_1.html。

② 李清平：“我国海洋深水油气开发面临的挑战”，《中国海上油气》，2006年第2期，第131页。

先行一步。[①] 相较之下，我国的石油企业目前在北非地区没有形成一致对外的整体行动。中国前期海外能源开发的重点过度集中于中东地区，而随着中东恐怖主义不断攻击石油目标，也对中国的经济安全特别是能源安全构成了威胁。[②] 对于非洲地区，尤其是北非阿拉伯国家的深水能源储备与发展状况、投资环境等调研工作相对滞后。关于中国如何与北非阿拉伯国家进行合作开发其深水能源，中国至今没有出台明确的战略规划。在北非阿拉伯国家，中国企业由于缺乏海洋能源开发的整体战略，使得在战略选区、策略选择、国际合作等问题上非常被动，而且深水能源开发的经营机制、开采方式的转轨也缺乏远景指导。国家涉海部门对海外能源投资贸易的宏观管理、区域布局、适度竞争和联合对外、与国外能源企业战略协作等战略性问题的考量也相对模糊。

W2. 资金投入不均衡

深水勘探需要大规模的投入，项目总投资一般都在几十亿美元。如何开发北非阿拉伯国家的深水油气资源，这是一个系统的工程，包括很多子项目。每个子项目都需要有足够的资金投入。近年来，随着海洋经济的进一步发展，国家建设中资金、资源投入的方向和数量逐渐增多，但投入的大方向始终不确定，具有一定随意性，造成了投资回报率不高。一些项目占用了过多资金和资源，挤压了其他科研立项的正常发展，导致对于北非阿拉伯国家的整个深水能源研发体系出现“长短腿”等发展不平衡现象。

W3. 技术研发较落后

目前，深海油气技术勘探与开发居世界前 10 位的公司分别是英国 BP 石油公司、美国埃克森美孚、荷兰壳牌、巴西国家石油公司、法国道达尔、意大利埃尼、美国雪佛龙、挪威国家石油公司、加州联合石油和英国天然气公司。这 10 家公司 2003—2007 年的深水油气产量占世

---

① Jeremy Cresswell, *Global and Regional Markers*, 2009, pp. 1 – 3.

② 朱威烈：“中东恐怖主义、全球治理与中国的反恐政策”，《阿拉伯世界研究》，2011 年第 2 期，第 4 页。

界的73%。[①] 与这些在深水领域内技术遥遥领先的石油公司相比，中国深水开发技术与国际水平差距较大。这主要表现为：一是中国深水通用基础技术较为薄弱。深水浮力材料、海洋工程材料、水密线缆、水下电机及水下通信等一系列相对低价但非常重要的基础材料和元器件，我国几乎全部依赖进口，严重制约了深水技术的发展。二是中国深水高科技研发滞后。按照《国家深海高技术发展专项规划》的表述，深水高科技主要包括：深海海洋环境监测技术、深水油气及天然气水合物勘探开发技术、大洋矿产资源勘查开发技术、深海生物资源开发利用技术、深海潜水器与作业技术及深海通用技术等。[②] 研发这些深水科技的难度很大，中国在以上许多领域还存有不少空白。

W4. 软硬件整合乏力

深水勘探油气涉及众多学科领域，如石油业、造船、自动化、计算机、材料科学、地质学、通信、测绘、运输等，这是个高度系统的工程，因此，这就造成了我们两个方面的不足：一是科研力量分散。国内有20多家涉海机构，互不隶属，存在重复研究，造成资源的浪费。目前国内海洋科研主体是中海油、海洋发展战略研究所和一些科研院所、高校，其中很多是个人研究，缺乏国家部门牵头，无法实现将分散的科研成果进行有机整合。二是国产深水设备投产周期长、成本高。由于我国深水勘探开发事业起步较晚，相关科技人才不足，自主研发的深海仪器设备，品种较少，设备稳定性、可靠性及标准化等指标有待进一步完善和提高。[③] 这都造成我国海洋油气资源开采软硬件脱离，开发成本居高不下。

---

① Jeremy Cresswell, "Total aims for 'routine' deepwater drilling in Africa", *Global and Regional Markers*, 2009, pp. 1 - 3.

② 高艳波、李慧菁、柴玉萍等："深海高技术发展现状及趋势"，《海洋技术》，2010年第3期，第119页。

③ 高振会："深海技术与可持续发展"，《海洋开发与管理》，2011年第7期，第46页。

2. 机遇与威胁分析

发展的依托是外部环境。事物外部环境的机遇与威胁，将直接影响其发展过程。所以，明确机遇（Opportunity）和威胁（Threat），是制定中国与北非阿拉伯国家深水能源合作战略的基础。

（1）机遇（Opportunity）

O1. 良性互动

在政治方面来看，中国与北非阿拉伯国家开展深水能源合作正符合我国政府发展对北非经贸关系的指导思想，可望得到我国政府的政治支持。2006 年 1 月 12 日，我国发布了第一份《中国对非洲政策文件》。这份文件开宗明义地指出：加强同非洲国家的团结与合作，始终是中国独立自主和平外交政策的重要组成部分。中国坚定不移地继承和发扬中非友好的传统，从中国人民和非洲人民的根本利益出发，与非洲国家建立和发展政治上平等互信、经济上合作共赢、文化上交流互鉴的新型战略伙伴关系。可以认为，这份文件提出了中国对北非政策的总体原则和目标，其中一项就是：同北非国家开展形式多样的经贸领域及社会发展领域的合作，促进共同发展。现阶段，中国与北非深水能源合作的局面开始打开。在深水能源领域，中国能源企业大可以在北非以竞标、并购、参股等方式获得区块资产，并积极参与工程技术服务。基于北非深水能源在北非整体能源中占据的高比率以及双方在能源发展方面的互补性，深水能源合作拥有着广阔的前景。

O2. 中国能源需求旺盛

正所谓消费推动生产。中国作为面临 13 亿人口的大国和第二大石油消费国，中国的能源形势在相当长的时间内仍处于供不应求的状态。国内经济社会持续发展使得中国对能源有着巨大的需求，这是推动中国石油企业走向海外开发的不竭动力。据预测，2001—2010 年，若中国 GDP 年均增速为 7%，石油强度保持在 0.7%，石油消费增速 4.9%，2010 年的石油需求量达到 3.4 亿吨；2010—2020 年间，假设中国的 GDP 增速仅为 5%，石油强度下降到 6%，石油增速为 3.0%，2020 年的石油需求量也会达到 4.4 亿吨。①

O3. 北非国家政策支持

如果要开发某个地区的深水能源，我们首先应该研究该地区已经公布的公共信息、该国的税法与人文地理。这就需要最权威、最全面的资料，而在大多数情况下，这些完整的地理与历史资料属于政府管辖，是不对外的官方文件，为了拿到这些地震资料，我们首先必须与北非阿拉伯国家的政府进行接洽。而在这一方面，中国有自身的政治优势，中国政府与北非阿拉伯国家的众多党派领导人之间都有着良好的关系。埃及前驻华大使就认为，中国与北非诸国关系的基石是政治支持、经济援助和文化交流，中埃关系从早期建立国与国之间的双边联系已发展到如今的多边框架与机制的合作。②

以苏丹为例，中国在苏丹的能源产业已经比较完善，中国在苏丹石油产业已形成集生产、精炼、运输、销售为一体，包括上、中、下游的石油产业链。阿尔及利亚素称“北非油库”，中阿的良好关系也源远流长。③ 2012 年 3 月 12 日，中国海洋石油总公司（CNOOC）在阿尔及利亚的项目新发现油气田，预计日产 1000 桶原油和 30 万立方英尺天然气。日前，在摩洛哥，中国海洋石油总公司总裁张国华与摩洛哥石油天然气开发局局长在北京签署了一份合作框架协议。这份为期一年的合作协议主要内容是中国海洋石油总公司将在规定的期限内在摩洛哥两个面积分别为 2680 平方公里和 12548 平方公里的海域（主要以地震探测技术）进行有关技术勘探工作并作出勘探报告。④

---

① 吴磊：《中国石油安全》，北京：中国社会科学文献出版社，2003 年版，第 125 页。

② 杨阳：“冷战后中国中东政策与文明对话”，《国际学术动态》，2008 年第 3 期，第 34 页。

③ الجزائر:صندق النقد الدولي : أفاق الاقتصاد العالمي ص.61 - نيويورك - 2010م .

④ 中国驻摩洛哥使馆经商处：“中国海洋石油总公司进入摩洛哥石油勘探市场”，http：//ma. mofcom. gov. cn/aarticle/jmxw/200503/20050300023126. html。

O4. 新领域开发前景喜人

北非深水能源的开发程度与阶段都低于其他深水区，现在是中国参与的最佳时机。北非勘探开发不需要塔楼，开采石油的海外作业条件较好，为项目的施工与管理提供了较好的客观环境。从区域分布来看，在墨西哥湾，外大陆架深水勘探开发的市场几乎完全被发达国家瓜分，而在北非阿拉伯国家深水采油的阶段与在墨西哥和巴西不一样，众多大牌采油公司都处于勘探与开采的前期阶段，北非深水能源可以说是一块尚未开发的“处女地”。

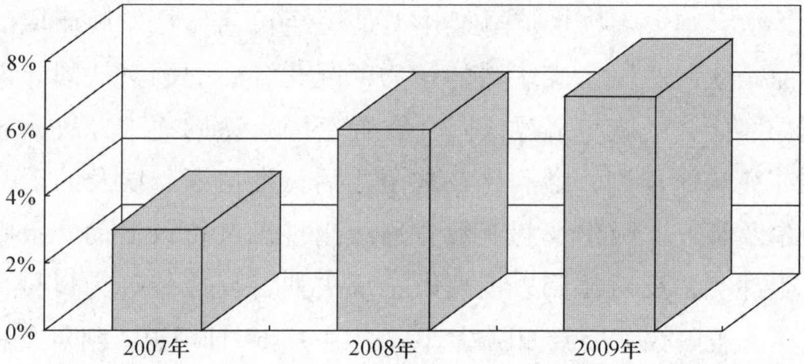

图 15　北非深水油井占北非已开发油井的比例①

如上图所示，北非深水油井占比不到 10%，潜力巨大，开发前景喜人。如果中国进军墨西哥湾的深水区域，最多只能得到几千英亩的区域，如美国万高公司多年经营，在墨西哥湾深水区也只获得了 5000 英亩深水区域开采的许可证，如此中国企业也只能在有限的区域内大量钻井以获取石油，而在北非阿拉伯国家则不同，我们轻易就可以获得数万、数十万英亩的许可证，无需大量钻井去维持许可证，在广袤的海域内，现有井数本就不多，具体而言，在北非诸国海域中，只有

① Craig McMahon, Deepwater Statistical Report, “Glimpsing North Africa's deepwater potential”, *Wood Mackenzie*, 2009, Vol. 230, No. 7, p. 1.

7%的钻井树立在深水水域，不到1%的钻井树立在超深水水域。[①] 因此，在北非的深水海域中，我们一年只要钻一口或两口井收获就相当可观，这样就能节省成本并获得相对优势。

（2）威胁（Threat）

T1. 政治局势多变

北非阿拉伯诸国国内党派林立，政坛争斗激烈，政治因素往往成为经济发展的阻碍。虽然北非深水油气领域孕育着众多的投资机会，但是北非复杂的国情也使得投资过程中面临着一定的风险。有关油田招标数度拖延，由于复杂的政治因素，招投标条件屡屡更改，让投标人无所适从。绝大多数北非国家并不是历经长期自然发展而成的民族国家，而是欧洲殖民主义统治的产物，因此统一的国家认同并没有稳固形成，部落、民族、宗教认同常常置于国家认同之上，政治矛盾乃至暴力冲突从而加剧。继利比亚战争之后，突尼斯、埃及的动乱也蔓延至阿尔及利亚。阿尔及利亚数省连续出现示威抗议活动，示威者与警方发生冲突，反对派则以反腐败、反失业、反涨价等为口号，要求政治变革。美国福克斯新闻网站2012年4月19日报道，阿尔及利亚最大的少数族群、人口多达1000万的卡比尔族将于20日要求政府就其自治问题举行全民公决，后续示威极有可能引发新一轮的暴动。[②]

T2. 大国竞争与技术封锁

深水勘探与陆地勘探不同，涉及专业广泛，技术要求高，如高分辨率的三维地震、四维地震、动态导向钻井、结构复杂的深水平台、智能化的海底勘探系统等。西方大国纷纷将我国视为争夺北非阿拉伯国家资源的对手而加以掣肘。美国地缘政治专家威廉·恩道尔（Wei

① Craig McMahon，Deepwater Statistical Report，“Glimpsing North Africa’s deepwater potential”，*Wood Mackenzie*，2009，Vol. 230，No. 7，p. 2.

② Algeria’s Minority Group Demands Autonomy，Sparking Stability Concerns of Another Arab Ally http：//www. foxnews. com/world/2011/04/19/algerias-minority-group-demands-autonomy-sparking-concerns-stability-arab-ally/.

Lianen Doyle）就明确表示，美国发动“新能源战争”的目的越来越明确，就是控制中国经济的能源管道，而下一场中美能源战争很可能发生在非洲。[①] 此外，发达国家从未放松对华的高技术出口管制。中国与国外企业进行的技术转移与国际合作往往受到政府的影响，中国分得的是建造大型深水开采平台钢架和建造储油驳船等低端项目，而国外合作方则对核心设备和技术高度保密，力求保持技术垄断优势。对此，为进一步推进中国与北非阿拉伯国家的交往，双方应进一步加强认知、增进理解与沟通，警惕并应对美国带来的新挑战，将交流作为深化中阿文明交往的突破口。[②]

T3. 人员安全隐患

值得一提的是，除了战争的风险之外，北非阿拉伯国家的反政府武装仍然相当活跃。为了扩大影响力，这些反政府武装往往有意识地对外国公民、外资企业下手，这种暴力分布风险之广，甚至连远离陆地的海上油田也无法幸免。由于政府财政紧张，诸多北非阿拉伯国家的政府长期拖欠公务员工资与退休金，关于提高公务员工资的承诺基本上属于无法兑现的口头承诺。企业工人、警察、教师收入低下，加之货币贬值、通货膨胀，人们纷纷要求提高待遇，改善工作生活条件；市民对政府所采取的经济措施如提高石油价格等不满，因而爆发大规模罢工、游行，演变成地区性暴乱，影响大量外资人员的安全。

T4. 深海钻井的风险

影响到北非阿拉伯国家深海钻井的主要因素有如下两点：1. 水深与异常压力。海洋油气勘探开发通常按水深加以区别：400 米以内的浅水域为常规水深作业，400—1500 米为深海作业，深于 1500 米为超深海作业。红海分成两部分：西北部为水浅的苏伊士湾，东北部为亚喀

① Wei Lianen Doyle，Commented that the U. S. could launch a war in Africa，China's energy pipeline control http：//www. 9abc. net/index. php/archives/67434.

② 马丽蓉：“中阿文明交往面临的挑战及对策思考”，《阿拉伯世界研究》，2011 年第 2 期，第 10 页。

巴湾，平均水深为1676米；地中海平均深度1541米，最深处5093米，这就属于超深海区域，水压异常波动频繁。2. 深海钻井与浅水及陆地钻井相比，其地层孔隙/破裂压力窗口会窄很多。因为在深海区域上覆岩层相当一部分由海水所替代，地层在这种情形下，趋向于显出较低的破裂压力，而孔隙压力没有较大的变化，这就使得孔隙压力与破裂压力之间的差距变得非常狭窄。[①] 这是我们在北非进行深海钻井需要考虑的重点问题。

基于以上SWOT分析，我们可以得出如下结论：

第一，中国与北非阿拉伯国家展开深水能源合作既是基于中国对油气资源消费本身的需求，也有利于北非阿拉伯国家的经济发展，总体上来说，是双方互利共赢的战略；第二，开发北非阿拉伯国家的深水能源有助于拓展我国能源来源渠道，改善过分依赖中东能源的不利格局；第三，在这一深水能源合作战略中，中国方面既有优势，又有劣势，既有机遇，又有威胁，如何利用优势与机遇，规避劣势与威胁成为我们战略设计的核心问题。

三、中国与北非阿拉伯国家深水能源合作的战略设计与风险规避

既然中国与北非阿拉伯国家深水能源合作势在必行，那么如何规避风险，制定科学合理的发展战略，就成了解决问题的关键。中国规避能源合作开发风险的战略对策，至少包括两个层面：一是中国政府的对策，二是国有企业的对策，当然还包括这两个层面的良性互动。由于深水能源开发是一个复杂艰巨的系统，多项参考指标难以准确定量，这决定了依据SWOT概略分析结论所制定出的战略对策，只能是宏观对策性的战略方针。具体战略对策主要包括以下几个方面（见表2）。

---

① 王言峰："深水钻井问题综述"，《吐哈油气》，2009年第2期，第167—170页。

表 2　中国与北非阿拉伯国家深水能源合作的 SWOT 分析图

优势与劣势 机遇与威胁	优势（S） S1. 制度优势 S2. 规模优势 S3. 资本优势 S4. 发展潜力	劣势（W） W1. 战略规划起步晚 W2. 资金投入不均衡 W3. 技术研发较落后 W4. 软硬件整合乏力
机遇（O） O1. 良性互动 O2. 中国能源需求旺盛 O3. 北非阿拉伯国家政策支持 O4. 新领域开发前景喜人	SO：积极扩展型战略 SO1. 集中外交资源，维持有利于共同开发北非深水能源的国际战略环境 SO2. 适度调整开发能源的战略部署	*WO*：谨慎扭转型战略 *WO*1. 完善战略规划，实现技术追赶和技术跨越。 *WO*2. 提高支持力度，积极调研，提高抗击风险能力，制定海外石油投资保险政策
威胁（*T*） *T*1. 政治局势多变 *T*2. 大国竞争与对华技术封锁 *T*3. 人员安全隐患 *T*4. 深海钻井风险	*ST*：积极防御型战略 *ST*1. 通过合资共担风险，建立高技术手段与高标准的科技与研发团队 *ST*2. 淡化地缘政治因素，突出合作企业	*WT*：谨慎防御型、多元化战略 *WT*1. 积累经验再接再厉，拓展多种开发模式 *WT*2. 深水开发产业化，使用高新装备

1. 中国与北非阿拉伯国家深水能源合作：积极扩展型战略

积极扩展型战略是依靠内部优势，利用外部机遇的战略，是所有战略环境中对行为主体最为有利的战略。在此战略中，我们需要注意的是巩固自身的优势并利用自有的资源，进行积极扩展。具体而言，包括如下两点：

一是集中外交资源，维持且发展有利于中国与北非阿拉伯国家开展深水能源合作的整体战略环境。一方面，中国政府要采取政治、经济、外交等手段与北非阿拉伯国家政府进行积极磋商，巩固原有的合作且积极扩展新的合作；另一方面，中国企业要将中国与北非阿拉伯国家在深水领域共同开发能源的协议与合同进一步操作化、实质化，积极维护中国的利益。

二是适度调整深水能源开发的战略部署，改变过于分散的开发路径，整合当前在北非阿拉伯国家投资的中海油、中石化、中石油、中国水电集团等国企的资源。当然这种集中规划的战略调整不仅需要有舍弃眼前利益的智慧，更需要具有敢于承担巨大风险的勇气。另外，中国各相关主管部门应制订政策鼓励更多的国内公司积极参与在北非阿拉伯国家的深水能源开发活动，并积极推动北非阿拉伯国家深水能源领域对外招标活动在中国国内的介绍与宣传，加大在深水领域中合作勘探与开发的力度，严肃维护和行使中国的权益。

2. 中国与北非阿拉伯国家深水能源合作：谨慎扭转型战略

谨慎扭转型战略是利用外部机遇，克服内部劣势的战略。在此战略中，我们需要注意的是积极利用外部机遇与提供的有利发展环境，扭转自身的劣势，化被动为主动。具体而言，包括如下两点：

一是利用当前有利的国际形势与双方良好互动的整体态势，中国政府积极完善战略规划。我们必须将中国与北非阿拉伯国家的深水能源合作及早提升到战略性、全局性的高度，实现技术追赶和技术跨越。在国外人才市场紧缩期，国有能源企业也应扩大国外高技术工种的引进规模，提高引进质量，给予生活和工作上的优惠与便利，人尽其才，扩充高端人才队伍。

二是中国政府继续提高支持力度，积极进行对北非海域的调研，提高抗击风险的能力。对北非海域的调研包括各种具体的调研领域：如北非各国海域的天气情况、水压情况、水下洋流情况、具体水深情况、浅层地质灾害与水合物分布情况、地层孔隙情况等，这些调研活动需要中国政府的大力支持。在对北非海域的调查过程中，我们还必须时刻注意协调与当地政府所管石油公司的关系，在北非，外资公司要想开发深水能源，必须获得该国政府的许可证，每一个许可证都是从政府那里取得的。大部分政府都拥有一家或多家国有石油公司，一般来说，我们首选与国有石油公司进行磋商，而不是当地其他的石油公司。[1] 此外，在抗击风险能力方面，中国能源部门可参考其他大国在国家投资上的经验与教训，引导和规范投资方向，控制和摒除投机性投资，以长远利益和战略利益为着眼点，确定重点支持产业，实现总体发展。此外，为了鼓励和促进海外石油投资，应对世界上产油国家存在的政治上的不稳定因素，建议中国政府尽快出台海外石油投资保险政策。

3. 中国与北非阿拉伯国家深水能源合作：积极防御型战略

积极防御型战略是维持内部优势，避免外部威胁的战略，其核心是巩固且利用自身的优势与长处，应对外部的风险与威胁，从而谋求自身的出路。具体而言，包括如下两点：

一是通过合资共担风险，建立高技术手段与高标准的科技与研发团队。近年来，尽管北非阿拉伯诸国对中资企业赴北非投资大体持积极态度。不过，中方石油企业更为担心的是政治风险。因此，中方石油公司的投资应该采取更为灵活的方式，不能只想着获得油气资源，还应该考虑到投资风险。我们可以采用合资方式，与北非国家达成利益分享共识，共获收益，并共同应付政治、经济、技术上的风险。通过技术创新，突破关键技术，特别是符合深海环保标准的核心技术，建造一批环保装备，形成一支结构合理的技术研发队伍，使中国在深水油气田领域内的技术能力得以逐步提升。

二是淡化地缘政治因素，突出企业合作。西方大国、美国因素是影响北非能源秩序变化的重要变量。美国异常关注中国在北非国家能源领域的投资，能源政策中含有一定的外交意图。因此，在处理中国与北非的石油投资纠纷中，中国石油企业要与西方石油公司划清界限，突出中国注重的是经济合作而非政治干预。

---

① مصر:محمد العمري : الاستراتيجية الاقتصادية والوؤية المستقبلية لمصر في قطاع النفط - Ameinfo.com 2009م .

4. 中国与北非阿拉伯国家深水能源合作：谨慎防御型、多元化战略

中国与北非阿拉伯国家谨慎防御型战略是弥补内部劣势，回避外部威胁的战略。主要在于两点：

一是积累经验再接再厉，拓展多种开发模式。在“十二五”规划的前几年，国家应借助“十一五”海洋领域所取得的成绩和发展势头，进一步加大对深水技术研究领域的投资力度，掀起对深水技术进行研究的高潮。在这一战略中，我们应该积极准备多种备选方案，多管齐下，维护整体收益与长期收益。

二是深水开发产业化，使用高新技术装备。我们可以采取“投资公司+企业”的合作模式，并且企业不仅限于当前已经投身于北非能源开发的大型国企，实力雄厚的民营企业，一样可以考虑寻求合作，以促进深水能源开发产业化。深水能源开发，处处体现着对高新装备的需要。考虑到北非深水海域作业的情况，如北非的地中海勘探区域属于超深海，为了顺利开展深水勘探钻井作业，我们应该选择受气候影响小的动力定位钻井船，其水面升沉补偿系统经过了长时间的实际考验，工作性能较为可靠。此外，我们还应该使用高性能低密度的水泥浆体系，以隔离底部与阻止浆液返还，使用海水作为驱替液，并在现场配备大量高密度钻井液，一旦发现影响勘探与开采的浅层流，就可以尽快实施压井。

第四节　阿拉伯国家在新能源领域的进展与对外合作[①]

一、阿拉伯国家在太阳能领域的进展与对外合作

由于富产石油，许多中东和北非阿拉伯国家丰富的太阳能和风能

---

① 王晓苏：“阿拉伯国家要石油也要新能源”，《阿拉伯国家要石油也要新能源》，2010年2月22日，第7版。

资源往往得不到重视。现在，已经有越来越多国家开始意识到发展新能源的重要性，并且许多国家已经付诸行动。近几年，一项接一项的可再生能源计划正将阿联酋和其他一些中东国家打造成除石油重要出口国外的另一个重要可再生能源出口国，这个能源就是太阳能。

阿拉伯石油研究中心（APRC）负责人萨尔吉斯在 APRC 月刊《阿拉伯石油和天然气》上发表文章："我们不仅能够出口石油，还能出口太阳能。近年来太阳能发展迅猛，它已经成为越来越多的中东及北非阿拉伯国家重点发展的能源项目，不管这些国家是否是石油或天然气的出口国。"① APRC 是阿拉伯国家的石油研究组织，1965 年建立，总部位于巴黎，是涉及中东、北非、非洲撒哈拉地区、里海地区等的石油天然气工业研究和出版中心，也承担阿拉伯石油生产国和国际石油天然气公司的咨询。

萨尔吉斯表示，在那些石油资源匮乏的阿拉伯国家中，发展太阳能和其他可再生能源正在成为一种越来越流行的趋势。因为这样能极大地弥补他们缺乏化石燃料的问题。同样地，对于那些拥有丰富石油资源的国家，关注太阳能发展也有两个好处：一是可以减少对环境的破坏，二是为"后石油时代"做充分的准备。

阿联酋近年来实施了多项太阳能和其他可再生能源的开发计划，可以说是阿拉伯国家在这一领域的"开拓者"。"建立零排放城市可谓是阿布扎比一项举世瞩目的工程，同时也是阿联酋'马斯达'计划的一部分。它不仅体现了阿拉伯人的创新精神，也体现了他们发展新能源的决心。"②

耗时约 8 年、耗资至少 220 亿美元的"零碳排"新城已经在阿布扎比破土动工。太阳能电池薄板、无人驾驶的汽车、能源监视传感器，

---

① 王晓苏："阿拉伯国家要石油也要新能源"，《阿拉伯国家要石油也要新能源》，2010 年 2 月 22 日，第 7 版。

② 央视网："马斯达城：不用一滴油的城市"，2008 - 12 - 12，http：//www.cctv.com/program/dysj/20081212/106091.shtml。

这些高科技物件，在今天的人们看来已经没有丝毫神秘感。但是，将这些零散的节能手段经过精心设计与安排组合起来，建造出一座二氧化碳排放量达到零的极致绿色环保城市，却仍然犹如天方夜谭。然而，这样一座“零碳排”新城的建设却已经开始进行。整个新城位于阿布扎比国际机场附近，在整个建设过程中，城市的设计专家将不断论证节能细节的可行性。届时，可容纳1500家高科技环保企业和5万常住居民的“零碳排”城市，将完整地呈现在世人眼前，而作为这座新城的重要组成部分，一个装机容量在1万千瓦的光电太阳能发电厂已经建设完成，该发电厂是中东地区最大的太阳能发电厂，目前已经并入了阿联酋国家电网中。

阿布扎比的“零碳排”新城建设，是“马斯达”（Masdar）计划的一部分。“马斯达”在阿拉伯语中就是“能源”的意思。这是阿联酋提出的一项旨在发展太阳能等清洁能源的计划，被誉为世界最大的清洁能源发展计划。当然除了“零碳排”新城外，“马斯达”计划中还有许多可再生能源项目。这其中不少都是跨国合作的大型项目，例如与德国合作的20亿美元太阳能电池板加工厂项目，以及和西班牙合作、耗资12亿美元的光电发电厂项目等。①

二、阿拉伯国家在风能领域的进展与对外合作

阿拉伯国家有意和中国开展有关风能的共同研究项目。阿拉伯国家拥有丰富的太阳能、风能、地热资源，具有发展新能源的良好条件，而中国具备完整的太阳能光伏产业产业链，以及成熟的技术、规模化生产和良好的成本控制，因此，双方在新能源和可再生能源领域具有巨大的合作潜力。

近年来，阿拉伯国家开始对新能源表现出浓厚兴趣，也着手布置

① 央视网：“马斯达城：不用一滴油的城市”，2008－12－12，http：//www.cctv.com/program/dysj/20081212/106091.shtml。

了一些重要项目，如阿联酋已经建设了风电站。国家能源局原局长、国家能源委专家咨询委员会主任张国宝认为，“这是因为阿拉伯国家自身能源消耗迅速，出于对能源的可持续利用，他们也开始挖掘自身拥有的丰富的可再生能源，这为中阿在新能源领域的合作创造了商机。”①

中国新能源企业进军阿拉伯国家前景可期。以风电为例，公开资料显示，在2011年年底，中东和北非地区的风电装机容量仅为99兆瓦和1024兆瓦，加起来不到全球风电装机容量的1%。保守估计，到2015年，中东地区的风电装机容量将是2011年的10倍，这将为中国风电企业带来巨大的投资前景。② 中国与阿拉伯国家应加强能源战略研究与对话，探索建立政府引导的、以企业为主体的国际能源交流长效合作机制，相互了解对方的政策、发展设想和前景。同时，为促进双方在新能源领域的合作创造良好的环境，推进双方在新能源贸易方面进一步的发展。

中节能绿洲太阳能科技有限公司总经理黄兴华认为，中国和阿拉伯国家可以在五个方面展开合作：一是结合沙漠治理和草场修复进行大规模的地面电站开发；二是光伏电站与建筑结合，实现分布式的能源供给；三是光伏电站与现代农业设施结合，起到光伏和农业双重发展的效果；四是光热利用与海水淡化相结合，为缺水的阿拉伯国家提供持续的淡水供应；五是在人群分散居住的区域，发展独立离网或小型微网的供电系统，以解决他们的电力需求。③

国家发改委能源研究所所长韩文科表示，中国应尽快与阿拉伯国家建立在能源战略和能源政策层次上的交流机制，中阿双方应在太阳

① 21世纪经济报道：“专访国家能源委专家咨询委员会主任、国家能源局原局长张国宝转变能源发展思路任重道远”，2013－05－17，http：//www.nbd.com.cn/articles/2013－05－17/742091.html。

② 新华网：“新能源成中阿合作新赢点”，2013－11－06，http：//news.xinhuanet.com/power/yw/2013－11/06/c_ 118030964.htm。

③ 同上。

能、风能等新能源领域加快互相开放市场步伐。① 阿拉伯国家纷纷利用世界银行的贷款或其他贷款发展太阳能，并引进了一些技术，而在这方面，中国在清洁能源领域的技术具有较强的竞争力，但中国企业对于在阿拉伯国家投资还心存隐忧，担心是不是有保障。阿拉伯国家面临不少挑战，如对发展和使用新能源补贴不足，形成了很大制约。目前，阿拉伯国家有意愿投入更多的公共资金发展新能源技术和项目。中国也希望学习其他国家的先进技术，不断提升水平。

三、阿拉伯国家在民用核能领域的进展与对外合作

民用核能的开发目前具有广阔的前景，而发展中国家目前正值核电发展的起步时期，众多国家越来越倾向于核能的开发对人类社会带来的不可估量的影响与帮助，而在核能领域进行国际合作已经是不可阻挡的趋势，越来越多的发展中国家在已经对核能应用相当纯熟的发达国家的带领下慢慢走入正轨，造福人类社会。对于阿拉伯国家来说，如何抓住机遇去发展，如何加强与国际间的交流与合作，以及如何培养核能发展中需要的人才将会是一个严肃的问题。另外，这项越来越受到关注的技术将如何取得人们的相信与认可，如何走近人类生活，可靠无安全隐患也将是人们最为关注的一个问题，而核能技术已经运用相对纯熟的发达国家来说，发展民用核能并不是发展国家特权，作为一种清洁、安全、经济的能源，核能已被国际社会广泛接受，这就意味着人类即将走近“核能复兴时代”。

以埃及为例，埃及将发展民用核能，目前已经建造多个核电站，埃及中东通讯内阁发言人马吉迪·拉迪的话说：“会议决定，根据埃及目前上升的（电力）需求，立刻开始研究核能。”② 由此看出，埃及作

---

① 王康鹏：“国家发改委能源研究所所长韩文科：十二五新能源占比将达 12%”，2010-01-11，http：//finance. ifeng. com/roll/20100111/1689541. shtml。

② 冯俊扬：“中东核风波骤起，埃及被指核试验”，2005-01-06，http：//www. people. com. cn/GB/paper39/13803/1232922. html。

为阿拉伯国家的代表之一，已经意识到发展核能的重要性，并且将立刻实施，这是一项刻不容缓的工作。法国在民用核能开发与利用方面一向处于世界领先地位。萨科齐说："法国或许是这一领域最具专业技术和丰富经验的国家，如埃方愿意，法国将与埃及合作。"① 最近几月中，法国先后同意与多个阿拉伯国家合作开发民用核能，这些国家分别是摩洛哥、阿尔及利亚和利比亚；俄罗斯工业与能源部部长宣布，俄罗斯和埃及正在起草民用核能合作协议。自埃及于2006年9月宣布恢复和平利用核能项目，埃及已考虑邀请俄罗斯、中国或美国专家参与此项目。

从以上新闻中可以看出，埃及作为阿拉伯国家中的一员，意识到开发核能的重要性，并与法国、俄罗斯等国家展开合作，签订合作协议，这是埃及在新能源领域上的一项重大突破，同时，埃及作为一个阿拉伯国家，在保证安全的前提下抓住发展机遇与其他国家和国际组织密切合作，这对其他阿拉伯国家产生了积极的影响和引领作用，使得更多的阿拉伯国家积极参与到此项技术中来。

除了埃及，中国是一个发展中的人口大国，同时又是能源资源短缺的国家，能源结构非常不平衡，油气资源严重不足，对煤炭的依存度极高。从中国目前的能源结构、布局和技术水平来看，如果仅依靠中国自身的努力，无法改变这种状况。因此，要想有所改变，需要包括美国在内的西方世界高度关注，从油气资源供给、清洁能源技术等方面，积极支持，并主动协助中国。中国国家能源局副局长吴吟在此方面已经做出明确的表示，要高度重视核安全，核安全无国界，发展中国家正值核电发展的起步时期，核电发达国家有义务帮助它们制定符合国际标准的核安全法规制度和监管体系。② 而中法两国目前已从

① 北极星电力环保网："法国打算帮助埃及发展民用核能技术"，2008－01－02，http：//news. bjx. com. cn/html/20080102/79888. shtml。

② 新华网："国家能源局副局长吴吟：中国能源格局呈四新趋势"，2011－10－24，http：//news. xinhuanet. com/fortune/2011－10/24/c_ 122189417. htm。

"师徒关系"走向对等合作，短短30年时间，中法在民用核能合作领域，已经从单方面的技术引进，迈向瞄准第三方市场的全产业链合作，并且将首次进军到国际市场，中法两国自信满满，HPC项目是中国广核集团与法国企业长期合作之后的新成果，通过这个项目，中广核能让世界分享在核电建设和运营方面的经验，也带动中国装备制造业走向国际。

积极发展核能已成为一种势不可挡的趋势。在发展核能的过程中，最受关注的三大要点是"安全"、"合作"、"机遇"。这六个字简明扼要地概括了当代核能技术发展存在的最大问题以及每一个国家最需要做的就是与国际间合作，抓住机遇。安全问题无论是哪一项技术必定是首要考虑的因素，没有一个国家会使用有安全隐患的技术，如果保障不了一项技术的安全，那么这项技术永不会得到人类的接受，这是毋庸置疑的一个话题。发展核能最基本的两个话题，就是安全性与核不扩散，从核能诞生之日起，安全问题就如影随形，切尔诺贝利核电站爆炸导致强辐射物质泄漏的灾难令人难忘，如今任何与核安全有关的问题都让媒体和公众格外敏感。不得不说，发展核能是每一个国家拥有的权利，但是如果一个国家没有完善的保障体系和安全政策，以及建立相应的法律法规，一旦核泄漏将会引起世界性的灾难，后果将是无法挽救的，所以加强国际间的合作，完善提高核技术的安全性能，将安全系数降至最低，培养核能方面的专业化人才，建设国际核能研究所与国际核能学校是每个国家必须去实行的，只有保障了这一切，核能才能够被接受、被应用并造福人类。

民用核能给人类带来的福利确实不少，尤其是在能源消耗巨大和人口众多的发展中国家，要满足全人类的需要是完全不可能的，目前世界能源处于匮乏阶段，不可再生能源将会成为一个很严肃的问题，直接威胁到人类的生存与发展，只有开发新能源才能够维持人类生活的正常运作，科学家们采取不同的渠道，开发太阳能、风能、水能……而不得不说核能是所有新型能源中力量较为强大的一个，它就像一个双面利器，如果能为人类所用将会是科学技术上的一项重大突破，反之则是危害人类，甚至毁灭世界。而它的好处不仅仅是改善了人类资源匮乏的问题，并且带动了经济的发展为世界经济复苏带来了新机遇。另一方面，间接地给失业人群带来了较多就业机会，扩大内需，这对每一个国家尤其是阿拉伯国家来说，是一个提高人名生活水平和国家进步的重要机遇，所以抓住机遇是当前每一个阿拉伯国家面临的首要问题，也是值得每一个发展中国家深思的问题。

世界核能协会统计表明：核能供电站已占全球供电站的16%，其中美国103座，法国58座，日本55座，韩国20座，印度18座、在建8座。中国目前拥有11座核电机组，中国最大的核电站是106万千瓦的连云港田湾核电站。全国近80%发电量来自核电。[①] 以上说明核电是连接未来能源的重要方式，是一个国家不可或缺的能源组成。

与火电相比，核能发电的优势是：环保、如控制得当污染物排放非常低，不会加重全球的温室效应；核能发电燃料费用低，与油气煤相比具有价格稳定的优势，对原料产地依赖性不强。核能发电的劣势是：热污染严重，放射性废料处理需缜密安排，核电不宜做尖峰、离峰使用，需要建立严格的防漏安全体系等。

截止到2005年法国的核发电量相当于替代了1.024亿吨油当量的消费；日本相当于替代了6630万吨油当量的消费；韩国相当于替代了3320万吨油当量的消费。[②] 在能量耗费如此巨大的今天，石油作为一项不可再生资源，核能可以作为它的一个替代品并且不存在消耗殆尽问题，已经引领了世界能源发展的趋势，但这并不是一个简单的过程。日本虽然作为其中一个发达国家，福岛核事故发生后，日本公众舆论对核能非常敏感，日本对快速增殖反应堆计划抱有很大的希望，希望借助这个计划通过其54个核反应堆来生产新的燃料，但小组委员会的

---

① 武建东："花大价钱买技术不如并购国际核电巨头"，2007-03-20，http://www.cinn.cn/xw/cinngz/127468.shtml。

② 同上。

报告有效地浇灭了日本循环使用核燃料的希望，并声明在未来二三十年不急于考虑，日本核能工业经过了20多年的发展和120亿美元的投资又回到了原点。这对于日本来说无疑是一个非常令人失望的消息，由此看出，核泄漏问题是绝对存在的，阿拉伯国家如果不将此作为一个经验教训，将会付出巨大的代价。

总而言之，民用核能在人类，国家的发展扮演着重要的角色，它的发展前景尤为广阔，从阿拉伯国家一系列举动中，我们看到阿拉伯国家目前面临的机遇，但也是一个挑战，当务之急是积极参与到国际合作中来，发展自己，而这不是一项简单的工作，阿拉伯国家所需要做的便是培养核能技术专业人才，建立各种监管安全政策，提高安全系数并得到公众的认可，造福全人类才是最重要的。

附　录

附录1　气候谈判中的术语类名词解释（气候话语）①

驯化：

对气候变异的生理性适应。

共同执行活动（AIJ）：

联合履行的试验阶段，如《联合国气候变化框架公约》第4条第2款（a）项所定义，即允许发达国家（及其公司）和发达国家与发展中国家（及其公司）之间进行项目活动。AIJ旨在通过共同执行项目活动，使得《联合国气候变化框架公约》缔约方从中获得经验。在试验阶段，AIJ不存在信用。对于未来的AIJ项目及其与京都机制有怎样联系都需要再做决定。作为可交易许可证的简单形式，AIJ与其他基于市场的计划方案一样，对于刺激有益于全球环境的额外的资源流动，是一种重要的且有潜力的机制。另见清洁发展机制和排放贸易。

适应性：

参见适应能力。

适应：

---

① IPCC，“Intergovernmental Panel on Climate Change”，2014－09－10，http：//www.ipcc.ch/.

指自然和人为系统对新的或变化的环境做出的调整。适应气候变化是指自然和人为系统对于实际的或预期的气候刺激因素及其影响所做出的趋利避害的反应。可以将各种类型的适应加以区分，如预期性适应和反应性适应，私人适应和公共适应，自动适应和有计划的适应。

适应性评估：

根据有效性、收益、成本、效用、效率和可行性等标准对气候变化的适应措施进行评定的行为。

适应性收益：

由于采取和实施适应性措施而避免的破坏性损失或增加的收益。

适应性成本：

计划、准备、推动和实施适应性措施而进行的支出，包括过渡期的花费。

适应能力：

调整能力，从而缓解潜在危害，利用有利机遇，或处理后果。

额外性：

在没有《京都议定书》关于联合履行和清洁发展机制所定义的联合履行和清洁发展机制项目活动时，减少源排放或增强各种汇的清除被视为额外的。这个定义可扩大到包括财政的、投资和技术额外性。在“财政额外性”中，项目活动资金对现有的全球环境基金、附件一所列缔约方的其他财政承诺、官方发展援助和其他合作来说是额外的。在“投资额外性”中，排放减少单位/经证明的排放减少单位的价值，将极大地提高项目活动的财政的和/或商业的有效性。在“技术额外性”中，项目活动所使用的技术将最适用于东道国。

调整时间：

参见生命期；还参见响应时间。

气溶胶：

空气中固态或液态颗粒的聚集体，通常大小在0.01mm至10mm之间，能在大气中驻留至少几个小时。气溶胶有自然的和人为的两种来源。气溶胶可以通过两种途径对气候产生影响：通过散射和吸收辐射产生直接影响；通过在云形成过程中扮演凝结核或改变云的光学性质和生存时间而产生间接影响。见间接气溶胶效应。

造林：

在历史上没有树林的地区种植新的树林。关于森林及相关词条如造林、再造林和毁林，请参见《IPCC 土地利用、土地利用变化和林业特别报告》（IPCC，2000b）。

累积影响：

各部门和/或区域的影响总和。影响的累计需要了解（或设定）不同部门和区域影响的相对重要程度。累积影响的衡量标准包括，如受影响的人口总数量、净初级生产力的变化、正在变化的系统数目、或总的经济损失。

反射率：

太阳辐射被表面或物体所反射的比率，常以百分数表示。覆雪表面具有高的反射率；土壤的反射率由高到低变化较大；植被表面和海洋的反射率较低。地球的反射率主要因云、冰、雪和土地覆被状况的改变而变化。

藻花：

江河、湖泊或海洋中的藻类大量繁殖。

高山性的：

林木线以上的山坡，以蔷薇草本植物和生长缓慢的低矮灌木植物为特色的生物地理区域。

替代发展道路：

指所有国家有关社会价值和消费生产模式的各种可能的情景，包括但不限于延续现行模式。这些道路不包括额外的气候政策，即不包括明确假定履行《联合国气候变化框架公约》或实现《京都议定书》排放目标的情景，但确实包括间接影响温室气体排放的其他政策假设。

替代能源：

非化石燃料能源。

辅助效益：

特定的气候变化减缓政策产生的辅助或附带效益。这样的政策不仅对温室气体排放产生影响，而且影响资源的有效使用，如减少当地和区域的化石燃料使用所造成的空气污染物排放，还对诸如交通、农业、土地利用、就业和燃料安全等问题产生影响。有时，这些效益是指“负面影响”，来反映在某些情况下这些所谓“效益”是不好的。从以减少当地空气污染为目的政策角度来看，温室气体减排可能也被认为是辅助收益，但这些关系在此评价中不予考虑。

附件一国家/缔约方：

《联合国气候变化框架公约》附件一（1998 年修订）所包括的国家集团，是经济合作发展组织中的所有发达国家和经济转型国家。其他不履行公约的国家即非附件一国家。根据公约第 4.2（a）和 4.2（b）款，附件一国家承诺 2000 年前单独或联合将温室气体排放控制在 1990 年的水平。也参见附件二、附件 B 和非附件 B 国家。

附件二国家：

《联合国气候变化框架公约》附件二中所包括的国家集团，是指经济合作发展组织中的所有发达国家。在公约第 4.2（g）款下，这些国家被期望对发展中国家提供财政援助，以帮助发展中国家履行义务，如准备国家报告。附件二国家还被期望推动环保友好技术向发展中国家的转让。另见附件一、附件 B、非附件一和非附件 B 国家/缔约方。

附件 B 国家/缔约方：

《京都议定书》附件 B 包括的国家集团，这些国家一致达成减少温室气体排放的目标，包括除土耳其和白俄罗斯之外的所有附件一国家（1998 年修订）。另见附件二、非附件一和非附件 B 国家/缔约方。

人为的：

起因于人类的或由人类产生的。

人为排放：

与人类活动相关的温室气体、温室气体前体和气溶胶的排放。这些包括为获得能源而燃烧化石燃料、毁林和导致排放净增长的土地利用变化。

水产养殖：

繁育和喂养鱼类、贝壳类等水生生物的活动，或在特殊的池塘中种植食用植物。

含水层：

具有纳水能力的渗透岩石层。一个非封闭型含水层直接由地方降水、河流和湖泊进行补灌，补灌的速率一般受到上面土壤和岩石渗透力的影响。封闭型含水层上部为非渗透层，地方降水对含水层没有影响。

干旱区：

年降水量小于250mm的生态区。

分配数量（AAs）：

《京都议定书》规定，每一个附件B国家的排放量不超过第一承诺期的（为期5年，2008—2012年）的温室气体排放总量，就是分配数量。计算方法如下，用该国家1990年总的温室气体排放量乘以5，再乘以《京都议定书》附件B中所列的百分比数（例如，欧盟为92%，美国为93%）。

分配数量单位（AAU）：

用全球增温潜势值计算，相当于1吨（公吨）二氧化碳当量的排放。

大气：

环绕地球的气层。干大气几乎完全由氮（78.1%的体积混合比）和氧（20.9%的体积混合比）构成，还包括一些微量气体，如氩（0.93%的体积混合比）、氦，以及对辐射起作用的温室气体如二氧化碳（0.035%的体积混合比）和臭氧。此外，大气还包括水汽（其含量变化很大，典型的体积混合比为1%）。大气还包括云和气溶胶。

归因：

见探测和归因。

储蓄：

根据《京都议定书》［第3（13）款］，《联合国气候变化框架公约》附件一所列缔约方，可以将由第一承诺期节省的排放许可或信用用于后面的承诺期（2012年以后）。障碍是指实现一个潜在目标中的任何阻碍，这些阻碍可通过政策、计划或措施予以克服。

基准线：

基准线（或参照）是指用于衡量变化大小的一些数据。它可能是“当前基准线”，在这种情况下，其代表了可观测的当前的状况；它也可能指“未来基准线”，是排除了利益驱动因素后对未来情况的一种预测。不同的参照条件可以得出不同意义的基准线。

流域：

溪流、江河和湖泊流经的排水区域。

生物多样性：

在特定地域拥有大量的、极其丰富的各类基因（基因多样）、物种和生态系统（共存的群体）。

生物燃料：

由干燥的有机物生成的燃料或植物生成的燃油。生物燃料的例子包括：酒精（由糖发酵而来）、由造纸产生的黑液、木材和豆油。

生物量：

指定的面积或体积中生命有机体的质量总和；近期死亡的植株部分常被作为死亡生物量。

生物群落：

在一个大范围的区域，在相似的环境条件下存在的许多类似的植物和动物群体的组合。

（陆地和海洋的）生物圈：

地球系统的一部分，由大气、陆地（陆地生物圈）、海洋（海洋生物圈）中的所有生态系统和现存的有机体构成，包括派生的死亡有机物，例如枯枝、土壤有机物和海洋腐质。

生物区系：

一个地区所有生命有机体的总和，动植物被认为是一个整体。

黑碳：

业务上根据光线吸收性、化学活性和/或热稳定性等条件定义的种类，包括煤烟、木炭和/或吸收光线的难熔的有机物（Charlson 和 Heintzenberg，1995 年）。

沼泽：

植物体聚集的极难排水的区域，通常由开放的水域包围而且有一些特有的植物群体（如苔草、石南灌丛、泥炭藓）。

北部森林：

由加拿大东海岸向西延伸到阿拉斯，然后从西伯利亚向西穿过整个俄罗斯到欧洲平原，由松树、云杉、冷杉、落叶松构成的森林。

自下而上模型：

一种建立模型的方法，分析中包括技术和工程细节。另见自上而下模型。

负载：

大气中所关心的气态物质的总质量。

能力建设：

在气候变化中，能力建设是指开发发展中国家和经济转型期国家的技术技能和机构运转能力，使这些国家参与从各个层面的气候变化适应、减缓和研究并执行京都机制等工作。

含碳气溶胶：

主要成分为有机物和多种形式的黑炭的气溶胶（Charlson 和 Heintzenberg，1995 年）。

碳循环：

用于描述大气、海洋、陆地生物圈和岩石圈中碳流动（以各种形式，如二氧化碳）的术语。

二氧化碳（CO2）：

一种可以自然生成的气体，也可以是燃烧化石燃料和生物质，以及土地使用变化和其他工业过程的副产品。它是影响地球辐射平衡的主要人为温室气体。它是度量其他温室气体的参考气体，其全球增暖潜力指数为1。

二氧化碳（CO2）肥沃化：

大气中二氧化碳浓度增加导致植物生长加速。因光合作用的机制，某些种类的植物对大气二氧化碳浓度变化十分敏感。尤其是在光合作用中产生三碳化合物（C_3）的植物，如水稻、麦子、黄豆、土豆和蔬菜，一般来说，比在光合作用中产生四碳化合物（C_4）的植物，对大气中二氧化碳浓度变化反应更大，后者主要为热带植物，包括各种草和重要的农作物如玉米、甘蔗、小米和高粱。

碳泄漏：

参见泄漏。

碳税：

见排放税。

集水区：

吸纳和排除雨水的区域。

经证明的减排（CER）单位：

通过清洁发展机制项目减少（用全球增温潜势值计算）或隔离的相当于1吨（公吨）的二氧化碳当量排放。另见排放量减少单位。

氯氟碳化物（CFCs）：

1987年《蒙特利尔议定书》涉及的温室气体，用于电冰箱、空调、包装、绝缘、溶剂或喷雾推进剂。由于在低层大气中没有被破坏，CFCs飘入高层大气层并在适当的条件下分解臭氧。这些气体正在被《京都议定书》所涉及的包括氢氯氟碳化物和氢氟碳化物在内的温室气体所取代。

霍乱：

一种肠道传染病，可以引起腹泻、腹痛痉挛、脱水瘫软等症状。

清洁发展机制（CDM）：

《京都议定书》第12条做了定义，清洁发展机制欲达到两个目标：(1) 协助未列入附件一的缔约方实现可持续发展并为实现《公约》的最终目标做出贡献；(2) 协助附件一所列缔约方实现其量化的限制和减少排放的承诺。由非附件一国家承担的、旨在限制或减少温室气体排放量的清洁发展项目带来的被认可的排放减少单位，一旦得到缔约方大会或缔约方会议指定的经营实体的证明，就可以作为附件B缔约方投资者（政府或工业组织）的减排量。经证明的项目活动产生的盈利的一部分，既可用来抵补行政管理费用，也可以帮助那些极易受气候变化影响的发展中国家缔约方保证用于适应气候变化的花费。

气候：

狭义地讲，气候常常被定义为“平均的天气状况”，或者更精确地表述为，以均值和变率等术语对变量在一段时期里的状态的统计描述。这里，一段时期可以是几个月到几千年甚至数百万年。通常采用的是世界气象组织（WMO）定义的30年。这些变量一般指地表变量，如温度、降水和风。广义地讲，气候就是气候系统的状态，包括统计上的描述。

气候变化：

气候变化是指气候平均状态统计学意义上的巨大改变或者持续较长一段时间（典型的为10年或更长）的气候变动。气候变化的原因可能是自然的内部进程，或是外部强迫，或者对大气组成和土地利用的持续性人为改变。《联合国气候变化框架公约》（UNFCCC）第1款将“气候变化”定义为“经过相当一段时间的观察，在自然气候变化之外由人类活动直接或间接地改变全球大气组成所导致的气候改变”。UNFCCC因此将因人类活动而改变大气组成的“气候变化”与归因于自然原因的“气候变率”区分开来。另见“气候变率”。

气候反馈：

气候系统中各种物理过程间的一种相互作用机制。当一种初始物理过程触发了另一种过程中的变化，而这种变化反过来又对初始过程产生影响，这样的相互作用被称为气候反馈。正反馈增强最初的物理过程，负反馈则使之减弱。

气候模式（体系）：

气候系统的数值表述是建立在气候系统各部分的物理、化学和生物学性质及其相互作用和反馈过程的基础上，以解释已知特征的全部或部分。气候系统可以用不同复杂程度的模式来描述。例如，通过一个分量或者分量组合就可以对模式进行识别，模式的区别可以表现在空间分布的数量；或其所代表的物理、化学或者生物过程的进展程度；或者经验参数的应用水平。耦合的大气/海洋/海冰一般环流模式（AOGCMs）则给出了气候系统的一个综合表述，并存在向化学和生物应用的复杂模式演变的趋势。气候模式不仅是一种学习和模拟气候的研究手段，而且还被用于实际操作，包括月、季节、年际的气候预测。

气候预测：

气候预测或气候预报是对未来（如季节、年际或长时间尺度）气候的实际演变过程进行最接近的描述或估测的一种手段。另见气候预计和气候（变化）情景。

气候预计：

对气候系统响应温室气体和气溶胶的排放或浓度构想，以及辐射强度情景等的预计，往往是基于气候模式的模拟。气候预计与气候预测不同，气候预计主要根据一些设想和关注的问题，例如未来可能的或不可能实现的社会经济和技术发展状况，应用排放/浓度/辐射强迫情景对气候进行的预计，具有很大的不确定性。

气候情景：

在气候逻辑关系内在一致性的基础上，对未来气候的一种近乎合理的、通常简化的表述。这种未来的气候被直接用于研究人为气候变化的潜在结果，经常作为输入因子应用于影响模型。气候预计经常作为原始数据应用于气候情景的构建，但气候情景通常还需要其他的信息如观测到的当前的气候。一个“气候变化情景”表述的是气候情景和当前气候之间的差异。

气候敏感性：

在 IPCC 报告中，“平衡气候敏感性”是指全球平均表面温度在大气中（当量）二氧化碳加倍后的平衡变化。更一般地讲，平衡气候敏感性是指当辐射强迫（℃/Wm－2）发生一个单位的变化时表面气温的平衡变化。实际工作中，对平衡气候敏感性的评估需要耦合环流模式的长期模拟。“有效气候敏感性”是围绕该要求的一个相关度量。它根据模式输出来评估不断演变的非平衡性条件。它是衡量特定时间反馈力度的方法，并可能会随强迫的历史和气候状况而变化。见气候模型。

气候系统：

由五个主要组分构成的高度复杂的系统，包括有大气圈、水圈、冰雪圈、岩石圈、生物圈，以及它们之间的相互作用。气候系统的演变进程受到自身动力学规律的影响，也由于外部驱动如火山喷发、太阳变化，以及由人类引起的诸如大气组成的改变以及土地利用的驱动等。

气候变异：

气候变异是指气候的平均态和其他统计量（如标准偏差、极值的出现频次等）的变化，这种变异在时间和空间的尺度都要超过单独的天气事件的变化。气候变异可能是由于气候系统内部的自然过程（内部变异）造成，也可能是因为自然的或人为的外部强迫（外部变化）。另见气候变化。

与二氧化碳量相当的：

见二氧化碳当量。

二氧化碳施肥：

参见二氧化碳（CO_2）施肥。CO_2的施肥效应是指 CO_2浓度增加对植物生长的助长作用，CO_2浓度上升对粮食作物产量产生的影响将直接关系到气候变化背景下的全球粮食供应安全及人类适应对策。利用夏威夷 Mauna Loa 观测站提供的 1958—2002 年逐月 CO_2浓度数据以及世界粮农组织（FAO）统计的北半球 20 个主要粮食生产国 1961—2002 年水稻、小麦和玉米产量数据，美国加州 Lawrence Livermore 国家实验室能源与环境研究专家们分析了不同国家不同种类粮食产量对 CO_2浓度变化的响应。

共生效益：

由于各种原因同时执行政策的效益，包括减缓气候变化。它表明大多数为减排温室气体而制定的政策也都有其他同等重要的理由（例如，与发展、可持续性和公平相关的目标）。共同影响一词用法更广泛，既表示正面收益也表示负面收益。另见辅助收益。

热电联产：

把发电产生的废热如气轮机产生的废气用于工业目的或区域供热。

遵约：

参见执行。

缔约方大会（COP）：

《联合国气候变化框架公约》（UNFCCC）的最高机构，由批准或同意 UNFCCC 的国家组成。第一次缔约方会议（COP－1）于 1995 年在柏林召开，接着 1996 年在日内瓦召开 COP－2，1997 年在京都召开 COP－3，1998 年在布宜诺斯艾利斯召开 COP－4，1999 年在波恩召开 COP－5，2000 年在海牙召开 COP－6 的第一部分，2001 年在波恩召开 COP－6 的第二部分会议。COP－7 计划于 2001 年 11 月在马拉喀什召开。另见缔约方会议（MOP）。

冷却度日：

一日温度高于 18℃的部分（如：某一日平均温度为 20℃，就记为 2 冷却度日）。另见加热度日。

应对范围：

系统能够承受且对自身不产生显著影响的气候刺激的范围。

珊瑚礁白化：

由于失去共生的海藻而造成的珊瑚礁颜色变白。白化是珊瑚礁对海水在温度、含盐量以及混浊度方面的突然变化产生的生理反应。

成本有效性：指为了实现给定目标，一种技术或措施所提供的商品或服务成本，是否等于或小于现有的、或成本最低替代品的判断标准。

冰雪圈：

气候系统的组成部分，由所有的雪、冰以及陆地和海洋表面上面和下面的永久冻结带组成。另见冰川和大冰原。

深水形成：

发生在海水冻结形成海冰时。局部的盐释放及随后发生的水密度增加而导致含盐量高的冷水汇结于海洋底部。

毁林：

指森林转化为非森林。关于森林一词的讨论及与之有关的术语如造林、再造林和毁林，请参见《IPCC 土地利用、土地利用变化与林业特别报告》（IPCC，2000b）。

需求侧管理：

专门为影响消费者对商品和/或服务的需求目的而设计的政策和计划。例如，在能源部门，就是指为减少消费者对电和其他能源需求而设计的政策和计划。它可帮助减少温室气体排放。

登哥热：

由蚊子传染的病毒性疾病，因表现为以严重的关节和后背疼痛为特征的发烧而常被称为热病。并发感染这种病毒可能导致登哥出血热（DHF）以及登哥休克综合症（DSS），这将是致命的。

保证金返还制度：

将一种商品的保证金或费（税）与返还或折扣（补助金）合并起来实施某项特别行动。另见排放税。

沙漠：

年降水少于100mm的生态系统。

荒漠化：

在干旱、半干旱及半湿润偏旱区因气候变化和人类活动等多种因素导致的土地退化。联合国防治荒漠化会议进一步将土地退化定义为干旱、半干旱、半湿润偏干地区以及雨养作物、灌溉作物，或牧场、草地、森林以及林地等复合体在生物生产力或经济生产力方面的降低，生产力降低的原因来自于人类活动和居住模式等方面的土地利用或这些过程的单个或多个因素，如：（1）风蚀和/或水蚀造成的土壤侵蚀；（2）土壤在物理、化学、生物学或经济特性等方面的恶化；（3）天然植被的长期损失。

探测和归因：

气候在所有时间尺度上不断变化。气候变化的探测就是在某种统计意义的定义下揭示气候发生变化的过程，而不提供对这种变化的原因解释。气候变化归因则是对已探测到的气候变化找到最可能导致该变化的原因的过程，它应有某种定义水平的可信度。

干扰状况：

干扰的频度、强度和类型，如火灾、昆虫或害虫的爆发、水灾和干旱。昼夜温差范围一天内最高气温和最低气温的差值。

双重红利：

一天内最高气温和最低气温的差值。

双重红利：

利用碳税或拍卖（交易）碳排放许可等增加收益等手段，它能限制或减少温室气体排放，并通过循环收益减少其他扭曲性税种，至少部分弥补气候政策引起的福利损失。在一个存在被动失业的社会，采取的气候变化政策可能对就业有所影响（正面的或负面的“双重红利”）。只要实行收益的循环利用，也就是大大减少扭曲性税种的税率，将产生微弱双重红利。当收益循环超过总体最初成本，届时减税的净成本为负数，将产生强有力的双重红利。

干旱：

当降水显著低于正常记录水平时出现的一种现象，造成严重的水文学不平衡，对土地资源生产系统产生负面影响。

经济潜力：

经济潜力是指可以通过创建市场、减少市场失败、或增加财政和技术转让来成本有效性地减少温室气体排放和提高能源效率的技术潜力。获得经济潜力需要额外的政策和措施来扫清市场障碍。另见市场潜力、社会经济潜力和技术潜力。

经济转型（EITs）：

指国内经济处于由计划经济体制向市场经济转变过程中的国家。

生态系统：

由多种相互作用的有生命的生物体及其物理环境组成的系统。能够被称为生态系统的边界有些随意性，取决于研究的兴趣或着重点。因此，生态系统的范围可以从非常小的空间尺度直到整个地球不等。

生态系统功能：

对个人或社会有价值的生态过程或功能。

厄尔尼诺南方涛动（ENSO）：

厄尔尼诺最初的意义是指一股周期性地沿厄瓜多尔和秘鲁海岸流动的暖水流，它对当地的渔业有极大的破坏。这种海洋事件与热带印度洋和太平洋上表面气压型和环流的振荡（被称为“南方涛动”）有密切关系。这一海气耦合现象被统称为厄尔尼诺南方涛动，或是ENSO。在厄尔尼诺事件发生期间，盛行的信风减弱，赤道逆流增强，导致印度尼西亚地区表面的暖水向东流，覆盖在秘鲁的冷水之上。这一事件对赤道太平洋上的风场、海平面温度和降水模式有巨大影响，并且通过太平洋对世界上其他许多地区产生气候影响。与厄尔尼诺相反的事件叫拉尼娜。

排放：

在气候变化中，排放指的是在特定区域和时间段内，温室气体和/或其前体物和气溶胶向大气中的释放。

排放许可：

排放许可是政府部门（政府间机构、中央或地方政府部门）对特定区域的（国家、次国家的）或行业的（个体公司）单位分配的排放许可额，为一种不可转让或可交易的权利。

排放配额：

在最大总排放和强制资源分配的框架下总许可排放量中分配给一个国家或一组国家的比例或份额。

排放量减少单位（ERU）：

相当于利用全球增温潜势计算出的因联合履行（在《京都议定书》第六条有定义）项目而减少或固积的 1 吨（公吨）二氧化碳排放。另见经证明的排放量减少和排放贸易。

排放税：

由政府对于应税源每单位二氧化碳当量排放征收的税目。由于所有化石燃料中的碳最终都会以二氧化碳的形式排放，对化石燃料中的碳征税，即碳税，就相当于对化石燃料燃烧引起的排放征排放税。能源税，即对燃料中的能量征税，将减少对能源的需求，进而减少使用化石燃料产生的二氧化碳排放。生态税的目的是影响人类行为（尤其是经济行为），走向良好的生态之路。国际排放税/碳税/能源税是由某国际机构对参与国际事务的国家的特殊源进行征税。税收收入由参与国或国际机构分配或用作特殊用途。

排放贸易：

用市场方法达到环境目的，即允许那些减少温室气体排放低于规定限度的国家，在国内或国外使用或交易剩余部分弥补其他源的排放。一般来说，交易可在公司内部、国内和国际间进行。《IPCC 第二次评估报告》同意对国内贸易体系使用"许可"，对国际贸易体系用"配额"的说法。《京都议定书》第 17 条提及的排放贸易，是在根据议定书附件 B 所列减少和限制排放承诺计算出分配数量的基础上的可交易配额体系。另见经证明的排放量减少和清洁发展机制。

排放情景：

对潜在的辐射活跃排放物（如温室气体、气溶胶）的未来发展的一种可能的表述。它是基于一致的、内部协调的、关于驱动力（如人口统计、社会经济发展、技术变化）及其主要相关关系的假设而提出的。从排放情景中引申出的浓度情景被用作气候模式的输入值来计算气候预计结果。IPCC 于 1992 年在第二次评价报告（1996）中提出了一系列排放情景，并以此作为气候预计的基础。这些排放情景，即所说的 IS92 情景。《IPCC 排放情景特别报告》（akicenovic et al.，2000）公布了新的排放情景——SRES 情景。关于这些情景的一些术语，见 SRES 情景。

地方性的：

仅限于某地区或区域所特有的。关于人类健康，地方性可能指一直都流行于某些人口或地理区域的一种疾病或致病体。

能量平衡：

气候系统能量收支的全球长期平均应该是平衡的。因为驱动气候系统的所有能量均来自于太阳，能量平衡意味着进入的全球太阳辐射总量必须等于被反射的太阳辐射与气候系统射出的红外辐射之和。全球辐射平衡的扰动被称为辐射强迫，它是由自然或人为因素引起的。

能源转化：

参见能源转换。

能源效率：

某系统能源转换过程中的能源产出与其投入的比例。

能源强度：

能源强度是能源消费与经济或物理产出的比率。在国家水平，能源强度是国内主要能源的消费总量或终端能源消费与国内生产总值或物理产出的比率。

能源服务：

将有用能源用于消费者期望的方面，如交通、供暖或供电。

能源税：

参见排放税。

能源转换：

从一种能源形式，如化石燃料所具有的能量，变为另一种能量，如电能。

环境无害技术（ESTs）：

这种技术能保护环境、更少污染、以更可持续的方式利用所有资源、回收更多的本身废弃物和产品，且与它们拟替代的技术相比，能以更为人们所接受的方式处理剩余废气物，这些技术能适应本国确立的社会经济、文化和环境方面的优先。本报告中的EST是指减排和适应技术、硬技术和软技术。

流行性的：

在人数上明显超出预期的突然发生，特别用于描述传染病，但也用于任何疾病、伤害或与其他健康有关的事件的突然发生。

平衡和瞬变气候实验：

“平衡气候实验”是指对于一种辐射强迫的改变，允许气候模式完全调整到与之平衡的状态的实验。这种实验提供了有关模式初态和终态的差异的信息，但没有给出模式响应随时间的变化。如果强迫是按照预先给出的排放情景逐渐演变的，就可以分析气候模式响应随时间的变化。这样的实验被称之为“瞬变气候实验”。另见气候预计。

二氧化碳（CO_2）当量：

对于给定的二氧化碳和其他温室气体的混合气体，相当于多少能够引起同样的辐射强迫的二氧化碳的浓度。

侵蚀：

土壤或岩石因风化、质量损耗，以及河流、冰川、波浪、风力和地下水的作用而进行的搬运过程。海平面升降变化由于世界海洋体积的变更而导致的全球平均海平面变化，这可以因水的密度的改变或水体总量的变化而产生。在讨论地质时间尺度的变化时，该术语有时也包括因海盆形状的变动而引起的全球平均海平面变化。

富营养化：

水体（常为浅水）中的可溶解性养分变得（自然的或污染而造成）丰富并造成溶解氧季节性缺乏的过程。

蒸发：

液体变为气体的过程。

蒸发蒸腾作用：

地球表面蒸发过程和植被的蒸腾作用的联合作用。

外来种：

参见引进种。

暴露：

系统暴露于显著的气候变异下的特征及程度。

外部性：

参见外部成本。

外部成本：

用于定义为任何活动主体未全面考虑自己的行为对他人的影响的人类活动所引起的成本。同样，外部收益是指这种影响是正面的，且在活动中不对活动主体负责。一座发电厂的特殊污染排放影响着人类健康，但在个人决策时经常不予考虑或没有给予足够重视，这样的影响是不会有市场的。这种现象被称为“外部性”，由它所引起的成本被称为外部成本。

强迫：

参见气候系统。

灭绝：

一种物种的整个完全消失。

毁灭：

一种物种从其范围的一部分内消失；区域灭绝。

极端天气事件：

极端天气事件是指在特定地区发生在其统计分布之外的罕见事件。“罕见”的定义是不固定的，但一般来讲，极端天气事件通常要等于或少于10%或90%的出现概率。按照定义，对于不同地区，极端天气的特征也是不同的。极端气候事件是某一特定时期内许多天气事件的平均，而平均本身是极端的（如某一个季节的降水）。

反馈：

参见气候反馈。

纤维：

木材、燃木（木本或非木本）。

终端能源：

可供消费者转化成有用能源（如墙壁插座中的电能）的能源。

灵活机制：

参见京都机制。

通量调整：

为避免海气耦合模式产生漂移到非真实气候态的问题，可以对海气热量和水汽通量（有时包括风对洋面产生的表面应力）在未被叠加进模式之前用调节项来进行的调整。由于这些调整是预先计算且独立于海气耦合模式的积分，因此与积分过程中发展的异常无关。

粮食危机：

指缺乏足够数量的、安全和营养的食物来维持正常生长、发育和积极而健康生活的一种状况。可以因无粮源、购买力不足、分配不合理或在家庭中不正当使用粮食而造成。粮食不安全可能是长期的、季节性的或短暂的。

森林：

以树林为主的植被类型。世界上目前存在着对森林一词的多种定义，它们也反映了生物地理条件、社会结构和经济的差异。与森林有关的讨论及相关条目如造林、再造林和毁林等参见《IPCC 土地利用、土地利用变化和林业特别报告》（IPCC，2000b）。

化石二氧化碳（CO_2）排放：

因碳沉积化石燃料（如石油、天然气和媒）的燃烧而产生的二氧化碳排放。

化石燃料：

由碳化石沉积形成的碳基燃料，包括煤、石油和天然气。

淡水透镜：

在海岛下部的一个透镜式的淡水水体。它位于咸水之下。

燃料转换：

指将煤等燃料转换成天然气以减少二氧化碳排放的政策。

全成本定价：

对商品的定价，如电，它包括最终用户所要面对的最后价格，这不仅包括私人买入成本，还包括他们生产和使用的外部成本。

《气候变化框架公约》：

参见《联合国气候变化框架公约》。

总环流：在旋转地球上，因热力差异引起的大气和海洋的大尺度运动，其作用在于通过热量和动量的输送恢复系统的能量平衡。

总环流模式（GCM）：

参见气候模式。

地球工程：

努力通过直接管理地球的能量平衡来稳定气候体系，因此克服温室效应的加剧。

冰川：

陆地上巨大的冰体，可以沿山坡向下流动（因内部形变和底部滑动），同时被周围的地形（如山谷和四周的山峰）所限制；岩床地形是冰川运动和表面倾斜的主要影响因素。冰川因其上部较高处降雪的积累而维持，同时因其下部融化或流进海洋而达到平衡。

全球表面温度：

全球表面温度是指对以下两种气温进行面积加权后的全球平均温度：（1）海洋表面温度（也即海洋表层几米内的次表层容积温度）；（2）陆地表面1.5米处的表面气温。

全球增温潜势（GWP）：

描述充分混合的温室气体的辐射特性的指数，它反映了不同时间这些气体在大气中的混合效应以及它们吸收向外发散的红外辐射的效力。该指数相当于与二氧化碳相关的在现今大气中给定单位温室气体量在完整时间内的升温效果。

温室效应：

温室气体有效地吸收地球表面、大气本身相同气体和云所发射出的红外辐射。大气辐射向所有方向发射，包括向下方的地球表面的放射。温室气体则将热量捕获于地面——对流层系统之内。这被称为“自然温室效应”。大气辐射与其气体排放的温度水平强烈耦合。在对流层中，温度一般随高度的增加而降低。从某一高度射向空间的红外辐射一般产生于平均温度在零下19℃的高度，并通过太阳辐射的收入来平衡，从而使地球表面的温度能保持在平均14℃。温室气体浓度的增加导致大气对红外辐射不透明性能力的增强，从而引起由温度较低、高度较高处向空间发射有效辐射。这就造成了一种辐射强迫，这种不平衡只能通过地面——对流层系统温度的升高来补偿。这就是“增强的温室效应”。

温室气体：

温室气体是指大气中由自然或人为产生的能够吸收和释放地球表面、大气和云所射出的红外辐射谱段特定波长辐射的气体成分。该特性导致温室效应。水汽（H_2O）、二氧化碳（CO_2）、氧化亚氮（N_2O）、甲烷（CH_4）和臭氧（O_3）是地球大气中主要的温室气体。此外，大气中还有许多完全由人为因素产生的温室气体，如《蒙特利尔协议》所涉及的卤烃和其他含氯和含溴物。除 CO_2、N_2O 和 CH_4 外，《京都议定书》将六氟化硫（SF_6）、氢氟碳化物（HFCs）和全氟化碳（PFCs）定为温室气体。

交叉拱：

低而狭窄的、常常是大致垂直于海岸线而延伸的堤岸，设计用于保护海滨免受洋流、潮汐或波浪的侵蚀，或圈集海沙来建造或形成海滩。

国内生产总值（GDP）：

以买方价格计算的一个国家或地区在给定时间段内，通常为一年，其全部居民或非居民生产者总的增加值的累计，加上全部税收，减去不包括在产品价值内的补贴。计算时不扣除建筑业资产贬值和自然资源的损耗和恶化。GDP 常用于衡量福利水平但不完整。

一次生产总量（GPP）：

通过光合作用固定在大气中的碳总量。

地下水补给：

外部水进入蓄水层中饱和区的过程，既可直接进入也可间接进入而形成。

栖息地：

适于一种生物或物种居住的特定环境或地方；总环境中局部更适宜某一生物或物种生存的部分。

卤烃：

碳与氯、溴或氟的化合物。此类化合物是大气中强有力的温室气体。含氯和溴的卤烃也参与损耗臭氧层。

协调一致的排放税/碳税/能源税：

使参与国对同样的源征收同等税率的税。各国可保留所征税款。税负一致不必要求各国以同样税率征税，但国与国间税率不同将不符合成本有效性原则。另见排放税。

热岛：

城市内因类似沥青等物质吸收太阳能而使温度高于周围区域的地

区。加热度日一日温度低于18℃的部分（如，某一日平均温度为16℃，就记为2加热度日）。另见冷却度日。

套头平衡：

在气候变化减缓方面，套头平衡是指对过快行动和过慢行动带来的风险采取的平衡，套头平衡取决于社会对风险的态度。

异养呼吸：

除植物以外的有机物质将有机成份转化成 CO_2。

人类聚集地：

由人类占据的地方或地区。

人为系统：

指人为组织起主要作用的系统。经常，但并不总是为“社会”或“社会系统”等术语的同义词（如农业系统、政治系统、技术系统、生态系统等）。

氢氟碳化物（HFCs）：

《京都议定书》控制的六种温室气体之一。商业上生产该物质用作氯氟碳化物的替代品。HFCs 主要用于电冰箱和半导体生产。它们的全球增温潜势范围是1300—11700。

水圈：

气候系统的组成部分，由海洋、河流、湖泊、地下水等表面流体和地下水组成。

冰帽：

圆形的、覆盖于高地的、范围比大冰原小得多的冰结合体。

大冰原：

陆地上大块的冰体，它具有相当的深度足以覆盖其下大部分的岩床地形，以至于其形状主要由它的内部动力学决定（由于内部形变引起的冰体的流动及其底部的滑动）。冰原从位于小的平均表面斜坡的、具有较高位置的中心高原向外流动。边缘为陡坡，冰通过快速流动的冰流或冰川出口而塌陷，在一些情况下成为冰架飘浮于海洋中。世界上现今只有两个大的大冰原——格陵兰岛和南极，南极大冰原被横贯南极山脉分为东部和西部两部分；在冰河期，还有其他大冰原。

冰架：

附着于海岸的、有相当厚度的、飘浮着的大冰原（经常为具有相当大的水平范围或略为起伏不平的表面）；多为大冰原的向海侧。

（气候）影响评估：

确认和评估气候变化对自然和人为系统的有害和有益结果的措施。

（气候）影响：

气候变化对自然和人为系统造成的结果。与适应性结合起来考虑，可以区分潜在的影响和残余的影响。

潜在影响：

不考虑适应性，某一预计的气候变化所产生的全部影响。

残余影响：

采取了适应性措施后，气候变化仍将产生的影响。另见累积影响、市场影响和非市场影响。

执行：

执行是指政府为将国际准则反映到国家法律和政策中而采取的行动（法令或法规、司法裁决、或其他行动）。它包括行政公共政策下达以后所引发的事件和活动，例如为执行命令而付出的努力和对大众的深刻影响。将对国际承诺的法律执行（以国家法律的形式）和有效的执行（导致目标群体的行为发生变化的措施）区分开来是非常重要的。遵约是指一个国家是否遵守协议的条款以及遵守的程度。它不仅关注执行措施是否有效，而且关注是否遵守执行行动。遵约可以衡量协议的目标团体遵守执行措施和义务的程度，不论是地方政府机构、企业、机关团体还是个人。

执行成本：

执行减排方案中涉及的成本。这些成本与必要的组织机构变化、信息需求、市场大小、获取和学习技术的机会以及必要的激励措施

（补助、补贴和税收）有关。

本土人：

本土人是指祖居在一个地方或国家的人，当具有另外文化或宗教背景的人们通过武力征服、殖民或其他方法来到这个地方并统治他们，这些人至今仍以与其自己的社会、经济、文化习俗和传统相一致的方式生活着，而不是以该国家目前已形成的那种生活方式生活（也称“本地人”、“土著人”或“部落人”）。

间接气溶胶效应：

气溶胶可以通过作为凝结核，或者改变云的生命期和光学性质，对气候系统产生间接的辐射强迫作用。可分为两种不同的间接效应。第一间接效应：因人为的气溶胶增加而引起的辐射强迫作用。它造成固体液态水含量中，颗粒浓度的增加和尺度的减小，从而导致云反照率的增加。该效应也被称为“Twomey 效应”。有时人们也将它称为云的反照率效应。但这是一种明显的误解，因为第二间接效应也会改变云的反照率。第二间接效应：人为的气溶胶增加而引起得辐射强迫作用。它造成颗粒的尺度减小，降低了降水率，从而调整了液态水含量、云的厚度和云的生命期。该效应也被称为“云的生命期效应”或“Albrecht 效应”。

工业革命：

一个工业快速增长的时期，对社会和经济产生了深远的影响。它开始于 18 世纪后半叶的英格兰，随后蔓延到欧洲和包括美国在内的其他国家。蒸汽机车的发明推进了这个增长。工业革命标志着大量增加使用化石燃料和排放二氧化碳的开始。在气候变化报告中，术语“工业之前”和“工业”分别指 1750 年之前和 1750 年之后，尽管这样区分有些武断。

惯性：

气候、生物或人为系统在响应改变变化速度的各种因素当中的迟滞、缓慢或抵制，包括当导致该变化的原因已消除时系统中的变化仍然继续。

传染性疾病：

任何能从一个人传给另一个人的疾病。这些病可通过身体直接接触、共同触及已沾染上传染性生物的物体而发生，或通过病媒、咳嗽或呼出到空气中的已被感染了的微滴进行传播而发病。

红外辐射：

由地球表面、大气和云发射出的辐射。它也被称为地面辐射或长波辐射。红外辐射有一个独特的波长（“光谱”）范围，它比可见光谱段的红色的波长还要长。由于太阳和地气系统的温度差异，红外辐射与太阳辐射或短波辐射明显不同。

基础设施：

组织、城市和国家的发展、运转和扩大所必须的基础设备、设施、生产性的企业、装备和服务设施。例如，公路、学校、电力、天然气和水设施、交通、通讯和所有法定系统，都被视为基础设施。

综合评估：

一种分析方法，它把来自自然的、生物学的、经济的和社会科学的结果和模型以及这些之间的交互作用结合起来，在一个较为协调的构架下评价环境改变的状态和结果，以及环境变化的政策响应措施。

交叉效应：

气候变化政策措施与既有国内税收制度相互作用的结果，既包括增加成本的税收作用，也包括减少成本、循环收益的效应。前者反映了温室气体政策通过对实际工资和实际资本收益的影响，而对劳动力和资本市场产生影响。通过限制温室气体排放、许可证制度、法规或碳税会增加生产成本，提高产品价格，这样就减少了劳动力和资本的实际收益。对那些增加政府收益的政策——碳税或许可证拍卖——可以通过收益的再分配来减免某些扭曲的税种。另见双重红利。

内部变率：

参见气候变率。

国际排放/碳/能源税：

参见排放税。

国际能源机构：

创建于1974年，总部位于巴黎的能源论坛。它与经济合作和发展组织紧密合作，使其成员国采取联合行动应对石油供应危机，共享能源信息，相互协调能源政策，进行合理的能源项目合作。

国际产品和/或技术标准：

参见标准。

引入物种：

一种物种由于人类无意中扩散，存在于历史上生存的自然分布范围之外（另请参见“外来种”或“外国种”）。

入侵物种：

指侵入自然栖息地的被引入物种。

均衡的陆地移动：

地壳均衡指岩石圈及其上的覆被对表面负荷变化的响应状态。当岩石圈的负荷因陆地上冰的质量、海洋的质量、沉降、侵蚀或造山运动发生变化而改变，就产生垂直均衡的调整，结果达成新的负荷平衡。

联合履行（JI）：

由《京都议定书》第6条规定的市场执行机制，允许附件一国家或这些国家的企业联合执行限制或减少排放、或增加碳汇的项目，共享排放量减少单位。在《联合国气候变化框架公约》第4.2（a）条中也对JI活动有所规定。另见共同执行活动和京都机制。

现有技术措施：

指已经用于生产实践的技术或处于论证阶段的技术。它不包括那些依然需要技术突破的新技术。

京都机制：

基于市场原理的经济机制，《京都议定书》的缔约方可以在减少因温室气体减排而带来的潜在经济影响的努力中利用该机制。它们包括联合履行（第 6 条）、清洁发展机制（第 12 条）和排放贸易（第 17 条）。

《京都议定书》：

《联合国气候变化框架公约》（UNFCCC）的《京都议定书》于 1997 年在日本京都召开的 UNFCCC 缔约方大会第三次会议上达成。它包含了除 UNFCCC 之外法律上所需承担的义务。议定书附件 B 中包括的各国（多数国家属于经济合作和发展组织及经济转轨国家）同意减少人为温室气体（二氧化碳、甲烷、氧化亚碳、氢氟碳化物、全氟化碳和六氟化硫）的排放量，在 2008 至 2012 年的承诺期内排放量至少比 1990 年水平低 5%。《京都议定书》仍未生效（至 2001 年 9 月）。

拉尼娜：

参见厄尔尼诺南方涛动。

土地利用：

在特定土地覆盖类型上的所有安排、活动及采取措施（一整套人类行为）。这是出于社会和经济目的所进行的土地管理（如放牧、木材开采和保护）。

土地利用变化：

人们对土地利用和管理的改变，可以导致土地覆被的变化。土地覆被和土地利用变化会对反照率、蒸发、温室气体的源和汇及气候系统的其他性质产生影响，并从而影响局地或全球气候。另见《IPC 土地利用、土地利用变化和林业特别报告》（IPCC，2000b）。

山体滑坡：

大量的物质受重力作用滑向山下，当物料饱和时常受水的推助；大量的土壤、岩石或碎块沿斜坡向下快速移动。

泄漏：

附件 B 国家的部分排放减少量可能被不受约束国家的高于其基准线的排放所抵消。这种情况可能通过以下方式发生：（1）不受约束地区的高能耗工业的重新配置；（2）油气需求的低迷可能造成其价格的降低，从而造成这些地区的矿物燃料消费上升；（3）良好的商贸环境带来的收入上升（同时造成能源需求上升）。泄漏还指在某块土地上进行的无意识的固碳活动（例如植树造林）直接或间接地引发了某种活动，该活动可以部分或全部抵消最初行动的碳效应。

生命期：

用于表示影响气体进程的多种时间尺度。通常情况下，生命期是指原子或分子在特定的库如大气或海洋中的平均滞留时间。可分为以下几种生命期：

“周转时间（T）”或“大气生命期”是库（如大气中的气体化合物）存量 M 与从库中的总清除速度 S 的比：T = M/S。对于每一清除过程都可定义其单独的周转时间。对于土壤碳生物，就是平均滞留时间（MRT）。

“调整时间”、“响应时间”或“波动时间”（Ta）是刻画进入贮藏库体的一个瞬间脉冲输入的特征衰减时间。调整时间一词也可以用于贮藏量随源强度的一步变化调整。半周期或衰减常数用于一阶指数衰减过程的定量描述。对有关气候变迁的不同定义，请参见响应时间。

为简单起见，“生命期”有时也可用来替代“调整时间”。在简单情形里，当化合物的全球去除量直接与总贮藏量成比例时，调整时间就等于生命期：T = Ta。以 CFC－11 为例，只要通过平流层的光化学过程就能够将其从大气中去除。对于更复杂的情形，当含有多种贮藏量的去除，或是去除量不再与总贮藏量成比 例时，等式 T = Ta 也就不再成立。二氧化碳就是一个极端的例子。由于在大气与海洋和陆地生物区之间的迅速交换，它的周转期只有四年。然而，二氧化碳的很大一部分在几年内又可以重新回到大气中。因此，大气中二氧化碳的调整时间实际上是用碳从海洋的表层进入更深层的比率来确定的。尽管可以近似给出大气中二氧化碳的调整时间为 100 年，实际的调整则是在初期较快，而后期较慢。对于甲烷（CH_4），它的调整时间与周转期也不同。因为它的去除主要通过与氢氧基 OH 的化学反应完成，而氢氧基

OH 的浓度则依赖于 CH_4的浓度。因此，CH_4的去除 量 S 与其总量 M 不成比例。

岩石圈：

固体地球（大陆和海洋）的上层，包括全部地壳的岩石以及最上部的冷的、有弹性的地幔。火山活动尽管是岩石圈的一部分，但不被看作是气候系统的一部分，而看成是外部强迫因子。

跳跃：

跳跃（或技术跳跃）是指发展中国家跨越工业化国家历史上经历的的几个技术发展阶段，通过在技术发展或能力建设方面投资，将目前已有的最先进技术应用到能源及其他经济部门。

科学认识水平：

一种指数，在四个等级上（高、中、低和极低）描述了对辐射强迫介质影响气候变化的科学认识的程度。对于每种介质，该指数代表了关于其强迫估计的可信度的一种主观判断，包括评价强迫作用所必需的假设、所掌握的确定强迫的物理/化学机制的知识的程度以及定量评估中所包含的不确定性。

《地方 21 世纪议程》：

《地方 21 世纪议程》是当地的环境与发展计划，是各地政府想通过咨询程序确定的随人口而发展的计划，特别关注妇女和青少年的参与问题。许多地方政府机关已通过咨询程序建立了“21 世纪议程”，并使其与政策、计划、实施行为与趋于达到可持续发展目标相适应的手段。该术语来源于《21 世纪议程》的第 28 章，这是参加“1992 年里约热内卢联合国环境与发展大会”（也称“地球峰会”）的所有政府代表正式签署的文件。

禁闭技术和规范：

从现有机构、服务、技术设施和已有资源中出现的具有市场优势的技术和规范，它们由于获得广泛使用或存在着相关的基础设施和社会文化模式而难以变动。

适应不当：

不经心地增加了对气候刺激因素脆弱性的自然和人为系统的任何变化；不能成功地减轻脆弱性反而使脆弱性增加的适应性对策。

疟疾：

地方性的或由原形体类原虫（原生动物）引起和疟蚊类蚊子传播的流行性寄生病，它导致高烧和全身功能紊乱，并每年约使200万人丧生。

边际成本定价：

商品和服务的价格等于每多生产一个单位的商品或服务而带来的增量成本。市场障碍在气候变化减缓领域，市场障碍是指妨碍或阻止成本有效的能减缓二氧化碳排放的技术或实践扩散的条件。

市场激励机制：

应用价格机制（例如税制和贸易许可）来减少温室气体排放的措施。

市场影响：

与市场交易相联系的影响，直接影响到国内生产总值（即GDP，一个国家的国内总收入），如农业货物的供应与价格变化。另见非市场影响。

市场渗透：

某种商品或服务在特定时间在某个市场上的占有率。

市场潜力：

假设没有新的政策和措施，在可预测的市场条件下可获得的温室气体减排或能源效率提高的经济潜力部分。另见经济潜力、社会经济潜力和技术潜力。

块状质量运移：

适用于所有单元的受重力影响的陆地物质推进和控制性移动。

平均海平面（MSL）：

平均海平面通常被定义为在某一时期，如1个月或1年的平均相对海平面高度，这个时间应足够长，使得能求出诸如海浪等瞬变现象的平均值。另见海平面升高。

甲烷（CH_4）：

一种属于温室气体的碳氢化合物，它通过垃圾填埋场的垃圾厌氧（没有氧）分解、动物消化、动物排泄物的分解、天然气和石油的生产和销售、产煤、和化石燃料的不完全燃烧。甲烷是《京都议定书》规定的需要减排的6种温室气体之一。

甲烷回收：

将甲烷排放捕获（如从煤田或废弃物填埋所），然后再作为燃料利用或用于某些其他经济目的（如再注入油井或气田）。

《京都议定书》缔约方会议（MOP）：

《联合国气候变化框架公约》的缔约方大会将充当《京都议定书》的最高权力机构——缔约方会议（MOP）。只有《京都议定书》的各缔约方可以参与讨论和做出决定。在该议定书生效之前，MOP不可以召开会议。

减排：

减少温室气体的排放源或增加碳汇的人为活动。

减排能力：

有效减排所需要的社会、政治和经济结构和条件。

混合层：

通过与其上面的大气相互作用得以充分混合的海洋上层区域。

混合比：

参见摩尔比例。

模式体系：

参见气候模式。

摩尔比例：

摩尔比例或混合比，是一给定体积内某一要素的摩尔数与该体积内所有要素的摩尔数之比。常用以表述干空气。长寿命温室气体的典型值的量级为 mmol/mol（ppm：每十万分之几），nmol/mol（ppb：每十亿分之几），fmol/mol（ppt：每万亿分之几）。摩尔比例不同于体积混合比，它通常是以 ppmv 等表示，并对非同一性的几种气体进行了修正。这种修正特别关系到许多温室气体的测量精度（Schwartz 和 Warneck，1995）。

季风：

常规大气环流的表征性风，具有季节性持久稳定的风向，随季节转换有明确的风向改变。

山区的：

由位于树带界线之下相对较潮湿、冷凉的丘陵山地斜坡所形成的生物地理带，其特征是群落中大的常绿树种占优势。

《蒙特利尔议定书》：

1987 年在蒙特利尔达成的关于消耗臭氧层的物质的《蒙特利尔议定书》，以后又做了一系列的调整和修订（伦敦 1990，哥本哈根 1992，维也纳 1995，蒙特利尔 1997，北京 1999）。该议定书控制破坏平流层臭氧的含氯和溴的化学物质的消费量和产量，如氯氟碳化物（CFCs）、甲基氯仿、四氯化碳及许多其他物质。

发病率：

人群中疾病发生或其他健康状况失调出现的比率，并考虑进特定年龄段的发病率。健康结果包括慢性病的影响和流行范围、住院率、初期诊疗率、失去能力天数（即不能工作的天数）和流行征兆等。

死亡率：

在特定时期内的人群中死亡发生的比率；死亡率的计算考虑特定年龄段人口死亡的比率以及由此获得的期望寿命估计和过早死亡的程度。

净生物群系生产量（NBP）：

从区域内净获得或损失的碳量。NBP 等于净生态系统生产量减去因搅动（如森林火灾或森林采收）而损失的碳量。

净二氧化碳排放：

二氧化碳在特定时期和具体地区或区域的源和汇之间的差额。

净生态系统生产量（NEP）：

一个景观单元的植物生物量或碳的增加量。NPP 等于总初级生产量减去由自养呼吸损失的碳量。

氮施肥：

通过氮化合物的增加促进植物的生长。在 IPCC 评估报告中，特指用人为的氮源（例如人造的肥料，以及化石燃料燃烧所释放的氧化氮）进行施肥。

氮氧化物（NOx）：

几种氮的氧化物中的任一种。

氧化亚氮（N_2O）：

一种通过土壤耕作活动，尤其是商用和有机化肥的使用、化石燃料的燃烧、氮酸的生产和生物质燃烧而产生的强力气体。它是受《京都议定书》管制的 6 种温室气体之一。

非点源污染：

污染来自不能确定为具体离散点的源，例如作物生产区、林木区、露天开采、垃圾处理和建筑物等。另见点源污染。

无悔机会：

参见无悔政策。

无悔选择：

参见无悔政策。

无悔政策：

无论是否有气候变化，都可以产生净社会效益的政策。温室气体减排的无悔机会指那些除了带来避免气候变化的效益外，还能使减少能源利用和减少当地/区域污染物排放的效益等于或大于它们的社会成本的选择。无悔潜力定义为市场潜力与社会经济潜力之差。

无悔潜力：

参见无悔政策。

非附件 B 国家/缔约方：

不包括在《京都议定书》附件 B 中的国家。另见附件 B 国家。

非附件一缔约方/国家：

已批准或同意加入《联合国气候变化框架公约》的但不包括在气候公约附件一中的国家。另见附件一国家。

非线性：

一个过程中原因和结果之间没有简单的比例关系，就称其为非线性的。气候系统包含许多这样的非线性过程，使得系统的行为非常复杂。这种复杂性可以导致剧烈的气候变化。

非市场影响：

影响生态系统或人类福利的效应力，但它不直接与市场交易相联系，例如增加过早死亡的风险。另见市场影响。

北大西洋涛动（NAO）：

北大西洋涛动由靠近冰岛和靠近亚速尔群岛的相位变化相反的气压场组成。一般来说，冰岛低压与亚述尔高压之间的偏西气流为欧洲带去气旋以及与其相伴的锋面系统。但是，冰岛和亚述尔群岛之间的气压差异存在从日到年代际时间尺度的震动，有时气压差也会反过来。它在从北美中部到欧洲的北大西洋地区的冬季气候变异中起主导作用。

海洋传输带：

围绕全球海洋进行水循环的理论路径，受风和温盐环流驱动。

机会：

缩小任何技术或实践的市场潜力与其经济潜力、社会经济潜力或技术潜力之间的差距的情况或环境。

机会成本：

由于选择了某种经济活动而放弃了另一种活动的成本。

最优政策：

当边际减排成本在各个国家都相等，那么所实施的政策就认为是

“最优”的，这样可以使总成本最小化。

有机气溶胶：

以有机化合物为主的气溶胶颗粒，主要为 C、H、O，以及少量的其他元素（Charlson 和 Heintzenberg，1995）。见含碳气溶胶。

臭氧（O_3）：

三个原子的氧（O_3），一种气态的大气成份。在对流层中，由自然的和人类活动（光化学“烟雾”）导致的光化学反应产生。在对流层中高浓度的臭氧对大范围的生命有机体有伤害作用；在对流层中扮演温室气体的角色。在平流层，由太阳的紫外辐射与氧分子（O_2）的相互作用产生。平流层内的臭氧对辐射平衡起决定性作用，其浓度在臭氧层达到最高。由于气候变化后化学反应可能提高，平流层臭氧的损耗导致平面紫外辐射流（UV-B）增加。另见蒙特利尔议定书和臭氧层。

臭氧洞：

参见臭氧层。

臭氧层：

平流层存在一个臭氧浓度最高的气层，称为臭氧层。臭氧层的范围大约从 12 公里延伸到 40 公里。臭氧浓度约在 20 到 25 公里处达到最大。臭氧层正在被人类排放的氯化物和溴化物损耗。每年，在南半球的春季，南极上空的臭氧层都发生非常强烈的损耗，它也是由人造的氯化物和溴化物与该地区特定的气象条件共同造成的。这一现象被称之为臭氧洞。

参数化：

在气候模式中，该术语是指通过大尺度流与次网格过程的区域或时间平均效果之间的关系来对那些由于模式时空分辨率所限而不能准确显式求解的过程（次网格尺度过程）进行描述的技术。

帕累托准则/帕累托最优：

个人的福利无法在不使其他任何人的福利受到损失的前提下得到改善的状态。

全氟化碳（PFCs）：

《京都议定书》管制的6种温室气体之一。它是铝熔融和铀浓缩的副产品，同时它也在半导体生产中替代氟氯碳化合物。PFCs的全球增暖潜势为二氧化碳的6500—9200倍。

永久冻结带：

地面发生永久冻结，任何地方的温度都保持低于0℃达数年之久。

不规则生命期：

参见生命期。

光合作用：

植物从空气（或水中的重碳酸盐）中吸收二氧化碳，制造碳水化合物，释放出氧气的过程。有几种光合作用的途径，分别对大气中二氧化碳浓度有不同的响应。另见二氧化碳施肥。

浮游植物：

浮游生物的植物形式（如硅藻属）。浮游植物是海洋中的优势植物，是整个海洋食物网的依托。这些单细胞生物体是海洋中光合作用固碳的主体。另见浮游动物。

浮游生物：

软弱的漂游着的水生生物体。另浮游植物和浮游动物。

点源污染：

污染产生自明确的和离散的源，如管道、沟渠、遂道、井、容器，集中的动物饲养或移动的交通工具等。另见非点源污染。

政策和措施：

在《联合国气候变化框架公约》中，“政策”指政府可以采取或命令的加速控制温室气体排放技术的应用和利用的行动，通常与本国的商业和工业相关联，也可以和其他国家相关联。“措施”是指执行这些政策的技术、工艺和实践，这些措施的实施可以减少预期的温室气体排放水平。例如碳税或能源税、标准化的轿车燃料效率标准等。“共同和协调一致的”或“调和的”的政策指缔约方联合采取的政策。

池：

参见库。

后冰河时代回弹：

随着大冰原的收缩和消失，如从上一个冰河期最高峰以来（21 ky BP），大陆和海底的垂直运动。回弹是一种均衡的陆地运动。

前体：

大气中的化合物，它本身并不是温室气体或气溶胶，但它能通过参与调节温室气体或气溶胶的产生或毁灭的物理或化学过程，从而对温室气体或气溶胶的浓度产生影响。

前工业：

参见工业革命。

现值成本：

将未来成本折现，某段时间内所有成本之和。

一次性能源：

包含在自然资源（如煤、原油、阳光、铀）中的能源，这些能源未经过任何人为转化或改造。

私人成本：

影响个人决策的各类成本，称为私人成本。另见社会成本和总成本。

轨迹：

一套平缓变化的浓度组合，它展示了通向稳定的可能路径。“轨迹”一词通常用于区别称为“情景”的排放路径与此类路径区分开来。

预计（一般的）：

预计是一种数量或一组数量潜在的未来演变，常用模型来帮助计算。预计与“预测”是有区别的，前者强调包括假设，例如对涉及到社会经济和技术的发展的假设，这些发展可能实现也可能不能实现，因此它具有实质上不确定性的倾向。另见气候预计和气候预测。

替代物：

一个气候指标的替代物是指利用物理学和生物学原理，对某一局地记录进行解释，用以表示过去与气候相关的各种变化。用这种方法得出的气候相关资料被当作替代资料。如树木年轮、珊瑚特性以及各种由冰芯得到的资料。

购买力评价（PPP）：

按照货币购买能力来估算国内生产总值，而不是按照现金汇率。此类计算结果是基于国际比较规划的一系列外推或回归数据。PPP 有降低工业化国家人均国内生产总值，而提高发展中国家人均国内生产总值的倾向。PPP 也是谁污染谁付费原则的缩略语。

辐射平衡：

参见能量平衡。

辐射强迫：

由于气候系统内部变化或如二氧化碳浓度或太阳辐射的变化等外部强迫引起的对流层顶垂直方向上的净辐射变化（用每平方米瓦表示：Wm－2）。辐射强迫一般在平流层温度重新调整到辐射平衡之后计算，而期间对流层性质保持着它未受扰动之前的值。

辐射强迫情景：

对辐射强迫未来发展的一种可能是合理的表述。这种辐射强迫与多种变化有关，如大气成分的变化、土地利用的变化、外部因子（如太阳活动）的变化。辐射强迫情景可以作为简化的气候模式的输入，用以对气候预计进行计算。

草原：

未加改良的草地、灌木（丛）地、稀树大草原和苔原。

再生林：

通过自然途径（就地播种或伐剩的幼树或通过风、鸟或动物）或人为途径（树苗移栽或直接播种）进行的树木更新。

剧烈的气候变化：

气候系统的非线性可以导致剧烈的气候变化，有时被称之为突发事件或甚至意外事件。这些突发事件有些是可以想象到的，如温盐环流戏剧性的重组、冰川的迅速消失或永久冻结带的大量融化所导致的碳循环的快速变化。其他的则确实是不可预见的，如非线性系统强烈地、迅速地变化所造成的结果。

反弹效应：

这种现象的发生是由于像机动车能效的改进而降低了每公里行驶成本等因素；它会带来负面影响而鼓励更多的旅行。

参考情景：

参见基准线。

再造林：

在以前曾是森林但已转作它用的土地上重新造林。关于森林和有关的一些术语如造林、再造林和毁林的讨论，见《IPCC 土地利用、土地利用变化与林业特别报告》（IPCC，2000b）。

规章措施：

由政府制定的管理产品性能或生产工艺特点的规则或程序。另见标准。

再保险：

将部分主要保险风险转移到保险公司的次要层次（再保险商）；本质上为“为保险公司保险”。

相对海平面：

由检潮仪测量的海平面，它与所处上方的陆地有关。另见平均海平面。

（相对）海平面长期变化：

由海面升降的变化（如热膨胀导致的）或垂直陆地运动变化造成的相对海平面的长期变化。

可再生的：

相对于地球自然循环而言，在短期内是可持续的能源资源，它包括各类无碳排放的技术，例如太阳能、水电和风能，也包括一些排碳技术，例如生物质能。

研究、开发与示范：

关于新的生产工艺或产品的科学和/或技术的研究和发展，并进行分析和测量，以便向潜在的用户提供有关新产品和工艺在应用方面的信息；示范测试；和通过试验计划和商业化前的试用对这些工艺的应用进行可行性试验。

可采储量：

在目前工艺和经济条件下，能从储油层中采出的油量。储量是指在地层原始条件下的油气量，而可采储量是指在现代工艺技术条件下，能从地下储层中采出的那一部分油气量。另见资源。

库：

除大气以外的气候系统的一个组成部分。库具有储存、积累或释放所关注的物质（如，碳是温室气体或温室气体前体）的能力。海洋、土壤和森林是碳库的一些例子。“池”是与其等价词（注：池的定义一般包括大气）。在特定时间里，库内所包含的某种物质的绝对数量称为储存。该术语也定义为人造或自然的储存水的地方，如湖、池塘或蓄水土层，可以从这些储存水的地方取水用于灌溉和水分供应。

弹性：

系统可以承受且状态没有改变的一些变动。

资源量为基础：

既包括可采储量也包括资源。

资源：

指那些目前虽因地质年龄太短或经济性较差无法利用，但被认为在未来可预见技术和经济发展条件下具有开采潜力的资源量。

呼吸作用：

生物体将营养物质转化为二氧化碳，释放能量并消耗氧气的过程。

响应时间：

响应时间或调整时间是指在外部/内部过程或反馈造成的强迫后，

气候系统或其分量在重新平衡到一个新的状态所需的时间。气候系统的不同分量的响应时间有非常大的差异。对流层的响应时间相对较短，从几天到几个星期，而平流层要达到平衡状态的典型时间尺度为几个月。海洋因其巨大的热容量，其响应时间要更长，典型的为十几年，但也可以达到上百年甚至千年。表面—对流层强烈耦合系统的响应时间与平流层相比会更慢，它主要决定于海洋。生物圈对某些变化（如干旱）的响应可以很快，但对于叠加的变化则响应很慢。有关影响示踪气体浓度的过程速度的响应时间的不同定义，请参见生命期。

收益循环：

参见交叉效应。

径流：

降水中没有被蒸发的部分。在一些国家，径流只指地表径流。

S 轨迹：

能实现 1994 年 IPCC 评估报告（Enting et al.，1994；Schimel et al.，1995）中定义的稳定的二氧化碳浓度轨迹。对于任何给定的稳定水平，这些轨迹都包含许多种可能。S 代表“稳定”。另见 WRE 轨迹。

安全着陆方法：

参见可接受窗口法。

盐渍化：

土壤中盐分的积累。

盐水侵入/侵蚀：

由于盐水密度较大，地表面淡水或地下水被盐水入侵所取代，一般发生在沿海和河口地区。

情景（一般的）：

对未来如何发展的一种可能的、常常是简化了的描述，它是基于连贯的且内部一致的关于重要驱动力（如技术变化的速度、价格）和关系的一组假设得到的。情景既不是预测也不是预报，有时可能是基于“叙事性的描述”。情景可以从预计中得到，但经常是基于来自其他来源的额外信息。另见 SRES 情景、气候情景和排放情景。

海平面升高：

平均海平面升高，这种海面升降性的海平面上升，是由于世界海洋体积的改变而导致的全球平均海平面变化。相对海平面升高，是指海平面相对于当地陆地运动的净升高。气候模型学者主要估算海平面的升降变化。而影响学者则集中研究海平面的相对变化。

海堤：

为防止海浪侵蚀人为建造的沿海岸的围墙或大堤。

半干旱地区：

年降水量大于 250 毫米的生态系统，生产力不高；一般归属为草原。

敏感性：

敏感性是指系统受与气候有关的刺激因素影响的程度，包括不利和有利影响。影响也许是直接的（如作物产量响应平均温度、温度范围或温度变率）或间接的（如由于海平面升高，沿海地区洪水频率增加引起的危害）。另见气候敏感性。

连续决策：

通过纳入随时间推移的其他信息和做出中间修正而做出的逐步决策，以确定在长期不确定性情况下的短期战略。

固碳：

增加除大气之外的碳库的碳含量的过程。生物固碳过程包括通过土地利用变化、造林、再造林以及加强农业土壤碳吸收的实践来去除大气中的二氧化碳。物理固碳过程包括分离和去除烟气中的二氧化碳或加工化石燃料产生氢气，或将二氧化碳长期储存在开采过的油气井、煤层和地下含水层。另见摄入。

粉粒：

疏松的或不牢固的沉淀物质，这些物质组成的颗粒大小比沙粒小，比粘粒大。

造林学：

森林的开发和维护。

汇：

从大气中清除温室气体、气溶胶或它们前体的任何过程、活动或机制。

积雪场：

融化缓慢的降雪的季节性积累。

社会成本：

某活动的社会成本包括所有被利用资源的价值。资源的部分价值已经定价，而另一部分还没有。没有定价的资源价值指它的外部性。社会成本是指外部成本与已经定价成本之和。另见私人成本和总成本。

社会经济潜力：

社会经济潜力指通过克服阻碍成本有效性技术应用的社会经济障碍而可能获得的温室气体减排水平。同时参见经济潜力、市场潜力和技术潜力。

土壤水汽：

储存在土壤表面或内部的，可供蒸发的水分。

太阳活动：

太阳呈现出的高度活跃周期，可以从太阳黑子数，以及辐射输出、磁活动、高能粒子发射等的观测中得到。这些变化发生的时间尺度从数百万到几分钟。另见太阳周期。

太阳周期（“11 年”）：

9 到 13 年周期的准规则的太阳活动。

太阳辐射：

太阳射出的辐射，也被称为短波辐射。太阳辐射有其特殊的波长（光谱）范围，它是由太阳的温度决定的。另见红外辐射。

烟灰颗粒：

有机烟雾的火焰外边界的气体熄灭形成的颗粒，主要成分为碳，还有少量的氧和氢，表现为不完全的石墨状结构（Charlson 和 Heintzenberg，1995）。另见黑碳。

源：

任何向大气中释放产生温室气体、气溶胶或其前体的过程、活动和机制。

南方涛动：

参见厄尔尼诺南方涛动。

空间和时间尺度：

气候在一个范围很广的空间和时间尺度上变化。空间尺度具有从局地（小于十万平方公里），到区域（十万到千万平方公里），甚至大陆（千万到亿平方公里）的变化范围。时间尺度具有从季节到地质年代（数亿年）的变化范围。

溢出效应：

一个国家或一个部门的减排措施对其他国家或部门的经济效应。在气候变化报告中，不是经常评价环境溢出效果。溢出效果可以是正的，也可以是负的，并且包括对贸易、碳泄漏、环境无害技术的转让和扩散及其他的影响。

SRES 情景：

由 Nakicenovic et al.（2000）制定并得到各方采用的排放情景。在《IPCC 第三次评估报告》的第一工作组部分（IPCC，2001a）中，它被作为气候预计的基础。

下面介绍一些相关术语以更好地理解 SRES 情景组的。

结构和使用：

- （情景）族：具有相似的人口统计、社会、经济、技术变化的情节的多个情景组合。SRES 情景集合由四类情景族构成，分别是 A1、A2、B1 和 B2。
- （情景）组：情景族中反映一致情节变化的多个情景。A1 情景族包括 4 个组：A1T、A1C、A1G 和 A1B，用于探讨未来能量体系的替代结构。在 Nakicenovic et al.（2000）给决策者的摘要报告中，A1C 和 A1G 组被合并为一个 A1FI 情景组，其他三个情景族都各包含一个情景组。因此反映在 Nakicenovic et al.（2000）给决策者的摘要报告中，SRES 情景组共包括 6 个不同的情景组，它们都是同样有效的，共同捕捉与驱动力和排放相关的不确定性。

• 说明性情景：对 Nakicenovic et al.（2000）的决策者摘要报告中 6 个情景组的每一个给以说明的情景。包括分别针对情景组 A1B、A2、B1 和 B2 的四个修订的情景标记和对 A1FI 和 A1T 组的两个附加情景。所有情景组都是同样有效的。

• （情景）标记：最初以草图的形式贴在 SRES 网站上的，用以代表一个给定的情景族的一种情景。标记的选择是基于能够最佳反映情节的初始量和特定模式的特征。标记不象其他的情节，但它们被 SRES 编写工作组认为是对具体情节的描述。它们被包括在 Nakicenovic et al 的修订版中（2000）。这些情景受到整个编写工作组的最仔细审查并在 SRES 开放过程中得到使用。还挑选了一些情景来阐述其他的两个情景组。

• （情景）情节：对一个情景（或情景族）的叙述性描述，以突出情景的主要特点和关键驱动力与动力演变之间的关系。

稳定化：

可实现的稳定大气中一种或多种温室气体的浓度（例如二氧化碳或二氧化碳当量的其他温室气体）。

稳定性分析：

在气候变化报告中指针对稳定温室气体浓度的分析或情景。

稳定情景：

参见稳定性分析。

利益相关者：

掌握补助、减免特权或会受某项特定行动或政策影响的任何其他有价值物品的个人或实体。

标准：

管制或定义产品性能的一系列规则或规范（例如级别、尺寸、特性、检测方法和使用规范）。国际产品和/或技术或性能标准确立了应用这些产品和/或技术的国家对它们的基本要求。这些标准减少了与产品生产或使用及技术应用有关的温室气体排放。另见规章措施。

刺激因素（与气候有关的）：

气候变化的所有要素，其中包括平均气候特点、气候变率和极端事件的频率和强度。

储存：

参见库。

风暴潮：

由于极端气象条件（低气压或强风）引起的某一特定地点的海水高度暂时增加。风暴潮被定义为在该时间和地点超出潮汐变化的部分。

情节：

参见 SRES 情景。

流速或流量：

河道中的水量，一般表示为立方米/秒。

平流层：

大气中对流层之上较高的层结区域，其高度从 10 公里（高纬度约为 9 公里，热带地区平均为 16 公里）一直延伸到 50 公里左右。

结构变化：

例如，国内生产总值结构中第一产业、第二产业和第三产业的组成变化；如果更普遍一些，任何由于组成部分之间的相互取代或潜在的替代而造成的转化都可以称为结构变化。

淹没：

水面相对于陆地而上升，因此淹没以前的旱地；淹没是由陆地下沉或水面上升而造成的。

沉陷：

地球表面突然下沉或逐渐下沉，很少或没有水平方向的移动。

补贴：

为实施政府希望鼓励的做法，政府给予某个实体的直接款项，或税收的减免。通过减少那些有增加温室气体排放效应的补贴，例如对化石燃料利用的补贴，或给减排增汇（如隔热建筑或植树）的活动提供补贴，这些都可以减少温室气体排放。

六氟化硫（SF_6）：

《京都议定书》管制的6种温室气体之一。作为高压设备的绝缘体或有助于生产电缆冷却设备，它广泛地应用在重工业生产中。它的全球增暖潜势为23900。

太阳黑子：

太阳上小的黑色区域。太阳活动高峰期，太阳黑子数较多，且随太阳活动周期变化。

地表径流：

流过土壤表面到达最近的地面河溪的水；降水之后没有从地下流过的排水流域的径流。

可持续发展：

满足当代人的需求，而不危及后代人们满足他们自己需求能力的发展。

目标和时间进程：

目标是在设定期限或时间进程内（例如2008年到2012年），对基准时间温室气体排放量（例如1990年排放水平）的特定减排百分比。例如，根据《京都议定书》的规定，欧盟同意在2008年到2012年内将他们的温室气体排放量在1990年的水平上减少8%。这些目标和时间进程是对一个国家或地区在某个时间段内可以排放的温室气体总量的限制。

税—交叉效应：

参见交叉效应。

技术潜力：

通过实施一项已论证的技术或措施可能带来的温室气体减排量或能源效率的提高。另见经济潜力、市场潜力和社会经济潜力。

技术：

服务于某项特定活动的设备或技巧。

技术或性能标准：

参见标准。

技术转让：

在不同的利益相关者之间进行的知识、资金和商品的交换过程，可以带来适应或减缓气候变化技术的传播。作为一个更普遍的概念，泛指国家内和国家间的技术扩散和技术合作。

热侵蚀：

受活动水的热量和机械两种作用的共同影响，造成富冰永久冻结带的侵蚀。

热膨胀：

与海平面上升有关，它是指由于海水变暖而产生的体积增加（密度减小）。海洋增温导致海洋体积的膨胀，从而使海平面升高。

温盐环流：

海洋中密度驱动的大尺度环流，是由温度和盐度的差异而产生。在北大西洋，温盐环流包括表层的朝北暖流，和深层的朝南冷流，从而导致净的向极地的热能的输送。表面水在位于高纬高度极有限的下沉区域下沉。

冰融喀斯特：

由冰融化引起的冻结土面上不规则的圆球状的地形。

检潮仪：

一种设置在岸边（有些深入到海里）的用于连续测量邻接陆地的海平面高度的仪器。时间平均的海平面高度被记录下来以观测相对海平面的长期变化。

时间尺度：

拟表述的某过程的典型时间。由于许多过程的大部分效应出现在早期，并在随后的很长时期中逐步接近完全表现。就气候变化报告而言，时间尺度在数值上被定义为至少显示其最终一半效应的过程的不规则运动所需的时间。

可承受窗口方法：

用来分析温室气体排放，因为它们可以通过采取长期气候目标（例如温度或海平面变化以及变化的速率）而不是温室气体浓度的稳定来控制。这些方法的主要目的是评价针对全球温室气体排放的中短期“可承受”范围的长期目标的影响程度。另参见安全着陆方式。

自上而下模型：

“自上而下”和“自下而上”是集合模型和非集合模型的简称。模型工作者将宏观经济理论和经济计量方法应用于对消费、价格、收入和要素成本等历史数据的分析，来模拟能源、交通、农业和工业等主要部门的商品和服务需求量以及供应，这种方法称为“自上而下”。所以，自上而下模型通过集合经济变量来评价整个系统，而自下而上模型则需要考虑技术选择或特定的气候变化减缓政策。但是有一些自上而下分析方法也包含了技术数据，所以它们的区分并不是泾渭分明的。

总成本：

所有项目的成本总和。社会的总成本由外部成本和私人成本组成，统称为社会成本。

贸易效应：

国家出口商品购买力改变对其贸易伙伴进口商品的经济影响。当气候政策改变了相对生产成本，就有可能在很大程度上改变贸易关系，从而改变最终的经济平衡。

瞬变气候响应：

平均每20年的全球平均表面气温升高，中间值出现在二氧化碳加倍时（即利用全球耦合气候模式进行的在每年1%的二氧化碳混合物增加实验中的第70年）。

对流层顶：

对流层与平流层的分界。

对流层：

大气的最低层，在中纬度地区，从地面至海拔约10公里高处（高纬度为9公里，热带地区平均为16公里），云和“天气”现象均发生于其中。对流层内，温度随高度的增加而降低。

苔原：

北极和亚北极地区的无树的、平坦的或略微起伏的平原。

周转时间：

参见生命期。

紫外线（UV）-B辐射：

波长范围在280—320nm内的太阳辐射，大部分被平流层臭氧所吸收。UV-B辐射的增加抑制生物体的免疫系统并对生物体有其他不利影响。

不确定性：

对于某一变量（如未来气候系统的状态）的未知程度的表示。不确定性可以来自于对已知或可知事物的信息的缺乏或认识不统一。主要来源有许多，如从数据的定量化误差到概念或术语定义的含糊，或者人类行为的不确定预计。不确定性可以做定量的表示（如不同模式计算所得到的一个变化范围）或定性描述（如专家小组的判断）。参见Moss和Schneider的文章（2000）。

营养不良：

连续的食物摄取量不能满足规定的能量需求、吸收差和/或生理上利用所消耗的营养物质的能力差所造成的结果。

独特的和受到威胁的系统：

被限制在相对狭小的地理范围内的群体，但对其他比其群体分布范围更大的系统也能产生影响；狭小的地理范围表明其对包括气候在内的环境变化敏感，因此证明这种群体对气候变化存在潜在的脆弱性。

《联合国气候变化框架公约》（UNFCCC）：

该公约于 1992 年 5 月 9 日在纽约通过，并在 1992 年里约热内卢召开的地球峰会议上，由 150 多个国家以及欧共体共同签订。其宗旨是“将大气中温室气体浓度稳定在一个水平上，使气候系统免受危险的人为干涉”。它包括所有缔约方的承诺。在该公约下，附件一中的缔约方致力于在 2000 年前将未受《蒙特利尔议定书》限制的温室气体排放回复到 1990 年的水平。该公约 1994 年 3 月生效。另见京都议定书和缔约方大会（COP）。

摄入：

贮藏库对某种物质的追加。含碳物质（尤其是二氧化碳）的摄入常被称为（碳）固积。另见固碳。

上涌：

较深层的水向表面传输，一般由表面水的水平运动引起。

城市化：

将土地由自然状态或被管理的自然状态（如农业）转变为城市；纯粹的农村向城市移民驱动的过程。任何一个国家或地区的越来越高比例的人口逐渐居住到被定义为“市中心”的聚居地都是“城市化”过程。

增加值：

所有产出值和减去中间投入值后的部门净产出。

价值：

基于个人喜好的价值、客观需要或效用。任何资源的总价值是所有利用这些资源的个人价值的总和。作为评价成本的基础，价值以个人获得资源的支付意愿（WTP）或个人出让资源的可接受出让意愿（WTA）来表示。

传病媒介：

能将病菌由一个寄主传播给另外一个寄主的一种有机体，如一个昆虫。另见由传病媒介引起的疾病。

传病媒介引起的疾病：

由传病媒介生物体（如蚊子和扁虱）引起的在寄主之间传染的疾病，如疟疾、登革热和利什曼病。

体积混合比：

参见摩尔比例。

自愿协议：

政府与一个或多个私人团体间的协议，或者被政府部门认可的单方承诺，以达到遵约之外的环境目标或改善环境状况。

脆弱性：

脆弱性是指系统易受或没有能力对付气候变化，包括气候变率和极端气候事件不利影响的程度。脆弱性是一个系统所面对的气候变率特征、变化幅度和变化速率以及系统的敏感性和适应能力的函数。

水胁迫：

如果可用的淡水供应相对于水量提取来说对发展有极大的限制，那么该国属水胁迫国家。水量提取超过可再生水供应的20%作为水胁迫的指标。

水分利用效率：

在光合作用过程中蒸腾每单位水分所固定的碳。短期可以表示为每蒸腾损失单位水分光合作用所固定的碳的比率，在季节时间尺度上可以表示为农作物净初级生产力或农业产量与可利用的有效水分量的比率。

水量提取：

从水体中提取的水量。

WRE 轨迹：

能实现 Wigley、Richels 和 Edmonds 三人（1996）定义的稳定浓度的二氧化碳浓度轨迹，这三人名字的第一个字母构成了该缩略语。对于任何给定的稳定水平，这些轨迹都包含许多种可能。另见 S 轨迹。

浮游动物：

浮游生物中的动物。它们消耗浮游植物或其他浮游动物。另见浮游植物。

附录2　全球变暖与国际气候谈判[①]

从1992年启动气候谈判以来，气候谈判总体呈现发达国家和发展中国家两大阵营对立的格局，这种格局目前尚未发生重大变化。但与此同时，全球温室气体排放格局却发生了相当大的变化。根据国际能源署的相关报告，1990年全球化石能源总排放约为201亿吨二氧化碳当量，其中，发达国家占68%，发展中国家占32%；2008年全球化石能源总排放为284亿吨二氧化碳当量，其中，发达国家占51%，发展中国家占49%。[②] 从国别看，到2000年，25个主要排放国排放量约占全球总排放量的83%，其中，美国、中国、欧盟、印度、俄罗斯合计约占全球总排放量的60%。中国在1992年的排放量约占全球的11%，2008年则占全球的23%，位居世界第一。[③] 从排放趋势看，发达国家历史排放量多，当前和未来排放量总体呈下降趋势；发展中国家历史排放量少、当前和未来呈增加趋势。全球排放格局的变化，在很大程度上导致了发达国家和发展中国家在谁先减排、减多少、怎样减，以及如何提供资金、提供气候友好型技术支持发展中国家减缓等问题上，展开了激烈争论，短期内很难达成一致，并进一步导致了发达国家和发展中国家两大阵营内部谈判力量的分化组合。

---

① 中国国土资源部："全球变暖相关大事记"，2010-02-17，http://www.mlr.gov.cn/wskt/wskt_bdqkt/201002/t20100217_137343.htm。

② 中华人民共和国中央人民政府："风云变幻20年：气候变化谈判历程和气候大会展望"，2011-11-23，http://www.gov.cn/gzdt/2011-11/23/content_2001150.htm。

③ 中国林业新闻网："气候变化谈判历程和南非德班气候大会展望"（上篇），2011-11-23，http://www.greentimes.com/green/news/gjhz/hzxm/content/2011-11/23/content_157201.htm。

1898 年——瑞典科学家斯万特·阿伦尼乌斯推测，燃烧煤炭和石油产生的二氧化碳将导致地球变暖。

1955 年——美国科学家查尔斯·基林发现，大气中二氧化碳含量从工业革命前的 280ppm（1ppm 为百万分之一）升至 315ppm。

1972 年——联合国在瑞典首都斯德哥尔摩举行首次人类环境会议，通过《人类环境宣言》。

1986 年——大气中二氧化碳含量达 350ppm。

1988 年——“联合国政府间气候变化专门委员会”（Intergovernmental Panel on Climate Change，IPCC）成立。其主要任务是对气候变化科学知识的现状，气候变化对社会、经济的潜在影响以及如何适应和减缓气候变化的可能对策进行评估。下设三个工作组：第一工作组评估气候系统和气候变化的科学问题；第二工作组评估社会经济体系和自然系统对气候变化的脆弱性、气候变化正负两方面的后果和适应气候变化的选择方案；第三工作组评估限制温室气体排放并减缓气候变化的选择方案。①

1990 年——“联合国政府间气候变化专门委员会”发布首次评估报告称：地球正在变暖。②

1992 年——联合国环境与发展大会通过《联合国气候变化框架公约》（United Nations Framework Convention on Climate Change，简称《框架公约》，英文缩写 UNFCCC），鼓励发达国家采取具体措施限制温室气体排放。《联合国气候变化框架公约》是世界上第一个为全面控制二氧化碳等温室气体排放，以应对全球气候变暖给人类经济和社会带来不利影响的国际公约，也是国际社会在对付全球气候变化问题上进行国际合作的一个基本框架。该公约缔约方自 1995 年起每年召开缔约方会议（Conferences of the Parties，COP）以评估应对气候变化的进展。

---

① IPCC，“Intergovernmental Panel on Climate Change”，2014－09－10，http：//www.ipcc.ch/.

② Ibid.

1997年，《京都议定书》达成，使温室气体减排成为发达国家的法律义务。按照2007年通过的《巴厘路线图》的规定，2009年在哥本哈根召开的缔约方会议第十五届会议将诞生一份新的《哥本哈根议定书》，以取代2012年到期的《京都议定书》。

1995年——联合国政府间气候变化专门委员会发布第二次评估报告称：总的来说，人类对于全球气候变化的影响可以察觉。

1997年——《联合国气候变化框架公约》第三次缔约方大会通过《京都议定书》，为发达国家设定强制性减排目标。

1998年——自19世纪中期开始气象记录以来全球最热年份。

2001年——时任美国总统乔治·W. 布什宣布美国退出《京都议定书》。美国这种出尔反尔、推卸责任的“单边主义”做法，遭到了世界各国的一致反对。“绿色和平”组织甚至还在南美洲南部的冰川上空挂起了一个大气球，上面写着：“布什和他的同伙等于气候的灾难”，以抗议布什政府拒绝履行《京都议定书》。

2001年——联合国政府间气候变化专门委员会发布第三次评估报告称：新的更强有力证据显示，人类正在改变气候。①

2007年——联合国政府间气候变化专门委员会发布第四次评估报告称：全球变暖大部分原因非常可能为人类活动。报告显示，全球气温在1906—2005年间上升0.74摄氏度。②

2007年——联合国气候大会通过“巴厘路线图”，确定缔约方于2009年底前完成《京都议定书》第一承诺期到期后全球应对气候变化的新一轮谈判并签署相关协议。按此要求，一方面，签署《京都议定书》的发达国家要履行《京都议定书》的规定，承诺2012年以后的大幅度量化减排指标；另一方面，发展中国家和未签署《京都议定书》的发达国家（主要指美国）则要在《联合国气候变化框架公约》下采

---

① IPCC, “Intergovernmental Panel on Climate Change”, 2014-09-10, http://www.ipcc.ch/.

② Ibid.

取进一步应对气候变化的措施。此谓“双轨”谈判。“巴厘路线图”设定了两年的谈判时间，即2009年年底的哥本哈根大会完成2012年后全球应对气候变化新安排的谈判。《哥本哈根协议》最终延长了“路线图”的授权，从而保证了“双轨”谈判继续工作，以最终达成具有法律约束力的协议。

2009年——大气中二氧化碳含量升至390ppm。

2009年——联合国哥本哈根气候变化大会召开。《联合国气候变化框架公约》第十五次缔约方会议和《京都议定书》第五次缔约方会议于当地时间19日下午在丹麦首都哥本哈根落幕。会议达成不具法律约束力的《哥本哈根协议》。潘基文当天发表了一篇充满感情色彩的讲话。他说，过去的两天令人“筋疲力尽”。我们进行的讨论“时而有戏剧性，时而非常热烈”。[①]《哥本哈根协议》维护了《联合国气候变化框架公约》及其《京都议定书》确立的“共同但有区别的责任”原则，就发达国家实行强制减排和发展中国家采取自主减缓行动作出了安排，并就全球长期目标、资金和技术支持、透明度等焦点问题达成广泛共识。

2010年底通过了《坎昆协议》。《坎昆协议》汇集了进入“双轨制”谈判以来的主要共识，总体上还是维护了议定书二期减排谈判和公约长期合作行动谈判并行的“双轨制”谈判方式，增强国际社会对联合国多边谈判机制的信心，同意2011年就议定书二期和巴厘路线图所涉要素中未达成共识的部分继续谈判，但《坎昆协议》针对议定书二期减排谈判和公约长期合作行动谈判所做决定的内容明显不平衡。[②]

2011年，《京都议定书》前景不明，“绿色气候基金”设立推迟——双重挑战之中，2011年联合国气候变化谈判首轮会议4月2日在曼谷

---

① 陈文喜：“德班会议在即，全球环保再临大考”，2011－11－21，http：//www.cubn.com.cn/News3/news_ detail.asp? id＝10634。

② 中华人民共和国中央人民政府：“风云变幻20年：气候变化谈判历程和气候大会展望”，2011－11－23，http：//www.gov.cn/gzdt/2011－11/23/content_ 2001150.htm。

拉开帷幕。

2011 年，德班世界气候大会，是指《联合国气候变化框架公约》第十七次缔约方大会在南非东部港口城市德班开幕而称之。“绿色气候基金”是德班气候大会核心议题。2011 年 12 月，德班结束谈判决定，实施《京都议定书》第二承诺期并启动绿色气候基金。在 2011 年 12 月 11 日凌晨的最后一次全体大会上，中国代表团团长、国家发展和改革委员会副主任解振华在发言时高声怒斥发达国家，赢得很多与会代表的鼓掌喝彩。解振华在发言中强烈批评一些发达国家拒不履行承诺、反而向发展中国家施压的做法。他说，“一些国家，我们不是看你说什么，我们是在看你做什么。一些国家已经做出承诺，但并没有落实承诺，并没有兑现承诺，并没有采取真正的行动。”①

2012 年，多哈世界气候大会全称《联合国气候变化框架公约》第 18 次缔约方会议暨《京都议定书》第 8 次缔约方会议，于 2012 年 11 月 26 日—12 月 7 日在卡塔尔多哈召开。② 大会主席、卡塔尔廉洁和行政监督机构主席阿卜杜拉·阿提亚当晚宣布，大会通过的决议中包括《京都议定书》（以下简称《议定书》）修正案，从法律上确保了《议定书》第二承诺期在 2013 年实施。此外，大会还通过了有关长期气候资金、《联合国气候变化框架公约》（以下简称《公约》）长期合作工作组成果、德班平台以及损失损害补偿机制等方面的多项决议。在随后的《公约》缔约方陈述中，除美国和俄罗斯表示不满外，大多数国家，尤其是发展中国家认为，这一结果虽不完美但可接受，支持大会所做出的决定。

2013 年，联合国气候变化大会华沙会议全称《联合国气候变化框架公约》第十九次缔约方会议暨《议定书》第九次缔约方会议 11 月 11

---

① 中国石油网：“气候大会苦谈 14 天敲定新协议，解振华斥发达国家”，2011－12－14，http：//www. 104105. com/info/shownews. asp？newsid＝199236。

② 新华网：“聚焦多哈气候大会”，2012－12－09，http：//www. xinhuanet. com/world/jjdhqhdh/。

日在波兰华沙召开。经过长达两周的艰难谈判和激烈争吵，特别是会议结束前最后48小时，各国代表挑灯夜战，最终就德班平台决议、气候资金和损失损害补偿机制等焦点议题签署了协议。① 本次会议于本月11日召开，原定22日闭幕，但由于发达国家和发展中国家在关键问题上争论不断，不得不连续延期至23日晚。会议期间，一些非政府组织代表因不满发达国家的不作为而愤然离场。

2014年，“气候峰会”将于今年9月23日在纽约举行，刚刚任获任联合国城市和气候变化问题特使的前纽约市市长布隆伯格将同潘基文合作，共同为“2014气候峰会”寻求切实可行的解决方案。此次峰会已邀请了来自各国政府、工商界、金融和公民社会组织的领袖出席。他们将重点推介各自具有推广借鉴价值的大胆方案，以期通过提出可以应对气候变化挑战并且更加强有力的国际行动来增强雄心壮志。潘基文进一步表示，在开发、落实相关行动、将雄心转化为应对气候变化的显著影响方面，城市将发挥至关重要的作用。②

---

① 新华网：“华沙气候大会达成协议后闭幕”，2013－11－24，http：//news. xinhuanet. com/world/2013－11/24/c_ 118268122. htm。

② 中国经济网：“2014气候峰会将于今年9月23日在纽约举行”，2014－02－01，http：//intl. ce. cn/specials/zxgjzh/201402/01/t20140201_ 2242151. shtml。

参考文献

一、理论文献

（一）中文文献

1. 中文译著

［1］【阿】默罕默德著，马坚译：《古兰经》，北京：中国社会科学出版社，1981 年版。

［2］【奥】维特根斯坦著，郭英译：《逻辑哲学论》，北京：商务印书馆，1985 年版。

［3］【奥】维特根斯坦著，李步楼译：《哲学研究》，北京：商务印书馆，1996 年版。

［4］【德】恩格斯著，中共中央马克思恩格斯列宁斯大林著作编译局编译：《费尔巴哈和德国古典哲学的终结》，北京：人民出版社，1997 年版。

［5］【德】恩格斯著，中共中央马克思恩格斯列宁斯大林著作编译局编译：《马克思恩格斯选集》（第 3 卷），北京：人民出版社，1972 年版。

［6］【德】恩格斯著，中共中央马克思恩格斯列宁斯大林著作编译局译：《社会主义从空想到科学的发展》，北京：人民出版社，1997 年版。

［7］【德】费希特著，王玖兴译：《全部知识学的基础》，北京：商务印书馆，1986 年版。

[8]【德】黑格尔著，贺麟、王太庆译：《哲学史讲演录》（第1卷），北京：商务印书馆，1959年版。

[9]【德】胡塞尔著，李幼蒸译：《纯粹现象学通论》，北京：商务印书馆，1992年版。

[10]【德】胡塞尔著，张庆熊译：《欧洲科学的危机与超验现象学》，上海：上海译文出版社，1988年版。

[11]【德】霍尔斯特著，章国锋译：《哈贝马斯传》，上海：东方出版中心，2000年版。

[12]【德】霍耐特·阿克塞尔著，胡继华译：《为承认而斗争》，上海：世纪出版集团，2005年版。

[13]【德】康德著，邓晓芒译：《实践理性批判》，北京：人民出版社，2003年版。

[14]【德】马克思著，中共中央马克思恩格斯列宁斯大林著作编译局编译：《马克思恩格斯选集》（第2卷），北京：人民出版社，1995年版。

[15]【德】米勒·哈拉尔德著，郦红等译：《文明的共存——对亨廷顿“文明冲突论”的批判》，北京：新华出版社，2002年版，第7页。

[16]【德】滕尼斯·斐迪南著，林荣远译：《共同体与社会》，北京：商务印书馆，1999年版。

[17]【德】韦伯·马克斯著，杭聪译：《经济与社会》，北京出版社，2008年版。

[18]【俄】列宁：《列宁选集》第1卷，北京：中共中央马克思恩格斯列宁斯大林著作编译局，1992年版。

[19]【法】布迪厄·皮埃尔李猛、李康译：《实践与反思——反思社会学导引》，北京：中央编译出版社，1998年版。

[20]【法】布迪厄·皮埃尔著，蒋梓骅译：《实践感》，南京：译林出版社，2003年版。

［21］【法】利科·保罗著，李幼蒸、徐奕春译：《哲学主要趋向》，北京：商务印书馆，1988 年版。

［22］【加】阿查亚·阿米塔著，王正毅、冯怀信译：《建构安全共同体，东盟与地区秩序》，上海：上海人民出版社，2004 年版。

［23］【美】巴特·弗雷德里克著，黄建生译：《斯瓦特巴坦人的政治过程——一个社会人类学研究的范例》，上海：上海人民出版社，2005 年版。

［24］【美】波普诺·戴维著，李强等译：《社会学》第 10 版，北京：中国人民大学出版社，1999 年版。

［25］【美】德龙·迈克著，张春波、潘守永译：《我在中央指挥司令部》，北京：东方出版社，2006 年版。

［26］【美】费斯克·约翰著，李彬译：《关键概念：传播与文化研究辞典》，北京：新华出版社，2004 年版。

［27］【美】芬尼莫尔·玛莎著，袁正清译：《国际社会中的国家利益》，杭州：浙江人民出版社，2001 年版。

［28］【美】戈夫曼著，宋立宏译：《污名——受损身份管理札记》，北京：商务印书馆，2009 年版。

［29］【美】亨廷顿·塞缪尔著，周琪等译：《文明的冲突与世界秩序的重建》，北京：新华出版社，1998 年版。

［30］【美】亨廷顿·塞缪尔著，程克雄译：《我们是谁——美国国家特性面临的挑战》，北京：新华出版社，2005 年版。

［31］【美】基欧汉·罗伯特著，门洪华译：《局部全球化世界中的自由主义、权力与治理》，北京：北京大学出版社，2004 年版。

［32］【美】杰维斯·罗伯特著，秦亚青译：《国际政治中的知觉与错误知觉》，北京：世界知识出版社，2003 年版。

［33］【美】卡赞斯坦·彼得著，宋伟、刘铁娃译：《国家安全的文化：世界政治中的规范与认同》，北京：北京大学出版社，2009 年版。

［34］【美】卡赞斯坦·彼得、基欧汉·罗伯特、克拉斯纳·斯蒂芬著，秦亚青译：《世界政治理论的探索与争鸣》，上海：上海人民出版社，2006 年版。

［35］【美】梅特勒·罗伯特著，周邦宪译：《过程——关系哲学》，贵阳：贵州人民出版社，2009 年版。

［36］【美】姆贝·丹尼斯著，陈德民等译：《组织中的传播和权力：话语、意识形态和统治》，北京：中国社会科学文献出版社，2000 年版。

［37］【美】塞尔·约翰著，杨音莱译：《心、脑与科学》，上海：上海译文出版社，1991 年版。

［38］【美】温特·亚力山大著，秦亚青译：《国际政治的社会理论》，上海：世纪出版集团，2000 年版。

［39］【美】肖特·安德鲁著，陆铭、陈钊译：《社会制度的经济理论》，上海：上海财经大学出版社，2003 年版。

［40］【日】西槙光正主编，北京语言出版社编译：《语境研究论文集》，北京：北京语言出版社，1992 年版。

［41］【英】福鲁德著，李虹等译：《变态心理学》，北京：清华大学出版社，2008 年版。

［42］【英】怀特海著，浙江文艺出版社编译：《怀特海文录》，杭州：浙江文艺出版社，1999 年版。

［43］【英】吉登斯·安东尼著，胡宗泽等译：《民族：国家与暴力》，北京：三联书店，1998 年版。

［44］【英】克罗卡特·理查德著，陈平译：《反美主义与全球秩序》，北京：新华出版社，2004 年版。

［45］【英】路易斯·伯纳德著，郑之书译：《中东：自基督教兴起至二十世纪末》，北京：中国友谊出版公司，2004 年版。

［46］【英】洛克著，关文运译：《人类理解论》，北京：商务印书馆，1959 年版。

[47]【英】罗素著，晏成书译：《数理哲学导论》，北京：商务印书馆，1982 年版。

2. 中文著作

[48] 车铭洲主编：《现代西方语言哲学》，成都：四川人民出版社，1989 年版。

[49] 陈嘉厚：《现代伊斯兰主义》，北京：经济日报出版社，1998 年版。

[50] 葛公尚：《当代国际政治与跨界民族研究》，北京：民族出版社，2006 年版。

[51] 郭贵春：《语境与后现代科学哲学的发展》，北京：科学出版社，2002 年版。

[52] 郭隆隆、潘光、金应忠主编：《2003 年美国对伊战争透视》，北京：中共中央党校出版社，2003 年版。

[53] 黄铭：《过程与拯救：怀特海哲学及其宗教文化意蕴》，北京：宗教文化出版社，2006 年版。

[54] 金宜久：《当代伊斯兰教》，上海：东方出版社，1995 年版。

[55] 金宜久：《伊斯兰教与世界政治》，北京：社会科学文献出版社，1996 年版。

[56] 李慎明、王逸舟：《全球政治与安全报告》，北京：社会科学文献出版社，2008 年版。

[57] 李为善、刘奔主编：《主体性和哲学基本问题》，北京：中央文献出版社，2002 年版。

[58] 李祖发、唐复全、李国庆：《宗教与战争》，成都：四川人民出版社，2003 年版。

[59] 罗大华：《犯罪心理学》，北京：中国政法大学出版社，2007 年版。

[60] 彭树智、黄杨文：《中东国家通史》，北京：商务印书馆，2000 年版。

［61］秦亚青主编：《文化与国际社会：建构主义国际关系理论研究》，北京：世界知识出版社，2006 年版。

［62］曲洪：《当代中东政治伊斯兰：观察与思考》，北京：中国社会科学出版社，2001 年版。

［63］任平：《交往实践的哲学》，昆明：云南人民出版社，2003 年版。

［64］宋恩繁、黎家松主编：《中华人民共和国外交大事记》（第 1 卷），北京：世界知识出版社，1997 年版。

［65］宋蜀华、白振声主编：《民族学理论和方法》，北京：中央民族大学出版社，1998 年版。

［66］宋振华：《马克思恩格斯和语言学》，吉林：吉林人民出版社，2002 年版。

［67］孙吉胜：《语言、意义与国际政治》，上海：上海人民出版社，2009 年版。

［68］王晓升：《语言与认识》，北京：中国人民大学出版社，1994 年版。

［69］杨光主编：《2003—2004 年中东非洲发展报告》，北京：社会科学文献出版社，2004 年版。

［70］朱立群、林民旺等：《奥运会与北京国际化——规范社会化的视角》，北京：世界知识出版社，2010 年版。

3. 中文论文

［71］安维华：《美国两场反恐战争与柏西地缘政治》，《国际政治研究》，2005 年第 1 期。

［72］方长平：《英国学派与主流建构主义：一种比较分析》，《世界经济与政治》，2004 年第 12 期。

［73］何友晖、彭泗清：《方法论的关系论及其在中西文化中的应用》，《社会学研究》，1998 年第 5 期。

［74］刘建飞：《2009 年的世界格局之变》，《当代世界》，2010 年

第 1 期。

［75］李少军：《事实与理论：对国际关系研究的哲学反思》，《外交评论》，2009 年第 4 期。

［76］钱雪梅：《从认同的基本特性看族群认同与国家认同的关系》，《民族研究》，2006 年第 6 期。

［77］秦亚青：《研究设计与学术创新》，《世界经济与政治》，2008 年第 8 期。

［78］孙吉胜：《国际关系理论中的语言研究：回顾与展望》，《外交评论》，2009 年第 1 期。

［79］孙吉胜：《话语、身份与对外政策——语言与国际关系的后结构主义》，《国际政治研究》，2008 年第 3 期。

［80］王帆：《不对称相互依存与合作性施压》，《世界经济与政治》，2010 年第 12 期。

［81］王振林：《交往实践的基点定位探本》，《辽宁师范大学学报》，2000 年第 6 期，第 3 页。

［82］肖克：《阿拉伯世界对“9·11 事件”的反应》，《西亚非洲》，2002 年第 1 期。

［83］殷罡：《巴勒斯坦极端势力的产生与危害》，2003 年 5 月研究报告。

［84］袁正清：《国际关系研究方法论的探讨需要本体论的观照——来自建构主义理论的启示》，《世界经济与政治》，2004 年第 1 期。

［85］赵汀阳：《深化启蒙：从方法论的个人主义到方法论的关系主义》，《哲学研究》，2011 年第 1 期。

［86］赵怀普：《从美伊冲突看当前美欧关系》，《当代世界》，2002 年第 12 期。

［87］郑启荣：《建设和谐世界——中国外交思想的新发展》，《当代世界》，2006 年第 10 期。

［88］周方银：《国际规范的演化》，2006 年清华大学博士论文。

［89］朱立群：《后金融危机时代国际思潮的走向及其影响》，《当代世界与社会主义》，2010 年第 4 期。

（二）外文文献

1. 英文著作

［90］Abu-Rabi，Ibrahim M. *Intellectual Origins of Islamic Resurgence in the Modern Arab World*，Albany：State Unversity of New York Press，1996.

［91］Adler，Emanuel. *Security Communities*，Cambridge：Cambridge University Press，1998.

［92］Ahmed，Khaled. *Pakistan*：*Behind the Ideological Mask*，Lahore：Vanguard，2001.

［93］Ahrari，Mohammed E. *Jihadi Groups*，*Nuclear Pakistan and the New Great Game*，Carlise，PA：Strategic Studies Institute，US Army War College，2002.

［94］Akhund，Iqbal. *Trial and Error*：*The Rise and the Fall of Benazir Bhutto*，Karachi：Oxford Unversity Press，1998.

［95］Ali，Tariq. *The Clash of Fundamentalisms*：*Crusades*，*Jihads and Modernity*，London：Verso，2002.

［96］Archarya，Amitav. *Constructiong a Security Community in Southeast Asia*：*ASEAN and the problem of Regional Orde*r，London：Routledge，2001.

［97］Austin，J. L. *How to Do Things with Words*，Beijing：Foreign Language Teaching Research Press，2002.

［98］Azhar，Maulana M. *Ma'arka*，Karachi：Iadra Alkhair，2001.

［99］Bach，Kent. *Linguistic Communication and Speech Acts*，Cambridge：The Massachusetts Institute of Technology，1979.

［100］Bandura，A. *Social Learning Theory.* NJ：Prentics-Hall，1977.

［101］Banerjee，Mukulika. *The Pathan Unarmed*：*Opposition and*

Memory in the North West Frontier, London: Oxford University Press, 2000.

[102] Beattie, Hugh. *Imperial Frontier: Tribe and the State in Waziristan*, London: Curzon, 2002.

[103] Bell, Catherine. *Ritual Theory, Ritual Practice*, Oxford: Oxford University Press, 1992.

[104] Bergen, Peter. *Holy War Inc: Inside the Secret World of Osama bin Laden*, London: Weidenfeld and Nicholson, 2001.

[105] Bordieu, Pierre. *Outline of a Theory of Pratice*. Cambridge: Cambridge University Press, 1972.

[106] Bradsher, Harry S. *Afgan Communism and the Soviet Intervention*, London: Oxford University Press, 1999.

[107] Brisard, Jean C. *Ben Laden: La Verite Interdite*, Paris, 2002.

[108] Budd, Malcolm. *Wittgenstein's Philosophy of Psychology*. New York: Routledge, 1989.

[109] Buzan, Barry. *International Systems in World History: Remaking the Study of International Relations*, Oxford: New York: Oxford University Press, 2000.

[110] Carew, Tom. *Secret War in Afganistan: Jihad*, Lodon: Mainstream, 2000.

[111] Chaiklin, Seth. *Understandind Pratice: Perspectives on Activity and Context*, Cambridge: Cambridge University Press, 1996.

[112] Cook, David. *Understanding Jihad*, Canifornia: University of Canifornia press, 2005.

[113] Davis, Diane E. *Irregular Armed Forces and their Role in Politics and State Formation*, Cambridge: Cambridge University Press, 2003.

[114] Drath, W. *Making Common Sense: Leadership as Meaning-Making in a Community of Practice*. NC: Centre for Creative Leadership,

1994.

[115] Eckert, P. *Variations as Social Practice.* Oxford, UK: Blackwell, 1992.

[116] Esposito, John. *Unholy War: Terror in the Name of Islam*, Oxford: Oxford University Press, 2002, p. 56.

[117] Fish, Stanley. *Doing What Comes Naturally: Change, Rhetoric, and the Practice of theory in Literary and Legal Studies.* NC: Duke University Press, 1989.

[118] Gee, J. P. *The Social Mind: Language, Ideology, and Social Practice*, New York: Bergin and Garvey.

[119] Gerges, Fawaz A. *America and Polotical Islam: Clash of Cultures or Clash of Interests*, London: Cambridge University Press, 1999.

[120] Griffin, Michael. *Reaping the Whirlwind: The Taliban Movement in Afghanistan*, London: Pluto Press, 2001.

[121] Habermas, Jurgen. *On the Pragmatics of Communication*, Cambridge: The MIT Press, 1998.

[122] Heidegger, M. *Being and Time*, New York: Harper and Row, 1927.

[123] Katzenstein, Peter., ed. *The Culture of National Security: Norms and Identity in World Politics*, New York: Columbia University Press, 1996.

[124] Klein, *The Religion of Islam*, London: Routledge press, 1985.

[125] Kratochwil, Friderich. *Rules, Norms, and Decision: On the Conditions of Practical and Legal Reasoning in International Relations and Domestic Affairs*, Cambridge: Cambridge University Press, 1989.

[126] Lynch, Michael. *Scientific Practice and Ordinary Action*, Cambridge: Cambridge University Press, 1993.

[127] Mansoor, Menahem. *Jewish History and Thoughts: An Introduction*, *KATV publishing House*, 1991.

[128] Onuf, Nicholas G. *World of Our Making: The Strange Career of Constructivism in International Relations*, Columbia: University of South Carolina Press, 2002.

[129] Saikal, Amin. *Islam and the West: Conflict and Cooperation?* London: Palgrave, 2003.

[130] Schatzki, Theodore. *The Practice Turn in Contemporary Theory*, New York: Routledge, 2001.

[131] Searle, John R. *Speech Acts*, Cambridge: Harvard University Press, 1969.

[132] Senge, P. M. *The Fifth Discipline: The Art and Practice of the Learning Organization.* New York: Doubleday, 1990.

[133] Turner, Stephen. *The Social Theory of Practices: Tradition, Tacit Knowledge, and Presuppositions.* Chicago: University of Chicago Press, 1994.

[134] Weber, Max. *the Methodology of the Social Science*, E. Shils and H. Finch eds., New York: Free Express, 1949.

[135] Wendt, Alexander. *Social Theory of International Politics*, New York: Cambridge University Press, 1999.

[136] Wensinck. *Enyclopaedia of Islam*, Oxford: Oxford University Press, 1967.

[137] Willis, Paul E. *Common Culture: Symbolic Work at play in the everyday Cultures of the Young*, CO: Westview, 1990.

[138] Wittgenstein, Ludwig. *Philosophical Investigation*, Oxford, England: Blackwell, 1958.

[139] Zehfuss, Maja. *Constructivism in International Relations*, Cambridge: Cambridge University Press, 2002.

2. 英文期刊

［140］ Checkel, Jeffrey T. "The Constructivist Turn in international Relations Theory," *World Politics*, Vol. 50, No. 2, 1998, pp. 324 – 348.

［141］ Fierke, K. M. "Links across the Abyss: Language and Logic in international Relations," *International Studies Quarterly*, Vol. 46, No. 3, 2002.

［142］ Finnemore, Martha. "International Norms Dynamics and Political Change", *Exploration and Contestation in the Study of World Politics*, eds. Katzenstein, Keohane and Krasner, Massachusetts and London: The MIT Press, 1999.

［143］ Kepel, Gilles. "The Origins and Development of the Jihadist Movement" *Asian Affairs*, Vol. XXX IV, No. II, 2003.

［144］ Mckeown, Ryder. "Norm Regress: Revisionism and the Slow Death of the Torture Norm", *International Relations*, Vol. 23, No. 1, 2009.

［145］ Verheggen, Claudine. "The meaningfulness of meaning questions", *Synthese*, Vo. 123. 1, No. 2, 2000.

［146］ Wenger, Etienne. "Communities of Practice: Learning as a Social System" *The Systems Thinker*, 1998, Vol. 9, No. 5, p. 2.

二、网络文献

（一）气候变化与全球变暖

［147］ http://www.un.org/zh/development/progareas/global/warm.shtml.

［148］ http://www.ipcc.ch/.

［149］ http://www.un.org/chinese/events/wcdr/.

［150］ http://www.un.org/chinese/events/smallislands/2005/index.html.

［151］ http://news.xinhuanet.com/newscenter/2007-12/03/content_7190247.htm.

[152] http://green.sohu.com/20130815/n384250813.shtml.

[153] http://news.xinhuanet.com/photo/2012-11/26/c_124005741.htm.

[154] http://tech.enorth.com.cn/system/2007/01/22/001525749.shtml.

[155] http://news.sina.com.cn/pl/2009-07-30/164418331192.shtml.

(二) 全球变暖对传统能源国家的影响

[156] http://epaper.gansudaily.com.cn/gsrb/html/2013-11/07/content_166214.htm.

[157] http://www.cnmn.com.cn/ShowNews1.aspx?id=279703.

[158] http://www.eppow.org/2013/0121/35294.html.

[159] http://www.cnki.com.cn/Article/CJFDTotal-FENE201310004.htm.

[160] http://www.86wind.com/html/2013-01/fenglifadian-16952.htm.

[161] http://www.cnstock.com/index/gdbb/201111/1657835.htm.

[162] http://www.geo-show.com/Join/newscontents-aman-31854.aspx.

[163] http://www.icat2009.cn/a/lvsehuanbao/2013/0312/14193.html.

[164] http://www.cnki.com.cn/Article/CJFDTotal-ALBJ198203014.htm.

[165] http://solar.ofweek.com/2008-03/ART-260006-8100-15057001.html.

[166] http://scitech.people.com.cn/GB/6464651.html.

[167] http://news.xinhuanet.com/world/2007-05/29/content_6167929.htm.

[168] http://news.sina.com.cn/w/2007-11-27/061114394288.shtml.

[169] http://www.mofcom.gov.cn/aarticle/i/jyjl/k/200701/20070104333718.html.

[170] http://finance.sina.com.cn/roll/20060717/0817801139.shtml.

[171] http：//www. chinadaily. com. cn/hqkx/2006 -03/29/content_554821. htm.

[172] http：//www. snptc. com. cn/index. php? optionid =705&auto_id =6312.

（三）开发新能源的机遇与挑战

[173] http：//news. cnpc. com. cn/system/2009/12/15/001269116. shtml.

[174] http：//news. xinhuanet. com/tech/2012 -01/19/c_ 122607163. htm.

[175] http：//news. stockstar. com/JY2006081500060401. shtml.

[176] http：//wenku. baidu. com/link? url = QlwtwyKgJWHmSqqeZ-nqntVtqbTBGQ52YkKQwJRcduxqdYi1DWOGGDqATSjDFKvEJC_ IxYk7oS-DrBSRiTVOC1kiRXfGB90ZXnsayatihjQSO.

[177] http：//www. ctgpc. com. cn/xwzx/news. php? mnewsid =61786.

[178] http：//www. cspplaza. com/article -3359 -1. html.

[179] http：//news. mycar168. com/2010/11/190788. html.

[180] http：//www. doc88. com/p -167100467631. html.

[181] http：//news. sina. com. cn/c/2009 -10 -29/093518933198. shtml.

（四）开发新能源的成功案例

[182] http：//www. chinapower. com. cn/newsarticle/1084/new1084923. asp.

[183] http：//news. sohu. com/20100301/n270486074. shtml.

[184] http：//news. sohu. com/20100301/n270486074. shtml.

[185] http：//wenku. baidu. com/link? url = okixq2adTz07W2isvgp5CHIqePx5kvKe4zoJgiq8OhkXaW5lgvCuWRTqEknxnk8Y_ mfPhjS1X1wW_HZBvqY7d3GGQX1rlJgHQaT8RA7Sui7.

[186] http：//news. xinhuanet. com/theory/2010 -03/01/content_ 13073848_ 1. htm.

[187] http：//www. newenergy. org. cn/html/0102/2261031613_ 3. html.

[188] http：//news. bjx. com. cn/html/20120206/339734. shtml.

[189] http://www.docin.com/app/p? id=735689708.

[190] http://wenku.baidu.com/link? url=aTwxjZJlv-s2saoQB8mh3mUvvMgIYZGe2Jb5aA0pbCgSuZb_ nA5gHMGKObqJqzbCMXySy9Rf39B0Fg3OH_ 84_ MzuzJT6n6TjHrLebOal9cy.

[191] http://www.cnki.com.cn/Article/CJFDTotal-GTZQ200708011.htm.

[192] http://www.cnest.asia/yc/zx/InfomationExpress/201303/t20130313_ 25348.html.

[193] http://jjckb.xinhuanet.com/gd/2009-11/03/content_ 188642.htm.

[194] http://wenku.baidu.com/link? url=VJC75vIq_ jK_ ecW-pJCeNPHyU_ _ yvpp-n_ bJ0vtP3rjl5C7gXJsjZUwOMTdOJdmel7-EI-U7c3dyT8-bYEsLZhoMOIWnF8pPs5NTrcuofflfa.

[195] http://www.chinanews.com/ny/news/2010/04-29/2254607.shtml.

[196] http://wenku.baidu.com/link? url=r8Q74T3yQx4fEgUN96dVDLJquih-3ClEDmcgFwDox-uDpfJNkLnwoSG0dDjmc3ej-EiKEEhwSuql4SR0ogz2wfxj9psdoNPiT7qXIj1HR4_.

[197] http://wenku.baidu.com/link? url=r8Q74T3yQx4fEgUN96dVDLJquih-3ClEDmcgFwDox-uDpfJNkLnwoSG0dDjmc3ej_ GB2AFBHqRX-M9EhyoC2b4BAr6ycG6zBQBsEWMxNoc_.

[198] http://wenku.baidu.com/link? url=r8Q74T3yQx4fEgUN96dVDLJquih-3ClEDmcgFwDox-uDpfJNkLnwoSG0dDjmc3ejGWFTYn-d7NZOjE-GpjSVpma3JXujzFkM1fb0rMlgpTGm.

[199] http://www.cs.com.cn/xwzx/04/200908/t20090813_ 2181375.htm.

[200] http://wenku.baidu.com/link? url=BJpc9Ke70lNpa0_ Ejp-MnY-V7pWapTTZH2onz_ ENBtiU4wKQhdlPzrkq5iJD9wPNjlNr8M3DGo2u-

HHQd-S9MVLbie - 7IAuph-WfzHi9xpD5kW.

[201] http：//wenku. baidu. com/link? url = bN9yMc90MiKWjgflzT5VTM3ZdgT_ cid1bvbFrvK9hv21ivCZ2DDKltoTu0rc - 0DVyMFZYC3q9a55 - XmRiy6301d8 - w_ vyA8cOaig_ SCnYyy.

[202] http：//news. xinhuanet. com/world/2008 - 09/05/content_ 9800008. htm.

[203] http：//auto. 163. com/11/0411/13/71C5HFU50008gd. html.

（五）对民用核能的开发

[204] http：//bh. mofcom. gov. cn/aarticle/jmxw/200710/20071005189583. html.

[205] http：//news. sohu. com/20060925/n245521667. shtml.

[206] http：//news. sina. com. cn/w/2007 - 12 - 30/014113167767s. shtml.

[207] http：//news. qq. com/a/20060922/000396. htm.

[208] http：//www. cnki. com. cn/Article/CJFDTotal-GWHW200705005. htm.

[209] http：//news. sohu. com/20100310/n270705731. shtml.

[210] http：//news. xinhuanet. com/politics/2013 - 10/12/c_ 125520053. htm.

[211] http：//www. ce. cn/xwzx/gjss/gdxw/200703/05/t20070305_ 10590870. shtml.

[212] http：//news. xinhuanet. com/world/2010 - 03/09/content_ 13130404. htm.

[213] http：//news. qq. com/a/20100309/002042. htm.

[214] http：//www. chinabidding. com/zxzx-detail - 213792214. html.

[215] http：//paper. people. com. cn/zgnyb/html/2009 - 11/30/content_ 393778. htm.

[216] http：//gb. cri. cn/8606/2006/07/10/1965@1125400. htm.

[217] http://www.chinanews.com/gj/2013/12-13/5615349.shtml.

(六) 对太阳能的开发

[218] http://finance.sina.com.cn/chanjing/b/20070307/10271249498.shtml.

[219] http://www.mofcom.gov.cn/aarticle/i/jyjl/k/201206/20120608165512.html.

[220] http://guangfu.bjx.com.cn/news/20140414/503516.shtml.

[221] http://www.ycwb.com/ePaper/ycwb/html/2011-06/11/content_1134518.htm.

[222] http://metc.gdut.edu.cn/sun151/zs/228.htm.

[223] http://www.mofcom.gov.cn/aarticle/i/jyjl/k/201206/20120608165512.html.

[224] http://finance.sina.com.cn/chanjing/b/20070307/10271249498.shtml.

[225] http://www.solarzoom.com/article-4752-1.html.

[226] http://www.nea.gov.cn/2012-10/11/c_131899687.htm.

[227] http://www.escn.com.cn/news/show-130522.html.

[228] http://eg.mofcom.gov.cn/article/jmxw/201404/20140400547673.shtml.

[229] http://www.chinapower.com.cn/newsarticle/1138/new1138340.asp.

[230] http://power.in-en.com/news/intl/2007/09/INEN_121294.html.

[231] http://www.solarzoom.com/article-15333-1.html.

[232] http://www.baishengexpo.com/showexpo.asp? id=401&WebShieldSessionVerify=t9AKtnl5P40AtxIMetkZ.

[233] http://news.dichan.sina.com.cn/2012/01/18/434264.html.

[234] http://www.mofcom.gov.cn/aarticle/i/jyjl/k/201205/2012050

8116881. html.

[235] http://www.solarbe.com/news/content/2012/1/23148. html.

[236] http://www.solarzoom.com/article-7701-1. html.

（七）对风能、水能等清洁能源的开发

[237] http://news.xinhuanet.com/world/2009-03/08/content_10969643. htm.

[238] http://news.bjx.com.cn/html/20111117/323807. shtml.

[239] http://www.baidu.com/link? url=AaHl5cdvq4JybnjOTU2oE-CxlxKaTr4lbDn-UCLVIrmTpYgprMJrrRwbwPaw2K3DdQOfU-oOi7DQoZkqJG-BX2p4oQoTWhinPPPhSfg5Vu5zq.

[240] http://guangfu.bjx.com.cn/news/20130924/461448. shtml.

[241] http://www.022net.com/2011/1-19/466373292217918. html.

后　记

众所周知，目前世界上广泛使用的能源大部分是不可再生的化石燃料能源，例如煤炭、石油、天然气等。这些能源的开发利用无疑为世界的整体发展做出了巨大贡献，然而，使用这些化石燃料不仅消耗巨大，减少了全球存储量，更导致地球整体变暖，出现了温室气体效应。

本书的理论部分论述了“气候变化”、“话语权”与“新能源”三者之间的逻辑关系，在坚持实践本体论的理论前提下，借鉴建构主义的分析方式，着重分析了“气候变化与权力”、“气候话语的政治功能”、“气候话语权与国家形象”、“气候话语权的低碳化链接”等研究专题，推进了建构主义的“话语权研究”与“规范理论研究”。

本书的案例部分主要探讨了在全球变暖的形势下，传统能源国家在资源利用上的不便以及它们的应对政策，阿拉伯国家工业化发展较慢，经济结构体系单一，主要经济支柱为油气资源的出口。可想而知，全球变暖对传统能源国家的经济发展造成了很大制约，阿拉伯国家也不得不寻求新的出路，来响应国际上关于全球变暖的解决措施及各种呼吁。

温室效应使得像阿拉伯地区那样的传统能源国家面临巨大挑战。尽管阿拉伯国家拥有丰富的太阳能、风能、地热资源，具有发展新能源的良好条件，但新能源的开发，往往不是凭一己之力就可以完成的，何况是像阿拉伯地区这些科技相对落后的发展中国家。这就要求阿拉伯国家政府与其他国家建立良好的外交关系，并能够通过沟通使得别国愿意与阿拉伯国家展开新能源领域的合作。

阿拉伯国家的传统能源出口导致全球变暖，而全球变暖又反作用于其水资源匮乏的日益恶化，原有产业链实际上是隐藏的恶性循环。而埃及等阿拉伯国家的能源转型看似是断臂求生，但实则是从恶性到良性的必要过渡。新能源不但不会引起环境恶化，而且还可以作为阿拉伯国家海水淡化的主要能源，使其不用消耗高额能源来进行海水淡化以维持水资源正常需求，从而形成能源产业的良性循环。

阿拉伯国家能源转型已成定局。与其在最后时期做最后挣扎，不如立足脚下，踏实做起，开创世界新能源产业的先河。世界舞台上能源从不会断源，而源头是会不断转换的，阿拉伯国家无论从自身水资源匮乏问题出发还是从能源产业角度出发，都应该充分发展新能源产业，并以此为契机，转型为软实力与硬实力并存的能源强国。

总的来说，阿拉伯国家必须走开发新能源的道路，但在开发新能源的路上，有着国内传统石油产业的固化问题，还有国外大国国际关系的制约，虽然开发新能源的出路很多，但是不解决这两大问题阿拉伯国家开发新能源的事业就难以成功，因此，这个问题说到底还是要看这些阿拉伯国家的执政当局怎么处理。无论如何，开发新能源对阿拉伯国家既是机遇又是障碍，如果无法跨越，阿拉伯国家也就只能跟随石油一起随着时代而没落。

本书的出版感谢教育部区域与国别研究基地“北京第二外国语学院阿拉伯研究中心”资助！感谢课题组成员肖洋博士，感谢我所有上过课的学生，如程子琦、白帆、王萌、樊宸星、佟笑然、马界秋等帮助收集资料，是大家的共同合作，本书才得以顺利面世！

敬请学界前辈、同行批评指正！

柳思思

2014 年 9 月 1 日于北京第二外国语学院